www.heller-verlag.de

Ursula Spraul-Doring

Glücklich in
Thailand

HELLER VERLAG

Die Deutsche Nationalbibliothek verzeichnet diese Publikation in der Deutschen Nationalbibliografie. Detaillierte bibliografische Daten sind im Internet unter **www.dnb.de** abrufbar.

Autorin: Ursula Spraul-Doring
Lektorat: Anke Witzel, Susi Heller
Titelbild nach dem Acryl-Gemälde „Happy Fishes" von Ursula Spraul-Doring
Galerie siehe **www.daoart.tumblr.com**

Druck und Bindung: Steinmeier, Deiningen
Gedruckt auf umweltfreundlichem Recycling-Papier.

1. Auflage 2015
© by HELLER VERLAG, Postfach 1204,
D-82019 Taufkirchen bei München
Tel.: BRD 089-612 2829 (ISDN)   Fax: BRD 089-612 6869 (ISDN)
Internet: www.heller-verlag.de   E-Mail: info@heller-verlag.de

ISBN 3-929403-38-1

Dieser Titel ist in jeder guten Buchhandlung und im Internet unter
www.heller-verlag.de und *www.thailandliteratur.de* erhältlich.
E-Book-Version: ISBN 978-3-929403-58-9

Inhalt

Vorwort

Wir freuen uns, mit Ursula Spraul-Doring eine herausragende Autorin gewonnen zu haben, die vielen Asien-
Reisenden schon als Reiseführerautorin bekannt ist. Ihre
Erzählungen basieren auf wahren Gegebenheiten. Aus
den verschiedensten Lebensgeschichten von in Thailand
lebenden Menschen hat sie Episoden herausgepickt und
literarisch verarbeitet. Alle Namen, Orte und Begleitum-
stände wurden aus Gründen des Persönlichkeitsschutzes
verändert. Nur in zwei der Geschichten blieben auf be-
sonderen Wunsch der Personen die tatsächlichen Namen
erhalten: *Ein erfülltes Leben* und *Ladyboy Supi*.
Fachausdrücke, Fremdwörter, umgangssprachliche und
thaispezifische Ausdrücke werden im Glossar am Ende
des Buches erläutert.
Ursula Spraul-Doring ist nicht nur eine sehr einfühlsame
Autorin, sondern auch eine begnadete Künstlerin. Einige
ihrer Werke finden Sie unter **www.daoart.tumblr.com**

Klaus Heller

Arzt mit Leib und Seele

Dr. Issara, ein untersetzter, drahtig wirkender, älterer Thai mit elastischem Gang, praktiziert im Süden Thailands.

„Wer rastet, der rostet." Ist das nicht ein deutsches Sprichwort? In Thai haben wir etwas Entsprechendes, es heißt wörtlich übersetzt: „Wenn du nichts tust, wirst du faul und ungenießbar."

Ich liebe Sprichwörter, ich habe eine Sammlung in allen Sprachen. Alle treffen irgendwie die Wahrheit. Manche sagen auch etwas über ein bestimmtes Volk aus, aber die meisten kann man auf die ganze Menschheit übertragen. Fast jeden Tag lerne ich ein Sprichwort auswendig, das hält das Gedächtnis auf Trab. Dieses Jahr wurde ich 75 Jahre alt. Da ist es wichtig, dass man sich fit hält, denn ich praktiziere noch immer.

Ich habe vier Kinder. Die Älteste ist eine Tochter. Wasana war immer sehr klug. Ich wollte, dass sie in der Chulalongkorn Universität in Bangkok Medizin studiert, so wie ich. Dort werden nur die Besten genommen, und sie war sehr gut in der Schule. Aber sie hatte ihren eigenen Willen. Und Doktor werden wie ihr Vater, das wollte sie überhaupt nicht. Für sie ist es wichtig, neben dem Beruf auch ein Privatleben zu haben. Da war ich kein gutes Beispiel.

Ein einschneidendes Erlebnis für sie war ein Picknick in unserem großen Garten, etwa eine Stunde Autofahrt von hier. Es war ihr zehnter Geburtstag. Die ganze Familie saß auf Matten im Schatten eines *Durian*-Baumes und fing gerade an, die köstlichen Gerichte auszupacken, die meine Frau vorbereitet hatte. Ich hatte nicht so häufig Zeit, mit der Familie zu picknicken. Aber meine Tochter hatte sich das zu ihrem Geburtstag gewünscht. Es gab Hähnchenschlegel und Klebereis, scharfen Papayasalat und gebratenen Fisch, Garnelensuppe und Tintenfischsalat. Für den Nachtisch hatten die Kinder Obst geerntet. Es war eine fröhliche Stimmung, und meine Tochter war richtig glücklich. Da kam eine Frau angerannt. „Herr Doktor, Herr Doktor, kommen Sie schnell, mein Mann ist umgefallen und röchelt nur noch!"

Selbstverständlich ließ ich alles liegen und stehen und folgte der Frau. Ich hörte, wie Wasana wütend hinter mir herheulte.
An diesem Tag erkannte sie, dass ein Arzt nie ein Privatleben hat, dass er immer und überall seinen Patienten zur Verfügung steht, selbst am Geburtstag der Tochter.

In vielen Gesprächen habe ich ihr klar zu machen versucht, dass es nicht nur Pflicht ist, für die Patienten da zu sein, sondern auch Freude. Doch sie dachte immer an ihre arme Mama, die oft nachts allein im Bett lag, weil der Papa zu Kranken musste. Und sie dachte an sich und ihre Brüder, die ständig um die Zeit des Papas betteln mussten. Immer waren die Patienten wichtiger. Mir hat das nie etwas ausgemacht, und ich bin meiner Frau dankbar, dass sie Verständnis für meine Arbeit hatte und die Familiensorgen häufig alleine trug. Mich macht es glücklich, anderen helfen zu können, das war schon immer so.

Nach meinem Studium in Bangkok trat ich meine erste Stelle als Assistenzarzt in Phattalung an. Das liegt im tiefen Süden. Dort habe ich viel gelernt, ich kam in allen Abteilungen herum. Zu dieser Zeit waren die Kommunisten noch im Untergrund, es gab häufig Schießereien, und ich habe so manche Kugel herausoperiert. Die Kommunisten waren keine richtigen Kommunisten, sondern sozial engagierte Menschen, meist linksgerichtete Studenten, die gegen die damalige Regierung kämpften. Sie wurden der Einfachheit halber Kommunisten genannt. Sie lebten in Höhlen im Dschungel.

Die Kommunisten bekamen keine ärztliche Hilfe. Sie konnten nicht ins Krankenhaus kommen, das stand ja unter Polizeibewachung. Ich durfte auch nicht zu ihnen in ihre Höhlen, um sie zu behandeln. Diese Verstecke hätten sie nie preisgegeben. Ich sah nur tote Kommunisten, junge Männer wie ich. Einmal war sogar ein Kommilitone darunter. Bewirkt haben sie etwas, aber, ob es sich dafür gelohnt hat, zu sterben? Sie wurden von der Polizei gebracht, und ich musste den Tod feststellen und den Totenschein ausfüllen. Das war meine traurigste Arbeit.

Verletzte Soldaten, Polizisten oder Zivilisten mussten oft operiert werden. Am schlimmsten waren die Bauchschüsse. Die Patienten verloren meistens viel Blut, zum Glück hatten wir immer genügend Blutreserven für Transfusionen vorrätig. Immer wieder mussten wir zerfetzte Darmteile herausschneiden und die unverletzten Teile zusammennähen. Damals war ein Provinzkrankenhaus noch nicht so gut ausgestattet wie heutzutage. Wir hatten zwar schon die wichtigsten Apparate, aber all die modernen Geräte gab es noch nicht. Da kam es auf Handarbeit und das ärztliche Können an.

Und die Leute waren so ungebildet! Die jungen Mädchen wurden schwanger und wussten nicht, wie das passierte. Es gab viele Quacksalber, zu denen man die Mädchen heimlich brachte, damit sie eine Abtreibung vornahmen. Aber dutzendfach ist der Fötus nicht abgegangen, und wenn das Mädchen fast verblutet war, haben sie es im Krankenhaus abgeliefert. Was habe ich da Bäuche aufgeschnitten! Auch bei schwierigen Geburten brachten sie die Frauen erst, wenn sie fast verblutet waren. Da war ich froh, wenn ich wenigstens die Mutter retten konnte!

Jeden Tag kamen Patienten mit Schlangenbissen. Wenn sie schnell genug bei mir waren, konnte ich sie meistens retten. Ich wusste zwar nicht genau, welche Schlange gebissen hatte. Aber es gibt nur drei Varianten, wie Schlangengift wirkt: entweder durch Neurotoxine – also Nervengift – oder durch Hämatoxine – also Blutgift – oder beides gleichzeitig.

Das Nervengift, das die Kobra oder Königskobra injiziert, wirkt hauptsächlich auf das zentrale Nervensystem. Es lähmt einen Teil des Gehirnes, welcher für verschiedene Lebensfunktionen notwendig ist. Die Lunge erhält nicht mehr den Befehl zu arbeiten, und der Patient erstickt. Außer ein Serum zu spritzen, mussten wir deshalb auch etliche Male künstlich beatmen. Ob die Kobra oder die Königskobra gefährlicher ist, kann ich nicht sagen. Die Kobra ist viel kleiner, aber ihr Gift ist zehnmal konzentrierter. Die Königskobra ist riesig, sie kann bis fünf Meter lang werden, sich aufrichten und einen Menschen in den Hals beißen.

Die meisten Patienten wurden von Vipern gebissen, die das Blutsystem vergiften. Bisse der malaysischen Mokassin-Viper, einer unscheinbaren, grau-braun-schwarz gefärbten Schlange, kamen am häufigsten vor. Ihr Gift wirkt zwar langsam, kann aber ohne Behandlung tödlich sein. Die Bauern, die ihre gebissenen Kollegen brachten, wussten schon, dass der Patient möglichst nicht bewegt werden durfte, um seinen Kreislauf nicht unnötig anzuregen. Sie hatten gelernt, dass man sofort einen Ring abstreifen oder einen Schuh ausziehen musste, je nachdem, wo sich der Biss befand. Denn die Bissstellen schwollen schnell an und schmerzten sehr stark. Doch durften die Bauern dem Opfer auf keinen Fall Aspirin geben, auch wenn es noch so sehr nach Schmerzmitteln schrie, denn dadurch würde das Blut verdünnt und das Gift sich noch schneller im Körper verteilen. Sie flößten ihm deshalb Paracetamol ein, aber meistens waren die Schmerzen so stark, dass es nicht allzu viel nutzte. Der Patient blutete aus Mund, Nase, Harnröhre, erbrach Blut und starb ohne Behandlung an seinen inneren Blutungen.

Die Bauern fingen Fische in den gefluteten Reisfeldern. Sie wateten barfuß im Schlamm und griffen die Fische mit bloßen Händen. Dadurch fühlte sich so manch eine Viper gestört und biss zu. Gegen Hämatoxine gab es ein sehr wirksames Gegenserum, das wir vom Pasteur-Institut in Bangkok bezogen. Manchmal ging das Serum allerdings aus, dann mussten wir uns mit Bluttransfusionen behelfen. Viele Male setzten wir auch Cortison ein, vor allem gegen einen Allergieschock.

Häufig waren die Schlangenbisse auch nicht von giftigen Schlangen. Aber es war wichtig, die Wunden richtig zu versorgen. Seeschlangen, die Nervengift und Blutgift gleichzeitig übertragen kamen in unserem Gebiet zum Glück nicht vor.

Das war eine harte Zeit, damals in Phatthalung. Wenig Verdienst und viel Arbeit, oft zwanzig Stunden ohne Pause! Wir waren nur fünf Ärzte und ständig im Einsatz. Aber ich habe dort viel gelernt und unzähligen Menschen das Leben gerettet. Das hat mich mit großer Zufriedenheit erfüllt. Ja, damals war ich richtig glücklich.

Mein Hobby war das Zaubern. Ich habe schon in meiner Studienzeit damit angefangen, aber später, als ich in der Phang Nga Provinz lebte, wurde ich ein richtiger Profi. Das Zaubern hat mir großen Spaß gemacht. Ich übte viel, zuhause oder im Krankenhaus während des Bereitschaftsdienstes. Bei meinen Auftritten konnte ich mein Publikum total verblüffen. Zum Beispiel reichte mir eine Zuschauerin ein Schmuckstück, das ich verschwinden und erst am Ende der Vorstellung ganz woanders wieder auftauchen ließ. Oder ein Gast zerriss eine Zeitung, und ich zauberte sie wieder ganz. Ich schluckte Rasierklingen und zog sie anschließend aus dem Magen heraus. Natürlich hatte ich auch viele Tricks mit Münzen und Karten auf Lager. Wir waren eine ganze Gruppe von Zauberern, und ich organisierte die Vorführungen sonntags im Stadttheater von Phang Nga.

Das Geld, das ich dabei einnahm, stellte ich der Königsmutter für ihre Projekte zur Verfügung. In den 70er Jahren gründete Somdet Phra Si Nakha Rinthra Barom Ratcha Chonnani, wie die erhabene königliche Mutter, Ihre Hoheit, die Prinzessin Si Nakha Rinthra offiziell heißt, in der Phang Nga Provinz eine mobile Einheit, die *„The Princess Mother's Medical Volunteer"* genannt wurde. Ärzte, Zahnärzte, Apotheker und Krankenschwestern stellten ihre Arbeitskraft an Wochenenden zur Verfügung und suchten per Auto oder Hubschrauber abgelegene Dörfer auf, wo sie die Bevölkerung untersuchten und behandelten. Schwerkranke wurden kostenlos ins nächstgelegene Krankenhaus befördert. Manchmal begleitete die Königsmutter ein medizinisches Team und legte persönlich bei der Krankenversorgung Hand an.

Diese Einheiten gab es in jedem *Government Hospital* in unserer Provinz, ob in Khura Buri, Thai Mueang oder Takua Pa.

Die Königsmutter die von uns liebevoll Somdet Ya, königliche Großmutter genannt wird, besuchte oft Phang Nga, um ihre Projekte zu inspizieren und den Mitwirkenden persönlich zu danken. Sie verteilte kleine Andenken, die für die Helfer viel mehr wert waren als jedes Geld. Ein kleines Geschenk von der Königsmutter zu erhalten, war das Größte, was sich unsereiner vorstellen konnte. Einmal hat ihre Hoheit nach mir gefragt, weil es ihr imponiert hatte, dass ich das Zaubern organisierte und die Einnahmen für ihre Projekte spendierte. So habe ich sie persönlich kennen gelernt. Bei einem ihrer nächsten Besuche hat mir die Königsmutter das *Petong*-Spielen beigebracht. Das ist ein Spiel mit Metallkugeln, ähnlich dem französischen Boule. Dieses Spiel habe ich dann in der ganzen Provinz bekannt gemacht.

Sie übernachtete immer mit in einem großen Boot, das in der Phang Nga Bucht vor Anker ging. Ich habe einige Fotos, auf denen ich mit der Königsmutter abgebildet bin. Darauf bin ich sehr stolz!

Zu Anfang habe ich erzählt, dass ich heute, mit 75 Jahren, noch immer praktiziere, weil ich mit Leib und Seele Arzt bin. Das stimmt, und jeden Tag arbeite ich von 8 bis 12 Uhr und nachmittags von 15 häufig bis 21 Uhr in meiner Praxis, Tag für Tag, oft auch an Sonn- und Feiertagen.

Aber es gibt da noch eine dunkle Seite. Durch meine Arztpraxen werde ich nicht reich. Ich verlange von den Patienten nicht viel, die Armen behandle ich sogar umsonst. Deshalb brauche ich auch andere Einnahmequellen, habe viel Land, einige Plantagen und bin Partner von verschiedenen Geschäften. Einmal habe ich in eine Shrimp Farm investiert. Im ersten Jahr hat sie viel Geld abgeworfen, aber dann wurden die Shrimps krank und die Farm ging bankrott. Deshalb habe ich hohe Schulden bei der Bank, die ich noch einige Jahre abbezahlen muss. Immer wieder fragen mich Ausländer, warum ich nicht mein Land verkaufe, die Schulden sofort tilge und einen glücklichen Lebensabend genieße. Viel Land habe ich schon auf meine Kinder überschrieben, und das restliche habe ich auch für sie vorgesehen. So gehört sich das. Soll ich faul sein, und meine Kinder bekommen später weniger? Ich habe doch mein ganzes Leben gearbeitet, und die Arbeit macht mir Freude. Ich bin dankbar, dass ich noch immer Menschen gesund machen kann.

Es macht mir ebenfalls Spaß, Sprachen zu lernen. Deutsche Freunde meiner Tochter Wasana waren zweimal Gast bei uns und haben mich und meine Frau eingeladen, sie zu besuchen. Bevor wir nach Deutschland flogen, habe ich angefangen, mir ein paar Floskeln auf Deutsch einzuprägen. Ich denke, das erfordert der Anstand. Da habe ich gemerkt, dass es mir relativ leichtfällt, eine Sprache zu lernen, und es ist außerdem ein gutes Gedächtnistraining. Damals, in Deutschland, habe ich jeden Morgen mit folgendem Satz nicht nur meine Gastgeber beeindruckt, sondern ihnen offenbar auch Freude bereitet: „Guten Morgen, die Herrschaften, ich wünsche wohl geruht zu haben." Abends sagte ich: „Ich wünsche einen angenehmen Schlaf und süße Träume." Meine Tochter meinte zwar, meine Ausdrucksweise sei total veraltet, aber mir machte das nichts aus. Den Sprachführer, aus dem ich gelernt habe, hatte ich in einem Antiquariat in Bangkok gefunden, er war von 1921. Doch meine Gastgeber sagten, die altmodische Sprache sei höflicher als die neumodische. Und auf die Höflichkeit kommt es mir an!

Jeden Tag lerne ich mindestens drei neue Vokabeln, meistens mehr, selten weniger. Auf deutsche Patienten wirkt es sehr beruhigend, wenn ich sie in ihrer Muttersprache begrüße: „Guten Tag, was kann ich für Sie tun?" Oder: „Einen Moment, bitte, ich bin gleich für Sie da und kümmere mich um Sie." Diese Sätze zaubern ein Lächeln auf ihr Gesicht, und die Angst und Anspannung fallen sichtbar von ihnen ab. Und alle sind gerne bereit, mir noch etwas mehr beizubringen. Jetzt verstehe ich fast alle ihre Leiden auf Deutsch und kann ihnen meine Therapie in ihrer Sprache erklären.

Ich habe auch angefangen, ein paar Brocken Schwedisch zu lernen. Aber das nutze ich nur zum Small Talk. Die Schweden verstehen meistens sehr gut Englisch.

Mein Haus steht in einem riesigen Garten mit großen Bäumen. Jeden Baum habe ich persönlich gepflanzt. Ich liebe Bäume zu jeder Jahreszeit. Ich freue mich an ihren Blüten, und besonders mag ich deren Düfte. Gerade blühen die *Wasana*-Bäume. Ab sechs Uhr verströmen sie ihren Duft die ganze Nacht lang. Jeden Morgen, bevor ich in meine Praxis aufbreche, drehe ich eine Runde in meinem Garten. Hier schöpfe ich Kraft für den Tag, das ist meine Meditation. Meistens zupfe ich ein paar *Frangipani*-Blüten und lege sie in meinen Wagen. Ihr Geruch ist betörend, wie der von Jasmin. So begleitet mich der Garten bis zur Praxis.

Um den Hals trage ich eine Kette mit fünf schweren Amuletten. Jedes hat für mich eine besondere Bedeutung. Alle bekam ich geschenkt von Menschen, die mir nahe stehen. Ich fühle mich dadurch beschützt und werde immer daran erinnert, Gutes zu tun.

Ich bin Buddhist. Aber ich glaube, dass das Wesen aller Religionen dasselbe ist. Ob Christentum, Islam, Judentum oder Buddhismus: Das Ziel aller Religionen ist ethisches Handeln, alle predigen ihren Anhängern, Gutes zu tun und Schlechtes zu vermeiden.

Als Buddhist habe ich gelernt, mit allen lebenden Wesen mitzufühlen, sie respektvoll zu behandeln, ihnen mit Liebe und Hilfsbereitschaft zu begegnen. Die Geisteshaltung *Metta* ist eine Grundtugend für mich. In meinem Beruf kann ich *Metta,* Liebende Güte oder Mitgefühl, täglich verwirklichen. Ich fühle mit den Kranken mit und behandele sie, ob sie sympathisch sind oder nicht, ob sie dankbar sind oder nicht, ob sie zahlen können oder nicht. Für mich sind sie alle Lebewesen, die meine Hilfe brauchen.

Für die meisten Menschen ist es schwierig, mit Schmerzen und Krankheit glücklich zu sein. Ich helfe ihnen, dass es ihnen besser geht, dass sie sich wohler fühlen, dass sie schmerzfrei sind, dass sie gesund werden. Dadurch mache ich sie glücklich.

Und gibt es etwas Schöneres, als andere glücklich zu machen?

Da fällt mir noch ein deutsches Sprichwort ein, das ich erst letzten Monat gelernt habe. Ich musste einem jungen deutschen Mädchen etwas in sein Poesiealbum schreiben, und da las ich diesen Spruch, den ihre Oma reingeschrieben hatte:

„Willst du glücklich sein im Leben, trage bei zu andrer Glück. Denn die Freude die wir geben, kehrt ins eigene Herz zurück."

Ein erfülltes Leben

Sabine aus Braunschweig gab ihre Karriere als Marketingdirektorin auf, um im Dschungel Südthailands eine Heimschule zu leiten.

„Kapong" – das Wort gefällt mir irgendwie. Ein Ortsname. Irgendwo in Thailand. Keiner meiner Freunde, nicht einmal Uwe, ein Landeskenner, hat jemals davon gehört. Auch im Weltatlas ist der Ort nicht zu finden. „Wer schaut denn noch in einen Atlas", muss ich mich auslachen lassen. „Internet, Google Earth, ist heute angesagt." – Ja, natürlich, weiß ich auch. Und dort werde ich fündig. Im Süden Thailands, nur zwei Fingerbreit vom Meer entfernt. In der Höhe von Khuk Khak, aber ohne direkte Straßenverbindung zur Küste.
„Kapong", ich lasse das Wort auf der Zunge zergehen. Passt irgendwie zu mir: kaputt – kapiert – Kapong. In Kapong werde ich ein anderes Leben beginnen.

Ich war eine Karrierefrau, arbeitete 25 Jahre lang als Marketingchefin für große Lebensmittelkonzerne. Ein aufreibender Job, aber er hat mir Spaß gemacht. Ich kam viel in der Welt umher, betreute Kunden in England, der Türkei, Russland und Schweden. Auch in den USA war ich häufig eingesetzt. Ich engagierte mich für meine jeweilige Firma, gab mein Bestes, war erfolgreich.

Dennoch fragte ich mich immer häufiger, welchen Sinn diese Arbeit meinem Leben gebe. Wurde auch nur ein Mensch glücklicher, wenn ich eine neue Schokoladensorte entwickelte oder wenn er meinen neuesten Werbespot sah, der ihn gekonnt verführte, noch mehr Süßigkeiten zu verzehren? Ja, ich verdiente gut, und Geld ist immer ein Anreiz. Natürlich gefiel es mir, eine schöne Wohnung zu haben, *shoppen* zu gehen, mit diesem Geld die Mode der Saison zu kaufen, immer schick auszusehen, ein tolles Auto zu fahren. Aber sollte *das* alles sein? Könnte ich meine Fähigkeiten und Erfahrungen nicht einsetzen, um Menschen zu helfen, die nicht das Glück hatten, wie ich in der Geborgenheit einer intakten Familie aufzuwachsen, in einer Umgebung, die ihre Begabungen förderte?

Während eines Sabbatjahres im Jahr 2004 unternahm ich eine Trekkingtour in Nepal. Dort, in der Einsamkeit der Bergwelt, wurde mir klar, was ich wollte: Kindern helfen, armen, benachteiligten Kindern, den Kreislauf der Armut durchbrechen. Ja, das wäre ein tolle Sache: Einmal einen neuen Lebensabschnitt bewusst herbeiführen, etwas ganz anderes tun, etwas, das meinem Leben eine neue Bestimmung geben würde. Etwas, für das ich mich wieder leidenschaftlich einsetzen könnte.
Und hier in Südthailand, in Kapong, habe ich den Platz gefunden. Bevor ich mich verpflichtete, die Stelle als Direktorin der Heimschule anzunehmen, arbeitete ich vier Monate als Volontärin, also als Freiwillige, um die Einrichtung kennenzulernen.

Yaowawit, 90 Kilometer von der Touristeninsel Phuket entfernt, wurde im Mai 2006 von dem Philanthropen Philipp Graf von Hardenberg gegründet. Er wollte nach der verheerenden Tsunami-Katastrophe im Dezember 2004 den Waisen und Halbwaisen nachhaltig helfen. Später kamen Kinder hinzu, die von ihren Eltern verlassen oder misshandelt wurden. Nicht wenige haben Alkohol- und Drogenmissbrauch erlebt. Viele haben mit ähnlich schweren Traumata zu kämpfen wie die, die den Tsunami erlebt haben.

Derzeit leben in Yaowawit 120 Mädchen und Jungen im Alter von vier bis 18 Jahren sowie etwa 40 Lehrer und andere fest angestellte Mitarbeiter. Um die Kinder kümmern sich rund um die Uhr Fach- und Vertrauenslehrer, Betreuer und internationale Freiwillige, die in Yaowawit ihr *Gap Year* nach dem Abitur machen oder ein Praktikum während des Studiums.

Die Kinder erhalten in Yaowawit nicht nur die Schulbildung, die der thailändische Lehrplan vorsieht, sondern auch Englischunterricht und eine praktische Ausbildung, etwa in der Landwirtschaft oder Hotellerie.

Das Konzept der Schule hat mir von Anfang an gefallen, auch die Umgebung war und ist grandios. Die Gebäude der Schule und die Wohnhäuser stehen mitten im hügeligen Dschungel, einem üppigen Dschungel mit riesigen Bäumen in allen denkbaren Grünschattierungen. Morgens, wenn die tropische Sonne die Feuchtigkeit der Nacht verdunsten lässt, steigt Nebel aus den Tälern auf – eine märchenhafte Stimmung. In dieser herrlichen Natur bekommen die Kinder eine erstklassige zukunfts- und praxisorientierte Bildung, es sollen ihnen soziale Werte vermittelt und nicht zuletzt ein geborgenes Zuhause gegeben werden.

In den vier Monaten, die ich hier als Freiwillige arbeitete, merkte ich bald, dass dieses Konzept noch lange keine Realität war, es fehlte noch an vielem. Umso mehr reizte es mich, beim Umsetzen dieses Konzepts in die Praxis mitzuwirken. Das war eine Aufgabe, die mich geradezu herausforderte. So bot ich mich für ein Taschengeld als Projektleiterin an – für diesen Lebensabschnitt sollte Geld unwesentlich sein.

Meine Arbeitsgebiete sind vielfältig. Eigentlich sollte ich nicht nur eine Expertin in Organisationsentwicklung,

Teamleitung, Pädagogik und Marketing sein, sondern auch in Wirtschaft, Fundraising, Logistik, Hotellerie und Landwirtschaft.

Zur Schule gehören etwa 25 Hektar Land. Von den Gründern war geplant, dass sich die Schule einmal selbst tragen soll. Wir sollen das Land deshalb landwirtschaftlich nutzen, Reis, Gemüse und Früchte anbauen, um Nahrung für die Schüler zu produzieren und Einkommen zu erzielen. Auch sollen die Schüler in die Grundlagen der Landwirtschaft eingeführt werden. Dieser Zweig macht mir viel Kopfzerbrechen. Ich bin ganz auf thailändische Mitarbeiter angewiesen, finde nur langsam heraus, warum unsere Palmöl-Ernte viel weniger einbringt als die des Nachbarn, warum sich Projekte endlos in die Länge ziehen, wo Geld unterschlagen, wo nur ein bisschen und wo ein bisschen mehr betrogen wird.

Ebenso soll unser kleines Hotel, das aus sechs komfortablen Gästezimmern besteht, nicht nur unseren Schülerinnen und Schülern die Möglichkeit geben, praktische Fähigkeiten im Hotelleriegewerbe zu erlangen. Sondern die Einnahmen und Spenden der Gäste sollen helfen, die Kosten für die Schule zu decken.

Dass sich die Schule selbst trägt, davon sind wir noch weit entfernt. Deshalb sind wir nach wie vor auf Sponsoren und Kinderpaten angewiesen. Direkt nach dem Tsunami war das etwas leichter, für Tsunami-Waisen wurde großzügig gespendet. Daher geht es jetzt darum, unser Schul- und Heimkonzept aus eigener Kraft, ohne große Spenden, überlebensfähig zu machen und als erfolgreiches Modell in Thailand anerkannt zu werden.

Es freut mich, dass wir inzwischen bei gebildeten Thais und von verschiedenen Universitäten Unterstützung für unser Konzept und die Umsetzung bekommen. Und das nicht nur, weil die thailändische Kronprinzessin Maha Sakri Sirindhorn unsere Schule eröffnet und ihr den Namen Yaowawit gegeben hat.

Die intellektuellen und gebildeten Thais wünschen sich mehr Projekte wie Yaowawit, die durch die Nutzung ihrer Ressourcen und Mitteln auf eigenen Beinen stehen und sich selbst tragen. Allerdings ändert sich die Einstellung der Masse nur langsam, denn traditionell unterstützen die Thais lieber den örtlichen Tempel und die Mönche als langfristig ausgerichtete Hilfsprojekte.

So findet das *Fundraising*, die Suche nach Sponsoren für unsere Schule, nach wie vor hauptsächlich bei den deutschen Firmen in Bangkok statt. Dass mir *Fundraising* einmal Spaß machen würde, hätte ich vor drei Jahren noch keinem geglaubt. Sollte ich zum Bettler werden, auch wenn es für einen guten Zweck ist?

Und heute sind diese *Fundraising*-Reisen nach Bangkok nicht nur eine willkommene Abwechslung zum beschaulichen Leben in der Abgeschiedenheit der Heimschule. Sie führen mich in Gefilde, in denen ich mich zuhause fühle. In der deutsch-thailändischen Handelskammer verhandeln oder mit Universitäten Kontakte knüpfen, für Zeitungen Interviews geben oder Fernsehtermine vereinbaren, das liegt mir. Wenn ich unsere Heimschule und ihr Konzept bei deutschen oder internationalen Firmen so gut darstellen kann, dass die verantwortlichen Firmenvertreter gerne das Geld im Topf für Soziales uns zugute kommen lassen, dann reise ich wieder mit einem Erfolgserlebnis nach Kapong zurück.

Und, unter uns gesagt, genieße ich es auch, nach dem Leben im Dschungel ab und zu mal wieder ein europäisches Abendessen zu genießen oder zu einer kulturellen Veranstaltung eingeladen zu werden.

Eine schwierigere Aufgabe ist es, geeignete Lehrer zu finden, die unser Konzept nicht nur theoretisch gut finden, sondern es auch umsetzen können. Thailändische Lehrer sind gewohnt, dass Schüler ihre Bücher auswendig lernen und im Chor nachsprechen, was sie ihnen vorsagen, nicht aber, dass sie kritisch denken und Fragen stellen. Nach unserem Konzept sollen die Schüler selbständig nachdenken, sich die Ergebnisse selber erarbeiten, ihre Phantasie einsetzen und lernen, wie man richtig kommuniziert und Dinge analysiert. All das sind Fremdworte in Thailand. Schüler werden nach einer bestimmten Norm erzogen, anstatt sich auf ihre Talente einzulassen und diese zu fördern. Wir wollen keine Eliteschule in dem Sinne sein, dass die Schüler später nach Bangkok abwandern und in der Großstadt einen Job suchen. Wir wollen ihre Fähigkeiten weiterentwickeln und derart schulen, dass sie sie in ihrem näheren oder weiteren Umfeld einsetzen, zum Beispiel in der Hotellerie oder Gastronomie im Ferienort Khao Lak, nicht allzu weit von hier entfernt. Auch das ganze Tourismusnebengewerbe bietet vielfältige Arbeitsmöglichkeiten. Natürlich freuen wir uns ganz besonders, wenn Yaowawit-Schüler ein Stipendium bekommen und studieren. June studiert gerade in Holland, und Praire verbrachte sechs Monate in Australien und hat jetzt einen gut bezahlten Job in einem großen Hotel in Khao Lak. Ohne Yaowawit und ihre Paten hätten sie es nie so weit gebracht.

Auch geeignete Betreuer für die Kinder zu finden, ist nicht so einfach. Thais können sehr liebevoll mit Kindern umgehen. Aber von Haus aus sind sie es nicht gewohnt, mit den Kleinen zu spielen oder ihre Kreativität zu fördern, die Hausaufgaben zu kontrollieren oder sie zu loben. Auch können Thais viel leichter eine liebevolle Beziehung zu Kindern aus der eigenen Familie herstellen als zu fremden. Wir müssen deshalb sehr viel zur Ausbildung dieser Betreuer beitragen. Erschwerend kommt hinzu, dass diese Aufgabe in der Hierarchie einen niedrigeren Stellenwert hat, als die der Lehrer. Um diesen Konflikt zu lösen, nennen wir die Betreuer nicht Mutter, Vater, Onkel oder Tante, sondern *Parent Teacher*. Als Teacher erhalten sie mehr Respekt, sowohl von den Kindern, als auch von den Kollegen.

Unsere Heimschule ist mittlerweile schon sieben Jahre alt. In vielen Ecken wären Renovierungen angebracht. Thais stört es nicht, wenn diese Decke schimmelt oder jene Tür verrottet. Deshalb melden die Mitarbeiter die Missstände auch nur selten. Außerdem will niemand der Überbringer schlechter Nachrichten sein. Und wenn wir von den Missständen erfahren, ist es oft schwer, Handwerker zum Ausbessern zu finden. Zum Bauen von Neuem sind Thais motiviert, Instandhalten dagegen liegt ihnen nicht so.

Und dann sind da noch die freiwilligen Helfer, die Volontäre. Sie kommen nach dem Abitur oder nach dem Studium, manche sind auch älter und nützen eine Pause zwischen zwei Jobs für eine neue Erfahrung. Sie wollen ihre Fähigkeiten einsetzen, sich in einer fremden Umgebung behaupten, etwas erleben. Wir brauchen diese Volontäre, und viele machen einen wirklich herausragenden Job. Das Problem ist, dass sie oft keine Ahnung von Land und Leuten haben und meinen, ihre eigenen Wertmaßstäbe wären auch in Thailand richtig. Viele Freiwillige lernen schnell, passen sich gut an, bringen sich sinnvoll ein und helfen, die zahlreichen Arbeiten zu erledigen. Sie bauen enge Beziehungen zu den Kindern und Mitarbeitern auf, so dass diese ihre Scheu verlieren und den ganzen Tag Englisch sprechen. Gute Leute hätten wir am liebsten für mindestens ein halbes Jahr, denn für kürzere Zeit ist die Einarbeitung für uns mehr Arbeit als Hilfe. Und wenn die Volontäre mit ihren persönlichen Problemen zu mir kommen, ihrem Liebeskummer oder ihrer Selbstfindungskrise, wenn sie eine Mutter bräuchten und nicht eine Chefin, dann würde ich meine Arbeitszeit und Kapazität gerne verdoppeln. Aber das geht leider nicht.

Jeden Tag sehe ich neue Hürden, die aus dem Weg geräumt werden müssen, um die Vision für eine wegweisende Schule zu verwirklichen. Manchmal kommen mir Zweifel, ob ich diesen vielfältigen Aufgaben gerecht werden kann, ob ich mir hier nicht zu viel zumute, ob ich wirklich etwas Sinnvolles mache. Ja, manchmal gibt es Momente, da denke ich, es geht nicht mehr. Etwa dann, wenn die Kluft zwischen dem europäischen und asiatischen Denken zu groß wird. Zu Beginn meiner Tätigkeit in Yaowawit habe ich, begeistert wie ich war, keine Probleme gesehen, mit Thais ganz normal umzugehen, so wie mit Europäern oder Amerikanern. Je länger ich hier lebe, desto mehr merke ich aber, wie wenig ich von ihrer Mentalität verstehe. Sie setzen ganz andere Schwerpunkte als wir, reagieren in manchen Situationen häufig entgegengesetzt als wir es erwarten würden oder ziehen sich, bei nur angedeuteter Kritik, zurück, weil sie ihr Gesicht zu verlieren glauben.

Wenn nun Besucher oder Sponsoren kommen, die alles mit europäischen Augen sehen und mir die Vorwürfe machen, dass vieles nicht so läuft, wie sie es für angebracht halten, weiß ich oft nicht, wie ich reagieren soll. Oder wenn ein wichtiger Sponsor aussteigt, weil er keine Tsunami-Waisen mehr wahrnimmt, haben wir ein sehr schwerwiegendes Problem. Manchmal sind es darüber hinaus die kleinen Dinge, an denen es hapert, wie verstopfte Toiletten oder fehlende Zahnbürsten für jedes Kind.

Doch an den meisten Abenden ist es wie heute. Ich bin zwar ziemlich kaputt, aber auch recht zufrieden. Schon am Morgen, als ich aus meinem Zimmer kam, wurde ich mit einem freudigen „*Good morning, Khun Sabine, how are you?"* begrüßt. Während des Mittagessens schenkte mir Tiger ein selbstgemaltes Bild, und heute Abend verkündeten mir die Jungen voller Stolz, wie viele Tore sie beim Fußballspiel geschossen hätten.

Wir hatten zwei lange Meetings über komplizierte Themen, wie den Englischunterricht und den Wochenplan für 120 Schüler, ihre Lehrer und Betreuer. Auch haben wir den Stundenplan für das Nachmittagsangebot zusammengestellt. Ich habe mich sehr gefreut über die Wertschätzung, die mir die Mitarbeiter entgegenbrachten, und vor allem darüber, dass sie das Vertrauen hatten, Ideen einzubringen, ihre eigene Meinung zu sagen und sogar Kritik zu äußern. Das wäre vor zwei Jahren noch nicht möglich gewesen.

Mittlerweile lebe ich schon länger als drei Jahre in Kapong. Hier fühle ich mich zuhause. In meinem Zimmer unterm Dach, mitten in der Schule, habe ich es mir gemütlich eingerichtet. An die Hitze, die ständig anwesenden Ameisen und Geckos habe ich mich längst gewöhnt. Ich lasse immer die Fenster offen, fühle mich in der Natur und das Gezirpe der Grillen wiegt mich jede Nacht in den Schlaf. Hier bin ich durch Höhen und Tiefen gegangen. Das Positive jedoch, das, was ich gelernt und erreicht habe, ist einfach überwältigend. Und wenn ich das fröhliche Lachen der Kinder höre und in ihre strahlenden Augen sehe, dann weiß ich: Ich habe es richtig gemacht, hier gehöre ich hin, in Yaowawit habe ich alles, was ich brauche, hier kann ich ein erfülltes Leben führen.

Anmerkung: Die Fakten für diese Geschichte wurden in Yaowawit gesammelt und literarisch ausgeschmückt. Wenn sich ein Leser angesprochen fühlt, als Freiwilliger vor Ort zu arbeiten, die Patenschaft für ein Kind zu übernehmen, etwas zu spenden oder seinen Urlaub in dem Trainingshotel zu verbringen, kann er sich informieren unter www.yaowawit.com.

Ladyboy Supi

Supi wurde als Junge geboren, empfindet sich heute aber als Frau. Sie ist eine von Hunderttausenden Transsexuellen in Thailand, die „Kathoeys" genannt werden.

Wenn abends um neun Uhr der Vorhang aufgeht und ich zusammen mit meinen Freundinnen im Scheinwerferlicht stehe, da kann ich ich sein. Schrill geschminkt, mit hochhackigen Schuhen und schillerndem, phantasievollem Kostüm, das viel Haut freilässt. Da fühle ich mich wohl! Ich liebe es, wenn die bewundernden Blicke der Zuschauer auf meinem schönen Körper ruhen, wenn ich mich im Rhythmus der Musik wiege und den Song „Vogue" von Madonna laut mitsinge:

Come on, vogue
Come on, vogue
Let your body move to the music
Hey, hey, hey
Come on, vogue
Let your body go with the flow
You know you can do it.

Auch nach der Kabarett-Vorstellung bekomme ich noch viel Anerkennung. Papa strahlt mich an und möchte mit mir fotografiert werden, Mama stellt sich dazu, damit keine Missverständnisse aufkommen. Mama stellt Fragen, die zeigen, wie tolerant und aufgeschlossen sie ist, Papa schmilzt dahin und nennt mich ein wunderschönes Fabelwesen. Ach, wie ich sie liebe, diese Auftritte im *Moo Moo Cabaret* in Khao Lak. Für diese Abende lebe ich.

28

Tagsüber bin ich eine recht bescheidene Frau. Ich arbeite als Touristenführerin und lebe mit meiner Mutter, für die ich immer noch *der Sohn* bin. Sicher hat sie schon früh bemerkt, dass ich mich nicht wie andere Jungen verhielt. Nie hatte ich Lust, Fußball zu spielen oder mit anderen Buben herumzutollen. Ich fühlte mich wohl, wenn ich mit meinen Schwestern und ihren Puppen spielen konnte oder das Baby der Tante hüten durfte. Ich muss fünfzehn gewesen sein, als ich mir das erste Mal die Augenbrauen rasierte und sie mit dem Augenbrauenstift meiner Mutter nachzog. Als ich vor dem Spiegel stand und mir die Lippen mit ihrem Lippenstift rot anmalte, stand sie plötzlich neben mir. Ab diesem Augenblick wusste sie es eindeutig, dass ich mich als Mädchen fühlte. Sicher war ihr das nicht recht, denn ich war ihr einziger Sohn. Aber sie sprach nie darüber. Sie tolerierte einfach, wie ich war. Das Einzige, was sie mir immer wieder predigte, war: „Tu nichts Schlechtes. Lebe als anständiger Mensch. Lerne fleißig, damit du eine gute Ausbildung bekommst und einen ordentlichen Beruf ergreifen kannst." Ja, ich habe eine wirklich gute Mutter, die mich akzeptierte, wie ich war, und mir die moralischen Prinzipien unserer thailändischen Tradition vorlebte. Noch immer habe ich ein sehr gutes Verhältnis zu ihr und sie ist die wichtigste Person in meinem Leben.

Natürlich machte auch ich die Phase durch, in der ich verliebt war und von der romantischen Liebe träumte. Damals lebte ich für einige Zeit sogar mit einem festen Freund zusammen. Er liebte mein seidiges Haar, meine glatte Haut und meine Schönheit. Aber allzu lange hielt diese Beziehung nicht. Mein Freund war ein ziemlich normaler thailändischer Mann, sah nicht besonders gut aus, wurde mit der Zeit ziemlich langweilig und einfallslos. Aber vor allem wollte er eigene Kinder haben. So verließ er mich, heiratete eine Frau und wurde schon bald darauf Vater. Das war die einzige große Liebe meines Lebens.

Später hatte ich nochmals ein kurzes Verhältnis mit einem verheirateten Mann. Aber Liebe war das nicht. Ja, das ist unser Schicksal als *Kathoey*, Liebe darf man nicht erwarten. Längst habe ich mich damit abgefunden. Nur träumen tue ich manchmal davon – dass er doch noch kommt, der Märchenprinz, der mich liebt und mich als seine Lebensgefährtin zu sich nimmt. Vielleicht ein *Farang*, groß und blond?

Damals, als ich fünfzehn war, hat nicht nur meine Mutter gemerkt, dass ich anders bin. Auch mir ist es zu jener Zeit erst richtig bewusst geworden. Ich ging auf die High School in Takua Pa, und nach der 9. Klasse musste man sich für einen bestimmten Zweig entscheiden: Mathematik, Naturwissenschaften oder Sprachen. Ich entschied mich für *Art of Language* und lernte Englisch und Französisch. In unserer Klasse von 40 Schülern waren 38 Mädchen. Mit den Mädchen verstand ich mich sehr gut und Sprachen zu lernen machte mir Spaß.

Vor 20 Jahren war es noch nicht so einfach, an Informationen über Geschlechtsumwandlung zu kommen. Es gab noch kein Internet, noch nicht mal ein Handy hatten wir. Aber ich erfuhr, dass man Hormone nehmen muss. Am leichtesten war es, an Antibabypillen zu kommen, die enthielten Östrogen. Mit siebzehn fing ich damit an. Deshalb habe ich heute kein Härchen am Körper. Ich bekam schöne Rundungen. Hungrig wurde ich jedoch auch von dem Östrogen. Mindestens fünfmal am Tag musste ich etwas essen, und zwischendurch immer wieder Chips. Dadurch verringerten sich die Muskelpakete und ich wurde an den richtigen Stellen etwas pummelig. Dick war ich nie, aber die weibliche Form nahm langsam Gestalt an.

Als ich in Phuket studierte, ließ ich mir die Haare wachsen, trug aber die Uniform für männliche Studenten. Einen Professor hat das total verwirrt. Er sagte zu mir nach einer Vorlesung, ich hätte wohl die falsche Uniform erwischt, und der ganze Hörsaal brach in prustendes Gelächter aus. Noch monatelang neckten mich meine Kommilitonen damit: „Du hast wohl die falsche Uniform erwischt, du hast wohl die falsche Uniform erwischt!" Und jedes Mal folgte dieses Gekicher. Ich lachte einfach mit und wir hatten viel Spaß. Da in Khao Lak, wo ich herkomme, der Tourismus boomte und ich außerdem schon recht gut Englisch und Französisch sprach, entschied ich mich *Tourism Industry* zu studieren.

In meiner Freizeit trug ich Damenkleider, Stöckelschuhe und schminkte mich. Ich hatte richtig gute Freundinnen, alle *Kathoeys*. Von den älteren lernte ich nicht nur alles über Hormone und Operationen, sondern ich erfuhr auch, wie wichtig es war, eine Ausbildung zu haben. „Wenn du keine gute Bildung und keinen Beruf erlernt hast, landest du auf dem Strich", warnten sie mich immer wieder. Und tatsächlich gab es viele *Ladyboys*, die nichts gelernt hatten und die ihren Körper verkaufen mussten, um sich Operationen leisten zu können. Meine Freundinnen waren Studentinnen oder arbeiteten als Bankangestellte, Köchinnen oder Hotelmanagerinnen. Eine war sogar Lehrerin.

Meiner Mutter habe ich zu verdanken, dass ich nicht zum Militär musste. Als ich sechzehn Jahre alt war, hatte sie dazu gedrängt, dass ich mich in der High School zur militärischen Grundausbildung melde. Drei Jahre musste ich jeden Freitag in Uniform erscheinen und wurde entsprechend gedrillt. „*Ro.Do.*" nannte man diese Ausbildung oder „*Nak Suek Sa Wicha Thahan*", was „Studenten der militärischen Bildung" bedeutet. Die meisten meiner Klassenkameraden hatten keine Lust zu diesem Drill und hofften auf ihr Glück. Einmal im Jahr wird im Tempel die Einberufungs-Auslosung abgehalten. Ich habe mir dieses Spektakel angeschaut, damals, als ich neunzehn war. Auf der Bühne hing das große Spruchband: „*Einberufungs-Auslosung Bezirk Takua Pa. Für die Nation, für die Religion, für die Monarchie*".

Wie war ich froh, dass ich außerhalb der Umzäunung mit all den nervösen Verwandten zuschauen konnte und nicht mit den hunderten von Jungen meines Alters in der langen Schlange sitzen und Blut und Wasser schwitzen musste! Ich hatte das *Ro.Do.* abgeleistet und war befreit. Um acht Uhr standen wir alle auf und sangen die Nationalhymne. Ein Mönch betete mit den Jungen. Ein Offizier hielt eine Rede. Kaum einer hörte zu. Dann mussten sich die Kandidaten registrieren.

Ein paar Stunden später fand die Musterung durch Militärärzte statt. Die Jungen zogen ihre Hemden aus, wurden gewogen, gemessen und untersucht. Auch ein *Kathoey* war darunter, den ich vom Sehen kannte. Er war dick geschminkt und ging hüfteschwingend auf die Bühne. Ich bibberte mit ihm. Wird er ausgemustert? Nein – tauglich! Richtig ernst wurde es, als die Namen der Jungen aufgerufen wurden und jeder ein Los ziehen musste. Die meisten zogen rot, wurden also einberufen, auch der Kathoey. Dieses Schicksal hätte auch mir blühen können.

Ich war meiner Mutter wirklich dankbar, dass mir der Militärdienst erspart blieb. Deshalb konnte ich ihr den Wunsch, auf Zeit Mönch zu werden, nicht abschlagen. Es ist die Pflicht des Sohnes in der thailändischen Tradition, und diese Pflicht wollte ich gerne erfüllen. Denn ich konnte dadurch Verdienste erwerben, die auch auf meine Mutter übergingen und für deren künftiges Leben entscheidend sein würden.

Sie fand ein Kloster, das mich, einen Kathoey, aufnahm. Da ich zu dieser Zeit noch keine Operationen hatte, sondern nur Hormone nahm, stimmte der Abt des Klosters zu. Zwei Wochen vor Eintritt schnitt ich mir die langen Haare kurz, setzte das Östrogen ab und trank eine Menge Alkohol. „Das soll helfen", so erklärte mir eine erfahrene *Ladyboy*-Freundin, „den Hormonspiegel zu senken." Ob das stimmt, weiß ich nicht, jedenfalls habe ich es getan und wurde für vierzehn Tage Mönch.

Es war zu Beginn der Regenzeit, als ich, zusammen mit anderen Klosteranwärtern, in ein weißes Gewand gekleidet, dreimal um den Klostertempel schritt. Ich erinnere mich noch an das Leuchten in den Augen meiner Mutter, die mich begleitete.

Die Ordination im *Bot*, dem heiligsten Teil der Tempelanlage, war sehr feierlich. Der Abt hielt eine Ansprache und stellte jedem Novizen ein paar Fragen. Danach wurden uns die Haare geschoren, und wir erhielten die dreiteilige Mönchsrobe. Anfangs hatte ich Probleme, das Untergewand, das Obergewand und vor allem das oberste Tuch richtig zu tragen. Auch das Barfußgehen war für meine zarten Füße in den ersten Tagen schmerzhaft. Doch wir hatten einen verständnisvollen Lehrer, der den anderen Novizen streng untersagte, über mich Späße zu machen.

Zwei Wochen lang stand ich jeden Morgen um fünf Uhr auf, betete und ging mit den Mönchen zum Almosen sammeln. Viele Gläubige gaben uns sehr leckere und nahrhafte Speisen, damit wir Jungen nicht verhungerten.

Es fiel mir nicht leicht, mich in der Meditation zu üben und mich den Regeln der *Sangha* zu unterziehen. Doch ich bemühte mich sehr, alles gewissenhaft auszuführen, und dachte immer an meine Mutter, und dass ich es für sie tat.

Während des Tsunamis kamen meine männlichen Kräfte zum Tragen. Ich arbeitete als Rezeptionistin im *Sabai* Bungalow am Bang Niang Strand. Als ich die Menschen schreien hörte, sah ich die Welle schon kommen. Ich warf mich schnell auf mein Motorrad, schrie jedem Herumstehenden zu: „Run, run, big waves!" Über eine Nebenstrecke erreichte ich mein Haus, konnte meinen Vater und ein paar Nachbarn den Berg hinauffahren, bevor ich meine Mutter suchte. Sie hatte sich im Tempel auf den Glockenturm gerettet. Bevor die dritte Welle den Turm umriss, schaffte ich es, auch sie in den Dschungel zu bringen. Stark und mutig, wie ein richtiger Mann, wagte ich mich immer wieder ins Dorf, organisierte Nahrungsmittel und Medikamente, um einige Überlebende zu versorgen. Nach einigen Tagen bekamen wir von der Regierung einen Container zum Wohnen zur Verfügung gestellt, ein ganzes Containerdorf entstand auf halbem Weg zum Chong Fah-Wasserfall. Auch gespendete Kleider und Essen gab es. Irgendjemand dachte sogar an Trinkwasser und spendierte uns dutzende Zwanzigliterflaschen und die Schwenkeinrichtungen dazu. Sie war nicht leicht, die Zeit nach dem Tsunami. Wir hatten alles verloren, meine beiden Schwestern waren umgekommen und natürlich gab es keine Arbeit mehr. Vom Sabai Bungalow, wo ich bis dahin mein Geld verdient hatte, ist außer dem Swimmingpool nichts übrig geblieben.

Zuerst war ich sehr froh, als mir ein Freund eine Arbeit bei einer *Tour Company* in Phuket anbot. Ich musste den Touristen, die gerade vom Flughafen kamen, Touren verkaufen und ein Hotel vermitteln, falls sie noch keines gebucht hatten. Richtig gut war ich in diesem Job, konnte mich einschmeicheln, Vertrauen erwecken und die Müdigkeit der Leute nach dem langen Flug geschickt ausnutzen. Wie willenlos buchten sie oft bei mir, anfangs war mir das fast unheimlich. Trotzdem gefiel mir dieser Job nicht: An einer verkehrsreichen Straße an einem Tisch sitzen und den Touristen etwas andrehen – und das von mittags bis spät in den Abend hinein! Auch die Klientel in Phuket mochte ich nicht. Wieviel angenehmer waren doch die Touristen in Khao Lak! Nach zwei Jahren, als ich meine Mutter besuchte, fand ich heraus, dass schon einige Hotels wieder aufgebaut waren und die Touristen Khao Lak treu blieben. So kündigte ich in Phuket und kam zurück.

In Khao Lak hat sich mein Leben total geändert. Ich fand nicht nur einen guten Job als Touristenführerin, sondern auch gute Freundinnen. Tagsüber begleitete ich also Ausländer, meist Deutsche, in den Khao-Sok-Nationalpark, zur James-Bond-Insel in der Phan-Nga-Bucht oder auf die Similan-Inseln zum Schnorcheln. Abends saß ich mit meinen Freundinnen zusammen. Oft sangen und tanzten wir und hatten viel Spaß. An diesen Abenden entstand die Idee, ein Kabarett zu gründen und eine Transvestitenshow einzuüben. Wir schauten uns entsprechende Videos an, trainierten die Tänze, nähten uns Kostüme und lernten, uns immer besser zu schminken. Freundinnen aus Phuket, denen es dort nicht mehr gefiel, schlossen sich uns an. Unsere Darbietungen waren so gut, dass wir oft für Partys, Hochzeiten und sogar von Hotels engagiert wurden. Als unser Freund, Khun Moo, das Theater mietete und das *Moo Moo Cabaret* gründete, war es für mich an der Zeit, meinen Körper etwas ummodellieren zu lassen. Zuerst ließ ich mir Nase und Kinn operieren, die Lippen und Wangen aufspritzen. Dann entschied ich mich auch für einen Busen. Ich liebe sie jetzt sehr, meine kleinen festen Brüste. Im Kabarett trage ich gerne ein tief dekolletiertes Kostüm, so dass sie richtig zur Geltung kommen. Manchmal stört mich noch mein Geschlechtsteil, und ich habe öfter mit dem Gedanken an eine totale Geschlechtsumwandlung geliebäugelt. Nur meiner Mutter wollte ich das nicht antun. Für sie bin ich immer noch der Sohn. Auch haben mich die Berichte von anderen Kathoeys geschreckt, die diesen Schritt gewagt haben. Nicht bei allen ging es gut. Ihr Leben ist dadurch nicht besser geworden. Sie finden nicht leichter einen Partner, und wenn sie einen haben, können sie zwar Sex haben, aber keinen Orgasmus bekommen.

Eigentlich bin ich ganz zufrieden mit meinem Leben und meinem Körper. Ich empfinde keine Diskriminierung in meiner Umgebung. Ich habe eine gute Mutter, für die ich sorgen kann und der ich jeden Monat ein Fünftel meines Gehaltes abgebe und einen Job, der mir Spaß macht. Und ich habe meine Freundinnen im *Moo Moo*, die mich verstehen und mit denen ich über alles reden kann.
Die Touristen in Khao Lak, denen ich tagsüber die Schönheiten der Umgebung zeige und für die ich abends tanze, sind immer sehr nette Menschen. Fast alle sind ältere Ehepaare aus Deutschland oder Schweden. Sie sind freundlich, dankbar und beschweren sich nie. Ganz anders als die Touristen in Phuket! Im *Moo Moo* darf ich meinen schönen, weiblichen Körper zeigen, richtig sexy sein, ohne belästigt zu werden oder aufdringliche Freier

abwehren zu müssen. Probleme gab es bisher nur, wenn wir Russen in einer Gruppe hatten. Über diese Ärgernisse kann hier jeder ein Lied singen.

Am meistens ärgert es mich, wenn Touristen nicht meinen Anweisungen folgen. Als *Tourguide* bin ich dafür verantwortlich, dass die Regeln des Nationalparks eingehalten werden. Ich kläre meine Gruppe darüber auf, dass sie die Korallen nicht zerstören, nichts ins Meer werfen und die Fische nicht füttern dürfen. Aber was machen die Russen? Sie bringen große Plastiktüten mit den Resten des Frühstücksbuffets mit, setzen sich mitten unter die Fische und leeren die Tüte aus. Natürlich stürzen sich die Fische darauf, fressen, was ihnen schmeckt, ob es ihnen gut tut oder nicht, und der Rest sowie die Tüte bleibt im Wasser. Keine Ahnung, ob die Russen nicht verstehen oder nicht verstehen wollen. Wahrscheinlich beides!

Manchmal überlege ich mir, was ich im Alter tun werde. Meistens verdränge ich diese Gedanken sehr schnell. Ich lebe jetzt, und die Zukunft hat noch nicht begonnen. Aber ab und zu erlaube ich mir zu träumen. Mein Traum wäre es, mit vierzig ein Kind einer Cousine zu übernehmen, es aufzuziehen und für seine Ausbildung zu bezahlen. Ich wollte es nicht adoptieren, es sollte wissen, wer seine leibliche Mutter ist. Es sollte mich einfach „*Supi*" nennen. Natürlich würde ich weiterhin arbeiten, solange es ginge, vielleicht auch ein kleines Gästehaus aufmachen. Aber im Alter hätte ich jemanden, der sich um mich kümmern würde.

Ich habe gute deutsche Freunde, ein Ehepaar aus der Nähe von Münster. Schon acht Jahre kennen wir uns. Sie kommen jedes Jahr für mehrere Monate nach Thailand.

Immer wieder laden sie mich ein, nach Deutschland zu kommen. Ich könnte bei ihnen wohnen und sie würden für meinen Lebensunterhalt aufkommen. Reizen würde mich das schon! Aber was für ein Leben hätte ich als *Ladyboy* in Deutschland? Könnte ich dort ich sein?

Oft schlafe ich mit dem Song von Madonna im Ohr ein und weiß: Ich gehöre hierher, nach Khao Lak, ins *Moo Moo*. Hier kann ich mich jeden Abend entfalten, mich bewundern lassen und glücklich sein.

It makes no difference if you are black or white
If you're a boy or a girl
If the music's pumping it will give you new life
You are a superstar, yes, that's what you are, you know it.
Vogue vogue
Vogue vogue.

Supi heißt tatsächlich Supi, und sie tanzt in der Saison jeden Abend im *Moo Moo Cabaret* in Khao Lak. Sie wird sich freuen, wenn Leser die Vorstellung besuchen und nach ihr fragen.

Zehn Tage Schweigen

Während einer langen Südostasien-Reise lernte Linda, eine 29-jährige Architektin aus Wien, nicht nur das Tauchen auf Koh Tao, sondern auch das Meditieren in Suan Mokkh.

Einatmen – ausatmen – einatmen – ausatmen. Mich nur auf den Atem konzentrieren, nichts denken, nur den Atem wahrnehmen. Den Luftstrahl beim Einatmen spüren, die Dehnung des Brustkorbs bis hinunter zur Bauchdecke. Einatmen – ausatmen – einatmen – ausatmen.

Mit überkreuzten Beinen saß ich auf einem Bodenkissen in der Meditationshalle von Suan Mokkh. Die Augen waren geschlossen, die Hände lagen, mit der Handfläche nach oben auf den Knien. Den Rücken hielt ich krampfhaft aufrecht. Nichts reden, nichts denken, Stunde um Stunde, Tag für Tag, zehn Tage lang.

Auf der kleinen Insel Koh Tao im Golf von Thailand lernte ich das Tauchen. Es war eine irre Erfahrung – die Welt unter Wasser, die Schwerelosigkeit, die bunten Fische, die eindrucksvollen Korallenriffe und die pittoresken Felsformationen!

Von meinem Bungalow aus sah ich jeden Morgen bei Sonnenaufgang zwei Menschen in aufrechter Haltung im Schneidersitz am Strand sitzen. Beim Frühstück sprach ich sie einmal an. Peter, ein gut aussehender Kanadier mit kurz geschnittenen, schwarzen Haaren, und seine Freundin Mary, eine zierliche, aber energiegeladene Mittzwanzigerin, wirkten freundlich und selbstbewusst. Was mich aber am meisten an den beiden faszinierte, waren ihre Augen. Sie strahlten so von innen!

Sie erzählten, dass sie jeden Morgen meditieren. Vor einer Woche seien sie aus Suan Mokkh gekommen, wo sie an einem zehntägigen Retreat teilgenommen hatten, so etwas wie einem Meditationskurs in einem Kloster. Sie waren über alle Maßen begeistert über die Erfahrungen, die sie dort gemacht hatten. Sie sagten, Meditieren mache viel glücklicher als Tauchen, Partys, Drogen oder gutes Essen, es sei einfach super!

Ich dachte, ich hätte beim Tauchen mein Glück schon gefunden, aber dieses Glück würde schnell vorbei sein. Vielleicht sollte ich es auch einmal mit Meditieren versuchen. „Meditieren", sagten Peter und Mary, „kann man immer und überall." Ob man dann immer und überall auch glücklich sein könne – darauf wollten sie sich nicht festlegen. Und da ich genügend Zeit hatte, und Suan Mokkh nicht weit von Ko Tao entfernt ist, beschloss ich, vom Ersten bis Elften des nächsten Monats im Retreat mein Glück zu suchen.

Mit einem Boot fuhr ich von Ko Tao direkt nach Surat Thani. Eine herrliche Bootsfahrt über das in allen Blautönen schimmernde Meer und vorbei an den vielen dschungelbewachsenen Inselchen des Ang Thong Marine National Parks! In Surat Thani nahm ich einen der stündlich abfahrenden Busse nach Norden. Der Fahrer ließ mich nach zirka einer Stunde direkt in Suan Mokkh aussteigen.

Zunächst kam ich mir in dem Tempelgelände unter lauter Thais etwas verloren vor. Doch schon nahm sich ein freundlicher Mönch meiner an und schickte mich zum Registrieren. Ich war einen Tag früher angereist, um am nächsten Tag rechtzeitig zur Anmeldung da zu sein, denn Vorreservierung gibt es nicht. In der Nacht konnte ich in einem Schlafsaal im Kloster übernachten und hatte Zeit, mich mental auf die kommenden Tage einzustimmen.

Suan Mokkh bedeutet „Garten der Befreiung", der spirituellen Befreiung. In einem schönen Waldgebiet mit kleinem Berg und Teichen sind Wege angelegt, an denen sich die Unterkünfte der Mönche befinden. Daneben gibt es einige größere Gebäude wie das *Spiritual Theatre* mit einer Kunstausstellung, die *Dhamma-Ships*, die als Versammlungsgebäude dienen, und die Kantine für Gäste. Leider hörte man immer den Verkehrslärm vom Highway 41. Das Weghören, wie es die Mönche können, hatte ich noch nicht gelernt.

Mir fiel auf, dass auf dem ganzen Tempelgelände nicht eine einzige Buddha Statue zu sehen war. Wie ich später las, wollte der berühmte *Dhamma*-Lehrer Ajarn Buddhadasa Bhikkhu, der Gründer dieses Klosters, den Buddhismus in Thailand reformieren und ihn von Auswüchsen befreien. Es lag ihm daran, die richtigen und wesentlichen Prinzipien des ursprünglichen Buddhismus herauszufinden und bekannt zu machen. Und da Buddha weder angebetet noch verehrt werden wollte, wären diese Statuen nicht in dessen Sinne gewesen.

Im Schlafsaal für Frauen lernte ich einige Ausländerinnen kennen, die auch zum Retreat wollten. Wir nutzten es, dass man hier noch reden durfte, und tauschten eifrig Erfahrungen untereinander aus.

Die Retreats finden im zirka 1,5 Kilometer entfernten und relativ ruhig gelegenen Retreat-Center, dem sogenannten *„International Dharma Hermitage"* auf der anderen

Seite des Highways statt und werden in englischer Sprache abgehalten. Ein Lastwagen brachte am nächsten Tag unser Gepäck dorthin, während wir uns zu Fuß auf den Weg machten. Die Umgebung mit den grünen Hügeln, den Palmenhainen, Teichen und Blumen wirkte gleich wohltuend auf mich.

Zunächst musste ich, wie alle anderen Teilnehmer, die Regeln lesen, die an Tafeln angeschlagen waren und auch gedruckt auflagen.

Diese Gebote folgen dem von Buddha gelehrten „Edlen Achtfachen Pfad":
• Kein Leben zerstören – nicht einmal Moskitos!!!
• Nicht nehmen, was nicht gegeben wurde (nicht stehlen)
• Deinen Körper und deinen Geist frei von jeglichen sexuellen Kontakten halten
• Niemanden durch Rede verletzen
• Keine Gifte oder bewusstseinsverändernde Stoffe konsumieren (kein Alkohol, keine Zigaretten, kein Kaffee)
• Zwischen Mittag und Sonnenaufgang nichts essen
• Nicht tanzen, singen, spielen, Musik hören, sich schmücken oder parfümieren
• Nicht in luxuriösen Betten schlafen oder auf bequemen Sesseln sitzen

Da das aber noch sehr allgemeine Regeln sind und wir bei dem Meditationskurs wirklich abschalten sollten, gab es noch ein paar Verschärfungen. Es herrschte zum Beispiel absolutes Schweigen und alle sozialen Kontakte sollten vermieden werden. Diese ganzen Regeln klangen für mich zunächst recht heftig, manche auch sinnlos. Aber ich hatte mich für dieses Retreat entschieden und war bereit, sie einzuhalten.

Wer nach dem Lesen immer noch willens war, hier zu bleiben, durfte zum Interview gehen. Das Interview bestanden eigentlich alle. Nur einen jungen Mann sah ich, der heftig mit dem Interviewer diskutierte und dann wieder abreiste. Er sah es nicht ein, wie er allen Umstehenden lautstark verkündete, dass er aufs Rauchen verzichten solle. Er habe auch schon häufig Mönche rauchen sehen. Und er behauptete, Buddha hätte noch gar nichts von Zigaretten gewusst, sie deshalb auch nicht verbieten können.

Die Interviewerin sagte mir, dass ich mich für einen *chore* eintragen muss. Da dachte ich spontan an unseren Schulchor, in dem ich bis zur *Matura* zweiten Sopran gesungen hatte. Schnell fand ich aber heraus, dass ich zwischen *sweeping the floors*, *cleaning the toilets*, *watering the flowers* etc. wählen konnte. Wir mussten uns also nicht für einen Chor, sondern für einen Arbeitsdienst einschreiben. Auch sollten wir alle persönlichen Dinge, die den Geist vom Meditieren ablenken könnten, abgeben, wie Kamera, Schmuck, Handy, Bücher. Die Kosten für die elf Tage betrugen nur 2000 Baht, keine 50 Euro – ein Spottpreis.

Im Frauentrakt bekam ich meine eigene Zelle zugewiesen. Der Raum war etwa vier Quadratmeter groß und zweckmäßig eingerichtet. Auf dem Betonbett lag, anstelle einer Matratze, eine Hartkartonplatte und eine zwei Millimeter dicke Strohmatte. Ein Kopfkissen aus Holz, eine Wolldecke sowie ein Moskitonetz vervollständigten die Einrichtung. Ganz praktisch fand ich den durch die Zelle gespannten Draht mit ein paar Bügeln und Wäscheklammern, auf dem ich meine Kleider luftig aufhängen konnte. Ich richtete mich gleich häuslich ein und probierte schon einmal das Bett aus. Gar zu unbequem war das Holzkopfkissen überraschenderweise nicht, aber ich war doch froh, eine Isomatte, ein Kissen und einen Schlafsack im Gepäck zu haben.

Mir, als Architektin, stach gleich die tropengerechte Bauweise des Schlaftrakts ins Auge. Durch ein doppeltes, weit vorstehendes Dach konnten die Räume relativ kühl gehalten werden, und durchbrochene Steine auf allen Seiten garantierten die Luftzirkulation. Natürlich überlegte ich mir automatisch, wie man die Räume durch etwas Farbe freundlicher gestalten könnte, aber hier sollten ja nicht unsere ästhetischen, sondern unsere spirituellen Bedürfnisse angesprochen werden. Immerhin gab es im großen Hof Gras und Bäume sowie sechs runde Wasserbassins, die als Kübelduschen dienten. Man „duschte" mit einem *Sarong* bekleidet und schüttete mit einer Schöpfkelle Wasser über sich.

Über hundert Leute aus der ganzen Welt im Alter von 17 bis zirka 70 Jahren trafen sich schließlich in der offenen Meditationshalle, übrigens weitaus mehr Männer als Frauen. Wir saßen auf Kissen am Boden und warteten darauf, was wohl kommen mochte.

Wir sahen eine hochgewachsene, schlanke Gestalt in safrangelber Robe, die sich langsam der Halle näherte. Helle Haut umspannte straff den sehnigen Körper. Der kahlgeschorene Schädel betonte die hohe Stirn. Das musste Ajarn Poh, der spirituelle Leiter des Retreats und Abt des Klosters Suan Mokkh sein. Er sollte die Begrüßungsrede halten. Sein Alter, er war schon Ende 70, sah man ihm nicht an. Obwohl er selten direkt lächelte, umspielte immer ein gelöster, freundlicher Ausdruck Augen und Lippen. Würdevoll schritt er auf das Rednerpodest zu und setzte sich ohne Zuhilfenahme der Hände in den Lotussitz. Gleich zu Beginn war ich von seiner Ausstrahlung berührt und auf seine Rede gespannt.

Doch leider verstand ich zunächst fast gar nichts, obwohl er offensichtlich Englisch sprach. Einige Wörter tauchten immer wieder auf, wie *„suffering"* oder *„mindfulness"*. Auch hörte ich öfter: *„There is no me, no my, no mine, no I."* Aber dann zwang ich mich, nicht auf den Inhalt der Rede hören zu wollen, sondern mich auf die Sprache zu konzentrieren. Ich fand heraus, dass er vier Laute nicht korrekt aussprechen konnte und sie durch andere ersetzte. Nach dieser Analyse gelang es mir, diese Laute im Geist zu transformieren und dann die Wörter auch zu verstehen. Aber es sollte noch zwei *Dhamma Talks* dauern, bis ich mich an Ajarn Pohs Aussprache gewöhnt hatte und den Inhalt automatisch verstand.

Eine thailändische Helferin führte uns Teilnehmerinnen über das Gelände und zeigte uns die vier Meditationshallen, drei davon waren ganz ohne Wände und daher sehr luftig. Um den Schlaftrakt der Männer wurden wir im weiten Bogen herumgeführt, der war Tabuzone für uns. Den offenen Speisesaal kannten wir schon vom Interview. Die heiße Quelle auf dem Gelände begeisterte mich, auch wenn unsere Führerin versuchte, sie uns madig zu machen. Wir wurden belehrt, wie man auf asiatische Art die Toilette benutzt, sich mit Wasser reinigt und das Toilettenpapier nur zum Trocknen verwendet.

Nach dem gemeinsamen Abendessen wurde es ernst, das große Schweigen begann. Zehn Tage lang kein Wort miteinander wechseln, nicht lesen, nicht schreiben, keine Musik hören und keinerlei sonstige Ablenkungen und Annehmlichkeiten genießen! Ob ich das schaffen würde?

Bei der Einführung in die Meditation lernten wir, nur auf den Atem zu achten. Einatmen – ausatmen – einatmen – ausatmen. Nichts denken, nur den Atem verfolgen.

Anapanasati, also Achtsamkeit während der Ein- und Ausatmung, heißt diese Methode. Sie wird als *Vipassana*-Meditation geübt, was Entwicklung von Einsicht bedeutet. Der erste Meditationsversuch im Sitzen folgte, und um 21 Uhr ging es ins Bett. Am ersten Abend kam es mir seltsam vor, nicht mit der Zellennachbarin etwas quatschen zu können, noch nicht einmal gute Nacht zu wünschen. Man hörte nur das Plätschern der Schöpfduschen, etwas·Geraschel in den Zellen, und dann war es mucksmäuschenstill, noch bevor um 22 Uhr das Licht ausging.

Ich schlief fest und traumlos, bis ich um vier Uhr von einem penetranten Gong geweckt wurde. Schnell las ich mir nochmals den Tagesablauf durch, den ich mir gestern abgeschrieben hatte. Ganz sicher war ich mir nicht, ob man überhaupt noch lesen durfte. Deshalb fragte ich nach der Yogastunde Nun Aree, eine buddhistische Nonne. Sie lachte nur und sagte: „Dieser Tagesablauf wird dir bald in Fleisch und Blut übergegangen sein."

04:00 Aufstehen
04:30 Vorlesen inspirierender Texte
04:45 Meditation im Sitzen
05:15 Yoga
07:00 Meditation im Sitzen
08:00 Frühstück und Arbeitsdienst
10:00 *Dhamma Talk* (Rede über Buddhismus und *Anapanasati*-Meditation)
11:00 Meditation im Gehen oder Stehen
11:30 Meditation im Sitzen
12:00 Meditation im Gehen oder Stehen
12:30 Mittagessen und Arbeitsdienst
14:30 Meditation mit Anleitung im Sitzen
15:30 Meditation im Gehen oder Stehen

16:15 Meditation im Sitzen
17:00 *Chanting* und *Loving Kindness*-Meditation
18:00 Teepause
19:30 *Dhamma Talk*
20:00 *Group Walking*-Meditation
21.00 Schlafenszeit
22:00 Licht aus

Das Aufstehen um vier Uhr fiel mir nicht so schwer wie befürchtet. Der Sternenhimmel am frühen Morgen war ein unbekanntes Erlebnis für mich. Bisher kam es mir auf meiner Asienreise noch nie in den Sinn, so früh die Augen aufzutun.

Wie Glühwürmchen bewegten sich die Taschenlampen und Kerzen der Teilnehmer auf die Meditationshalle zu. Bei der Morgenlesung wurde von einem Teilnehmer ein Text vorgelesen, der zum Nachdenken anregte. Verschiedenste Autoren waren darunter, sogar Zen Meister oder Hermann Hesse. Das gefiel mir sehr gut. Das wollte ich mir merken, damit ich auch in Zukunft mit solchen Texten meinen Tag beginne.

Es folgte die Morgenmeditation um 4 Uhr 45! Um diese Zeit ohne Kaffee wach zu bleiben, war fast unmöglich für mich. Noch war es stockdunkel, kein Licht brannte. Außer dem Quaken der Frösche hörte man kein Geräusch. Mein Körper ist darauf konditioniert, bei Dunkelheit und Ruhe zu schlafen. Die ersten Tage schlief ich oft ein, und ich war nicht die einzige, der es so ging. Aber im Sitzen ohne Rückenlehne zu schlafen, war auch keine Erholung, wenn man es nicht schon, wie die jungen Novizen, von Kindesbeinen an gelernt hatte. Ich verspannte mich dabei, und bald schmerzte der ganze Körper. Der Lotussitz, der mir in den ersten Minuten recht bequem vorkam, wurde schon nach zehn Minuten zur Qual, und nach einer halben Stunde wusste ich nicht, wie ich es weiter aushalten sollte. Warum tat ich mir diese Folter an?

Da waren die Yogaübungen ein toller Ausgleich. Die buddhistische Nonne Nun Aree gab mit ihrer freundlichen Stimme Anweisungen, machte alle *Asanas* vor, bis hin zum Kopfstand. Sie hatte Erbarmen mit unseren gemarterten Körpern und baute auch viele Entspannungsübungen ein. Die Yogahalle ist nach Osten ausgerichtet, und wenn die erste Morgenröte am Horizont erschien, der Himmel immer röter und der wallende Nebel über dem See sichtbar wurde, begrüßten wir den neuen Tag, und ich gab mich ganz dieser beinahe mystischen Stimmung hin.

Die zweite Meditationssession um 7 Uhr überstand ich ohne einzuschlafen. Wenn nur nicht der Magen so geknurrt und mich immer an das baldige Frühstück erinnert hätte! Die Reisschleimsuppe würde zwar nie zu meinem Leibgericht werden, vor allem so ohne Salz und Gewürze. Aber wir sollten hier ja nicht zur Lust essen, sondern um den Körper, die Wohnung der Seele, gesund zu erhalten. Um uns das immer wieder vor Augen zu führen, wurde vor jeder Mahlzeit gemeinsam folgender Spruch gelesen, den ich heute noch auswendig kann:

„With wise reflection I eat this food,
not for play, not for intoxication, not for fattening nor for beautification,
only to maintain this body, to stay alive and healthy and to support the spiritual way of life.
Thus I let go of unpleasant feelings and do not stir up new ones.
Thereby the process of life goes on, blameless, at ease and in peace."

48

Ich hatte mich fürs Reinigen der Meditationshalle 4 eingetragen. Da sie Sandboden hat, machte das Fegen großen Spaß. Mit dem Rechen zog ich am ersten Tag Wellen in den Sand. Von Tag zu Tag gestaltete ich den Boden schöner, so dass ich am Schluss richtige Sandbilder fegte. Wenn die Retreat-Teilnehmer zur nächsten Meditation kamen war es interessant zu beobachten, wer achtlos darüber ging, wer einen respektvollen Bogen um die Bilder machte oder wer sie gar betrachtete. Jedenfalls war bald nichts mehr davon zu sehen. Das machte mich nicht traurig, es veranschaulichte mir deutlich die Vergänglichkeit der Dinge – *„Everything is impermanent."*

Ich versuchte, nicht allzu viel Zeit mit meiner Sandkunst zu vertrödeln, denn das Bad in der heißen Quelle wollte ich mir auf keinen Fall entgehen lassen. Zwar hatte ich bei den Außentemperaturen von 31 bis 34 Grad mehr Bedürfnis nach einem kühlen Wasser, aber das heiße Wasser von 40 Grad war ein Labsal für den verspannten Körper. Zum Glück zog es nicht allzu viele Teilnehmerinnen hierher, die abschreckenden Worte von der Führung taten ihre sicher beabsichtigte Wirkung! So konnte ich nicht nur die wohlige Wärme, sondern auch die natürliche Umgebung rundum genießen.

Doch nach ein paar Tagen fanden immer mehr Frauen am Bad in der heißen Quelle Geschmack. Wir durften zwar nicht miteinander reden, aber gerade hier, beim Baden, fand nonverbale Kommunikation in Vollendung statt. Manchmal wurde es so lustig, dass wir laut lachen mussten. Schon das Gefühl, nur mit dem *Sarong,* bekleidet zu sein, fanden wir sehr komisch. Beim Schwimmen trieb er oft hoch, oder er füllte sich wie eine Blase mit Luft, bei manch einer löste sich gar der Knoten, mit dem der Stoff über der Brust geschnürt war. Einen *Sarong* zu tragen ist hier vorgeschrieben und scheint für Thais etwas Züchtiges zu sein. Wir westlichen Frauen kamen uns ohne festanliegende Badebekleidung eher nackt vor.

Bei den *Dhamma*-Reden lernten wir etwas über das richtige Verständnis buddhistischer Prinzipien, etwas über Meditation und wie man die Selbstsucht überwindet und ein besseres Leben zum Nutzen der Menschheit führen kann. Ich habe lange gebraucht, um überhaupt zu verstehen, was *Dhamma* ist. Es gibt dafür keine genaue Übersetzung, und es scheint schwer zu sein, es zu erklären. Im Großen und Ganzen ist es die Natur, das Gesetz der Natur und unsere Pflicht, uns nach den Gesetzen der Natur zu richten. Die Natur ist nicht, wie wir es im Westen oft sehen, etwas außerhalb von uns Stehendes, etwas, an dem wir uns erfreuen können und für das wir sorgen müssen. Nach buddhistischem Verständnis beinhaltet Natur den Menschen und alles, was er denkt, fühlt und tut. Wenn wir im Einklang mit dem Gesetz der Natur leben, also diese Pflicht erfüllen, können wir Wohlbefinden und Geistesruhe erlangen.

Wir hörten immer wieder altbekannte Lebensweisheiten, die im Buddhismus ebenso verankert sind, wie in anderen Religionen. Besonders wichtig scheint zu sein: „*Everything is impermanent.* – Alles ist vergänglich." Das heißt, alle Gefühle, Zustände und so weiter kommen, sind da und gehen auch wieder weg. Auch das Im-Hier-und-Jetzt-Leben war ein häufig wiederholter Lehrsatz. Wenn wir uns total bewusst seien, was wir im Augenblick tun, spielten der Ärger in der Vergangenheit und die Ängste vor der Zukunft keine Rolle mehr. Dadurch könnten wir uns von Stress und Leiden befreien und würden entspannter, ruhiger, verständnisvoller und friedlicher.

Der englische Mönch Dhammavidu, der schon viele Jahre in Suan Mokkh lebte und lehrte, brachte uns mit seinem trockenen Humor oft zum Lachen. Ich muss zugeben, dass ich vieles von den Inhalten nicht verstand, die buddhistische Wissenschaft war vielleicht zu hoch für mich und die Bedeutung der nur einmal erklärten Begriffe in Pali konnte ich mir nicht merken. Aber die praktischen Beispiele oder die Episoden aus dem täglichen Leben, die Anekdoten, die er einbaute, um seinen Vortrag aufzulockern, die kamen auch bei mir an.

Noch drei Meditationssessions folgten, bis zum Mittagessen geläutet wurde. Das Mittagessen hat mir immer ausgezeichnet geschmeckt. Die vegetarischen Gerichte waren nie zu scharf, die Desserts nicht zu süß, und es gab immer viele frische grüne Blätter als Gemüse. Fast alle Teilnehmer langten kräftig zu. Auch ich aß mindestens dreimal so viel wie üblich, denn bis zum Frühstück am nächsten Tag würde es nichts Festes mehr zu Essen geben. Das viele Essen während der größten Mittagshitze machte so richtig müde. Zum Glück durfte man ein Mittagsschläfchen halten, bis zur nächsten Meditation gerufen wurde. Das war die einzige Stunde des Tages, wo Liegen erlaubt war, und das auch nur in der eigenen Zelle. Manchmal, wenn mir alles weh tat, und ich im Liegen die einzige schmerzfreie Position fand, legte ich mich, den Regeln trotzend, in einem *Sala* auf den Boden. Aber die strengen Aufseherinnen ließen das nicht zu. In einem buddhistischen Kloster dürfe man sich nicht hinlegen.

Auch bei der Sitzmeditation saßen die meisten Teilnehmer im Schneidersitz auf Kissen, man durfte aber auch auf einem Knieschemel hocken oder auf einem Stuhl sitzen. Vorne saß ein Vormeditierer, der manchmal eine Einführung gab, oft aber alleine durch seine Ausstrahlung wirkte. Die *Anapanasati*-Methode wird in 16 Schritte unterteilt. Wenn man den 16. Schritt beherrscht, ist man der Erleuchtung schon recht nahe. Über den ersten Schritt bin ich leider nicht hinausgekommen, aber es war wirklich schwer, sich nur auf den Atem zu konzentrieren.

Einatmen – ausatmen – einatmen – ausatmen. Fünf Atemzüge lang funktionierte die Konzentration, und schon schossen wieder Gedanken durch meinen Kopf. An was für unwichtige Dinge man im Laufe von 30 Minuten denkt! Wir lernten, nicht mit uns böse zu werden, die Gedanken stattdessen wieder fortzuschicken und uns von Neuem auf den Atem zu konzentrieren. Doch sie kamen wieder, die Gedanken, kreisten, sprangen in die Vergangenheit, dann in die Zukunft. „Das ist *Monkey-Mind*", lernten wir, „und zu Anfang ganz normal." Gedanken, die ständig wie ein Äffchen umherspringen. Als Trick, erfuhren wir, könnten wir uns den Atem wie eine Kugel vorstellen, die durch die Luftröhre rollt, von der Nasenspitze bis in den Bauch. Kurzzeitig half das, der Kopf wurde leer. Doch dann liefen die Gedanken wieder wie wild durch meinen Kopf. Ich scheuchte sie weg, sie schlugen einen Haken, kamen zurück, büxten aus, und es wurden immer mehr.

Das wollte ich unbedingt lernen, die Gedanken zu kontrollieren, zu denken, wann ich will und auch fähig zu sein, nicht zu denken, wenn ich nicht will. Ich wollte lernen, meinen Geist zu beherrschen. So, wie ich meinen Körper trainierte, um ihn fit zu halten, wollte ich auch meinen Geist trainieren. Das hatte ich in meinem bisherigen Leben versäumt.

Immer wieder aufs Neue bemühte ich mich, spürte im Meditationsraum, wo hundert Leute gemeinsam meditierten, eine Art Gruppenenergie, die mich stärkte. Nach ein paar Tagen stellte ich wirklich winzige Fortschritte fest. Immerhin konnte ich schon länger ruhig sitzen und die Schmerzen aushalten. Aber irgendwann war eine Grenze erreicht, und es gelang mir nicht länger, als mich 20 Minuten auf den Atem zu konzentrieren. Mir schien, dass alle anderen so ruhig dasaßen und gesammelt vor sich hinmeditierten. Ich dachte, ich sei die Einzige, die so untauglich sei. Doch als ich mich einmal umschaute, merkte ich, dass es vielen ähnlich ging. Wenn ich dann einen Blick von jemandem auffing, der dieselben Schwierigkeiten hatte, wenn er mich verständnisvoll und mitfühlend anlächelte, ging es mir schon viel besser.

Die Geh-Meditation fiel mir etwas leichter als die Sitz-Meditation. Wir lernten, uns auf jeden Schritt zu konzentrieren, ganz bewusst jede Bewegung zu spüren. Hacke hoch, Fuß anheben, nach vorne schieben, senken, aufsetzen, Gewicht auf den anderen Fuß verlagern und alles wieder von vorne. *Mindfulness*, bewusstes Handeln, sollte nicht nur auf die Meditation beschränkt sein, sondern uns den ganzen Tag begleiten. Wir sollten also jede Bewegung bewusst erleben, jeden Bissen, den wir in den Mund steckten, von der Handbewegung bis in den Magen verfolgen, oder beim Spülen das Wasser spüren, den Teller unter dem Schwamm wahrnehmen und die Reinigung ganz konzentriert durchführen. Diese *Mindfulness* führte oft zu Bewegungen im Schneckentempo und sah recht komisch aus.

Das *Chanting* am Nachmittag war eine willkommene Abwechslung während der Meditationen und die einzige Gelegenheit, seine eigene Stimme zu benutzen. *Chanting* ist so etwas wie Sprechgesang. Die Texte sind in Pali, der buddhistischen Originalsprache, vergleichbar mit Psalmen in lateinischer Sprache in der katholischen Kirche. Wir hatten ein Heft mit den Palitexten und den englischen Übersetzungen. Ich musste mich so sehr darauf konzentrieren, die Texte zu lesen, dass es unmöglich war, etwas anderes zu denken. Schon allein deshalb fand ich das *Chanting* eine gute Übung. Das hörte sich zum Beispiel so an: *„NAMO TASSA BHAGAVATO ARAHATO SAMMA SAMPHUT TASSA.“* Mir wäre es viel lieber gewesen, die Texte nicht auf Englisch wiederholen zu müssen und die Bedeutung nicht zu kennen. Mir widerstrebte es, ein buddhistisches Glaubensbekenntnis zu *chanten*, an das ich gar nicht glaubte. Ich weiß, für Buddhisten ist sie wichtig, die Zufluchtnahme zu *Buddha, Dhamma* und *Sangha*. Aber für mich? Wir waren zwar keineswegs gezwungen, am *Chanten* teilzunehmen, auch liegt den Buddhisten jede Art von Bekehrung fern. Aber mir gefiel die Konzentration auf die fremden Wörter und auch das Singen selbst. Außerdem würzte der Vorsänger, der Mönch Methi, diese Stunde mit guter Laune und buddhistischem Humor.

Bei der *Loving Kindness*-Meditation sollte man Liebe zu anderen Personen senden und ihnen Glück und Gesundheit wünschen, auch Leuten vergeben, die einem etwas Böses angetan haben oder selber um Vergebung bitten. Wir sollten uns diese Personen immer ganz konkret vorstellen. Auch Tiere wurden in die liebende Güte einbezogen, vor allem die, mit denen wir Probleme hatten, wie Mücken, Ameisen oder Schlangen.

Am besten gefiel mir die *Group Walking*-Meditation am Abend. Von Nun Aree angeführt, gingen alle Frauen im Gänsemarsch mehrmals um einen See herum. Nur Kerzen erleuchteten den Trampelpfad, und die Sterne spiegelten sich im Wasser.

Socializing, mit anderen Kontakt aufzunehmen, war absolut unerwünscht, denn man sollte sich auf sich selbst besinnen und sich nicht von anderen ablenken lassen. Und tatsächlich gab es viele Teilnehmer, mit denen zehn Tage lang keinerlei Blickkontakt möglich war, die ganz in sich ruhten. Ich war noch nicht so weit und hatte auch nicht diesen Anspruch an mich.

In den ersten drei Tagen versuchte ich wirklich intensiv, mich den Regeln zu unterwerfen. Dann wurde mir aber klar, dass ich für mich selbst verantwortlich bin. So gab ich mir eigene Regeln. Eine Regel war, dass ich mich nicht zwang, in einer 45 Minuten dauernden Session die ganze Zeit zu meditieren, sondern mir nach 30 Minuten erlaubte, die Augen offen zu halten, zu fühlen, zu denken.

Ich saß ganz hinten. Ich schaute mir die Fußsohlen und Rücken der Leute an, beneidete, wie sie ganz ruhig, in sich gekehrt dasaßen, oder betrachtete, wie andere zappelten und ständig die Position wechselten. Ich machte mir Gedanken über die Fußsohlen, die man nie einem Buddhisten entgegenstrecken darf. Aber sie dem dahinter Sitzenden vors Gesicht zu halten, scheint kein Problem zu sein. Schwer zu verstehen, was der Unterschied ist, aber ich muss ja nicht alles verstehen. Manche Fußsohlen waren sandig, aber immer sehr weiß, auch wenn die Beine braun waren, bei manchen war der zweite Zeh länger, bei anderen kürzer als der große Zeh. Manche hatten tief eingeschnittene Falten, ich konnte ganz verschiedene Muster erkennen. Ob man aus den Linien der Fußsohlen auch die Zukunft ablesen kann?

Während ich so die profanen Gedanken spielen ließ, passierte etwas Seltsames, schwer zu Erklärendes. Zu manchen Leuten fühlte ich mich hingezogen, zu anderen spürte ich eine Distanz, obwohl ich nie mit ihnen sprach und sie meistens nur von hinten sah. Ich erklärte es mir mit der Aura der Menschen, obwohl ich nicht wusste, ob das der richtige Begriff hierfür war. In manche Auren konnte ich eindringen, ein Teil unserer Auren überschnitten sich, waren von derselben Dichte, oder wie man es nennen will. An anderen prallte ich einfach ab. Bei den Vormeditierern, den Meistern, konnte ich mir aus deren Auren etwas herausziehen. Aus dem Abt zog ich mir Weisheit, aus Nun Aree Mut und Tapferkeit, aus einer Laienhelferin Liebe und Güte.

Der Mann, der auf der anderen Seite des Mittelgangs in meiner Höhe saß, hob manchmal eine Augenbraue oder zuckte mit einem Mundwinkel, wenn sich unsere Blicke trafen. Ich empfand das als angenehm, mitfühlend, besonders, wenn ich mich unter Schmerzen etwas dehnte. Auch wenn wir unsere Schuhe nebeneinander abstellten, also uns körperlich nah waren, ohne uns anzuschauen, fühlte ich mich wohl. Er sah so normal aus, keiner der Fakirtypen oder Althippies, kein blasser, vom Leben enttäuschter Jüngling, nein, einer mit Gesicht! Bei manchem, was die Laienhelferinnen von sich gaben, sicher in tiefem Glauben und *loving kindness*, zuckten seine Mundwinkel verächtlich. Man benötigte oft viel Toleranz, um so manche Phrasen nicht als intellektuell erniedrigend zu empfinden. Bis zum 8. Tag hat er durchgehalten, dann ging er. Schade, ich hätte ihn gerne kennengelernt.

Wer bei solchen Gedanken ein schlechtes Gewissen bekam oder mit seinen Meditationsfortschritten nicht zufrieden war, konnte zu bestimmten Zeiten mit dem Abt, einem Mönch, einer Nonne oder einem Laienhelfer seine Probleme besprechen. Die Buddhisten sind sehr tolerant, sehr geduldig und kennen keine Bestrafung von Sünden. So wurden wir getröstet: *„Everything is impermanent"* – alles ist vergänglich, oder *„It gets better, every day better"* – es wird jeden Tag besser.

Anfangs hegte ich einen Groll, dass ich in dieser herrlichen Landschaft die Augen und Ohren schließen sollte. Aber in den Pausen nahm ich die Schönheit der Natur umso bewusster wahr: die weißen Reiher, die auf den Kokospalmen landeten, die filigranen Libellen mit roten transparenten Flügeln, die großen Geckos mit ihrer blaugrünen Haut und den großen Augen, die bunten Schmetterlinge. Wenn der eineinhalb Meter große Waran um die Meditationshalle wanderte, ließen sich nur die Hartgesottenen nicht ablenken.

Auch die Geräuschkulisse war fantastisch: das Gezirpe der Grillen, der Gesang der Vögel, das Gequake der Frösche und das Gepfurze der Ochsenfrösche. Wenn die großen Baumgeckos riefen, zählte ich immer mit. Schafften sie es siebenmal, freute ich mich besonders, denn sieben ist meine Glückszahl!

Es gab abends keine feste Nahrung mehr, aber in den ersten Tagen stand Kakao bereit, später nur Tee. Meine Angst vor dem Verhungern war so groß, dass ich immer fünf Tassen trank. Naja, immerhin wurde der Magen dadurch angenehm voll, und ich hatte kein Hungergefühl bis zum nächsten Morgen. Mit gefiltertem Wasser konnte man sich den ganzen Tag über versorgen, und man durfte trinken, so viel man wollte, selbst während der Meditation. Manche Teilnehmer aßen immer weniger und waren am Schluss stolz, wie viel sie abgenommen hatten. Andere hielten es nicht aus, und vor allem vor dem neunten Tag, wo es nur noch eine Mahlzeit gab, sind mehrere abgereist, die meisten übrigens Männer. Ich habe auch diesen Tag gut überstanden, sogar besonders gut.

Mit gekreuzten Beinen saß ich aufrecht auf meinem Bodenkissen, die Hände ruhten locker auf den Knien. Die Schultern waren entspannt, die Augenlider fielen herab. Der Atem strömte langsam ein und aus, ein und aus. Kein Schmerz, keine Gedanken lenkten mich ab. Ich fühlte mich schwerelos, sah meinen Körper von oben, wie er dasaß, mit gekreuzten Beinen, in aufrechter Haltung, die Augen geschlossen. Als der Gong zur einzigen Mahlzeit des Tages rief, blieb ich noch etwas sitzen. Ich fühlte mich überglücklich: Ich hatte es geschafft, wenigstens für einen Augenblick!

Abtauchen in eine andere Welt

Supaporn, die Englisch unterrichtet, führt ein traditio-nelles Leben zwischen Schule und Soap Opera.

Sieht es hier nicht aus wie in einem Märchengarten? Meine Schwiegermutter liebt die Topfpflanzen. Überall stellt sie welche auf: vor ihr Haus, in ihren kleinen Garten, vor unser Haus und sogar auf die *Klong*-Brücke. Zwischen die Pflanzen drapiert sie gerne lustige, bunte Tonfiguren. Schade eigentlich, denn ich halte mich nie hier draußen auf. Tagsüber arbeite ich, und abends sitze ich drinnen vor dem Fernseher. Ich wohne mit meiner Familie in Banphlee, einem traditionellen Dorf, 30 Kilometer südlich vom neuen Bangkoker Airport. Unser Haus haben wir ganz aus Holz gebaut, auf dem Land meiner Schwiegereltern. Es ist ein einfaches Haus, nicht einmal eine Klimaanlage haben wir. Meine Schwiegermutter lebt direkt auf der anderen Seite des *Klongs*. Die kleine Fußgängerbrücke, die uns mit ihrem Haus verbindet, müssen wir alle paar Jahre erneuern, denn das Holz, vor allem wenn es im Wasser steht, verrottet schnell.
Meine Schwiegermutter führt ihren Haushalt alleine, mit ihren 84 Jahren kann sie noch kochen, waschen und putzen. Unser 25-jähriger Sohn ist vor zwei Jahren ausgezogen. Er wohnt jetzt mit seiner Freundin zusammen. Gerne sehen wir das nicht, aber die Jugend heutzutage möchte mit dem Heiraten so lange wie möglich warten. Auch unsere Tochter Kim ist mit 31 Jahren noch nicht verheiratet und wohnt noch bei uns. Sie ist eine gute Tochter, arbeitet bei Mercedes und fährt ein eigenes Auto. Meine Eltern leben beide noch. Sie wohnen in einem Dorf, 50 Kilometer von hier. Jeden Sonntag besuche ich sie. Oft fährt mich meine Tochter in ihrem Mercedes hin.

Ich bin Englischlehrerin. Lehrerin zu sein, ist der schönste Job, den ich mir vorstellen kann. Ich bin Lehrerin aus Berufung. Das Einzige, was mir daran nicht gefällt, ist, dass ich in ein paar Jahren mit dieser Arbeit aufhören muss.

Wir führen ein recht geregeltes Leben. Morgens um 5 Uhr 30 beginnt unser Tag. Vielleicht sollte ich vorausschicken, dass mein Mann Suphot, der auch Englischlehrer war, jetzt pensioniert ist und sich um den Haushalt kümmert. Obwohl Suphot ausschlafen könnte, steht er mit mir auf. Während er das Geschirr vom Vortag spült und frischen Reis kocht, mache ich die Wäsche. Jeden Tag. Denn wir brauchen täglich frische Kleidung. Ich sitze auf einem Schemel im Hinterhof und wasche für die ganze Familie per Hand. So wird die Wäsche am saubersten. Eine Waschmaschine brauche ich nicht, und in fremde Hände möchte ich unsere Kleider auch nicht geben. Ich hatte schon einmal eine Besucherin, die nicht verstehen konnte, dass wir uns keine Waschmaschine leisten und dass ich, eine respektierte Senior-Lehrerin, eigenhändig wasche. Leisten könnten wir uns eine Maschine schon, aber ich will das einfach nicht. So bin ich es gewohnt. Warum soll ich das nicht weiter so machen? Außerdem ist es eine der wenigen Arbeiten im Haushalt, die noch ich erledige. Ansonsten nimmt mir mein Mann die meiste Hausarbeit ab. Nach dem Waschen nehme ich ein Bad, nicht im Badezimmer, sondern gleich im Hinterhof. Ich liebe die Kübeldusche unter freiem Himmel. Besonders am Morgen. Es ist richtig erfrischend, wenn das Wasser kübelweise über mich fließt, nicht nur plätschert, wie unter der Dusche. Obwohl niemand in den Hinterhof sehen kann, wasche ich mich ganz traditionell mit *Sarong* bekleidet. So hat es schon meine Mutter gemacht. Mein *Sarong* ist vom Wäschewaschen sowieso schon etwas nass.

Während ich meine Schulkleidung anziehe, richtet mein Mann den Frühstückstisch. Wir essen morgens immer die Reste vom Abendessen und dazu frischen Reis und manchmal frisches Omelette. Weiter gibt es warmes Wasser, Kaffee trinken wir nie.

Nach dem Frühstück bleibt mir noch genügend Zeit, um Make-Up aufzulegen. Als Lehrerin muss man immer vorbildlich aussehen. Um 6 Uhr 40 mache ich mich auf den Weg zur Schule. Es sind nur fünf Minuten zu Fuß, aber normalerweise fährt mich mein Mann mit dem Moped hin. Alle Schüler, die mir begegnen, grüßen mich respektvoll mit einem hohen *Wai*, also mit zusammengelegten Händen vor der Nase und mit gebeugtem Kopf, wie es sich gehört. Lehrer sind bei uns geachtete Personen.

Heute ist Donnerstag, das heißt, für uns ist Pfadfindertag. Alle Kinder werden Pfadfinder, sobald sie in die Schule kommen. Deshalb haben heute alle Schüler der Unter- und Mittelstufe ihre Pfadfinderuniformen an. Die Uniform der Jungen ist beige, die der Mädchen dunkelgrün. Auch ich, als Lehrerin, trage Pfadfinderkleidung.

An allen anderen Tagen tragen die Schüler ebenso Uniformen. Bei uns Lehrern ist es keine Pflicht mehr, aber ich finde, wir sollten Vorbild sein. Deshalb ziehe ich immer einen dunklen Rock und eine Bluse in der Farbe des Tages an, also montags gelb, dienstags rosa und mittwochs grün.

Wir glauben, dass wir unser Glück auf verschiedenste Arten beeinflussen können, zum Beispiel durch die Farben. Wenn wir an einem bestimmten Wochentag ein T-Shirt in den glücksverheißenden Planetenfarben tragen, können wir aktiv zu unserem Glück beitragen. Die Farbe rosa zum Beispiel, die wir dienstags tragen, fördert die Gesundheit und das körperliche wie das seelische Gleichgewicht.

In unserer Schule, der *Bangphleerat Bamrung Schule*, werden 3000 Schüler von 120 Lehrern unterrichtet. Wir sind eine staatliche Eliteschule. Die Schüler dürfen hier jeden Tag länger lernen als in anderen Schulen. Deshalb fangen wir schon um sieben Uhr mit dem Fahnenappell an. Im Schulhof haben sich zehn Minuten vor sieben alle Schüler um den Fahnenmast zu versammeln. Sie setzen sich klassenweise auf den Boden, in Reih und Glied. Vorne an jeder Reihe steht ein Aufpasser, ein älterer Schüler oder ein Lehrer. Um sieben Uhr erheben sich die Schüler und singen die Nationalhymne, während die Fahne gehisst wird. Der Schulsprecher singt ins Mikrofon, alle anderen singen leise mit. Dann hält der Direktor oder sein Stellvertreter eine Ansprache, oft ermahnt er die Schüler oder liest Verlautbarungen vor. Auch ein Schülervertreter darf öffentlich reden. Fünf Minuten wird gemeinsam meditiert, und zum Abschluss singen wir unser Schullied. Danach strömen alle in ihre Klassenzimmer.

Als Senior-Lehrerin habe ich zwar kein eigenes Arbeitszimmer, aber eine eigene Büroecke im Musikzimmer. Da stehen, neben Computer und Drucker, alle Arten von traditionellen Instrumenten. In manchen Pausen kommen Jugendliche zum Üben: So habe ich viel Unterhaltung. Wenn allerdings die Schlagzeuggruppe länger übt, ist an Computerarbeit nicht mehr zu denken. Deshalb ist mein Unterricht so gelegt, dass ich, während das Musikzimmer außerhalb der Pausen belegt ist, in meinem Klassenzimmer unterrichte.

Ich unterrichte Englisch in der Mittel- und Oberstufe. Mein Klassenzimmer ist mit Computer, Beamer, Fernseher und Klimaanlage ganz gut ausgerüstet. Die Wände von einem Klassenzimmer zum nächsten sind aus Glas. Das ist sehr praktisch, so kann ich, als Senior-Lehrerin, die Kollegen besser kontrollieren. Falls einmal ein Lehrer nicht anwesend ist, kann der Kollege des Nachbarzimmers einen Blick auf die verwaiste Klasse werfen. Das erleichtert die Aufsichtspflicht.

Während des Unterrichts habe ich immer das Mikrofon in der linken Hand, so dass ich die rechte frei habe zum Schreiben an der Tafel oder am Tageslichtprojektor. Dass wir früher ohne Mikrofon unterrichten mussten, kann man sich heute gar nicht mehr vorstellen, dabei waren damals oft bis zu 80 Kinder in einem Klassenzimmer. Heute haben wir in meiner Schule durchschnittlich 36 Schüler in einer Klasse. Englisch zu unterrichten, ist nicht so einfach. Die meisten Schüler sind nicht sprachbegabt und unser Unterrichtsmaterial ist sehr veraltet. Deshalb habe ich zwei eigene Lehrbücher geschrieben. Das war eine wissenschaftliche Arbeit, mit der ich mich für eine höhere Dienststelle bewarb, doch ich benutze diese Bücher noch immer.

In meinen Lehrbüchern werden die Schüler zu Fremdenführern ausgebildet, die Besucher unserer Schule durch die Umgebung und die Stadt führen. Ich lade auch gerne Ausländer ein, damit sich die Schüler an die Sprache eines Ausländers gewöhnen, die Scheu vor Fremden verlieren, und damit sie nicht nur im Klassenzimmer, sondern in der Realität Fremdenführer spielen können.

Im Lehrbuch der Mittelstufe bleiben wir im Bereich der Schule und der unmittelbaren Umgebung.

Die *Guides* zeigen dem imaginären Fremden ihr Klassenzimmer, das Lehrerzimmer, das Rektorat, die Bücherei, den Computerraum, den Schulhof, den Sportplatz, den Schulgarten und den Kräutergarten, das Schulmuseum und den Schrein unseres Patrons. Ganz am Schluss kommt die Kantine dran, wo der Gast, falls es gerade zwölf Uhr ist, zu Mittag essen kann. Unsere Kantine ähnelt einem *Foodcourt*, für 20 bis 30 Baht können sich die Schüler an einem der vielen Stände etwas kaufen.

Die Führungen der Oberstufe gehen durch den alten Markt und zu zwei Tempeln.

Viele Schüler kennen die Sätze aus dem Lehrbuch auswendig.

Guide: *This is the Klong Samrong. This part is like it was 20 years ago.*
Tourist: *Very picturesque.*
Guide: *This is the Wat Bangphlee Yai Nai. Do you want to stick gold leaves on the Buddha statue of Luang Po Toh?*
Tourist: *Oh yes, can you show me, how to do it?*
Guide: *Of course.*
Tourist: *Thank you.*
Guide: *In this pond you can feed the fish. I will buy the fish food for you.*
Tourist: *Does it have a meaning, to feed the fish?*
Guide: *Yes, this will be good for your karma.*

Das Problem ist, dass die Schüler zum Teil sehr gut sagen können, was der Guide zu sagen hat, weil sie es auswendig wissen. Tatsächlich antworten die Besucher anders, als es im Buch steht, da sie das „Drehbuch" ja nicht auswendig gelernt haben. Und gerade das möchte ich meinen Schülern beibringen, dass sie lernen, die Ausländer zu verstehen und richtige Antworten zu geben.

Am liebsten führen die Schüler die Fremden durch den Tempel Wat Bangphlee Yai. Da gibt es einen riesigen, liegenden Buddha, in dessen Inneres man steigen kann. Man muss die Hölle und den Himmel durchschreiten, die mit vielen imposanten Gemälden ausgestattet sind, bis man zum Herzen des Buddhas kommt. Vor diesem Allerheiligsten gehört es sich, sich hinzuknien und zu beten.
Jedes Mal darf ein Schüler den Reporter spielen und fotografieren. Das ist ein beliebter Job. Ich lasse ihn normalerweise von einem Schüler ausführen, der sowieso kein englisches Wort herausbekommt. Das Fotografieren gibt ihm Selbstbewusstsein.
Besonders interessant für die Besucher – aber schwierig für die Schüler – ist das Werfen des Horoskops.

Man kniet sich vor eine bestimmte Statue, betet und schüttelt einen Bambusbecher, in dem viele Stäbchen sind. Ziel ist es, dass nur ein einziges Stäbchen aus dem Becher fällt. Die Zahl auf diesem Stäbchen ist die Nummer des Horoskops.

Das können die Schüler perfekt vormachen. Für Fremde ist es gar nicht so einfach, denn für die meisten ist es das erste Mal.

Guide: *Do you see the number on the stick? Go to the drawer with this number and take the paper. This is your horoscope.*

Tourist: *Can you translate, what is written on this paper?*

In jeder Klasse gibt es höchstens einen Schüler, der das kann. Alle versammeln sich um ihn, denn jeder will hören, was das Schicksal für den Touristen vorgesehen hat. Da gibt es viel zu kichern, denn es geht nicht nur darum, ob man bei Gericht in einem Rechtsstreit gewinnt, sondern auch um Glück oder Unglück in der Liebe.

Für den Fall, dass einem das Horoskop nicht gefällt, sagt der Führer:

Guide: *Don't you like your horoscope?*

Tourist: *It is not my wish.*

Guide: *No problem, come with me to the pigeons.*

Tourist: *How can the birds help me?*

Guide: *You have to feed them.*

Und wenn die Tauben das Futter fressen und fortfliegen, nehmen sie das unangenehme Schicksal mit sich fort. Ja, so ist das bei uns in Thailand: Wir können etwas zu unserem Glück beitragen, und wir haben auch die Möglichkeiten, das Unglück abzuwenden.

Um 16 Uhr ist der Unterricht zu Ende. Aber ich bleibe in der Regel weit länger in der Schule. Erst, wenn es dunkel wird, lasse ich mich abholen.

Bin ich zuhause angekommen, hat mein Mann das Abendessen schon gekocht. Er ist wirklich ein ausgezeichneter Koch. Er kauft nichts fertig Gegartes an einem der vielen Essensstände, wie es die meisten Thais machen. Nein, seit er pensioniert ist, geht er gerne auf den Markt, sucht knackiges Gemüse und etwas frischen Fisch aus und frönt seiner Kochlust. Solch ein Glück haben nicht viele Frauen. Gar zu viele Männer kenne ich nicht, die gerne kochen.

Obwohl wir ein Esszimmer haben und verschiedenste Sitzecken auf der Terrasse und im Garten, haben wir es uns angewöhnt, auf den Holzliegestühlen vor dem Fernseher zu essen. Jeden Tag laufen Serien, die ich nicht verpassen will, auch meine Tochter schaut sie gerne gemeinsam mit uns an. Alle Thais lieben die *Soap Operas*, ob Professoren oder Marktfrauen. Vielleicht würde man von Lehrern eher erwarten, dass sie lehrreiche, wissenschaftliche oder kulturelle Sendungen im *Channel 11* anschauen. Aber ich schlage mich den ganzen Tag mit Bildung herum, da bevorzuge ich abends Unterhaltung. Schon öfter haben mich ausländische Lehrer gefragt, warum wir Thais so gerne *Soap Operas* anschauen. Selbst hätte ich mir die Frage gar nie gestellt. Wir tun, was uns Spaß macht, und fragen nicht, warum. Nun hat es mich allerdings doch zum Denken angeregt. Für uns sind diese Serien einfach lustig, gerade das Richtige, um am Feierabend abzuschalten. Da werden Sachen gezeigt, die es in unserer normalen Welt nicht gibt oder nicht geben darf, vor allem Gefühle. Natürlich haben wir Gefühle: Wir sind gierig, neidisch, wir lieben und wir hassen. Aber wir sind so erzogen, dass wir diese Gefühle nicht zeigen. Und in den *Soap Operas*, da kann man diese Gefühle sehen. Nicht, dass da Sexszenen gezeigt würden, wie in amerikanischen Filmen. Nicht einmal geküsst wird in diesen Serien. So etwas gehört nicht ins öffentliche Fernsehen Thailands. Sexualität wird nur angedeutet. Wir können uns selbst ausmalen, was in den Betten passiert.

Ja, es ist schon komisch, wenn ich meine Tochter händchenhaltend mit einem Freund erwischen würde, würde ich mich wahnsinnig aufregen. Oder wenn ein Kollege wütend würde, weil ihn ein Schüler geärgert hat, wäre das total unmöglich und verachtungswürdig. Ebenso wenn ein Schüler frech wäre und dumme Streiche anstellen würde, fände ich das keineswegs lustig.

Doch im Fernsehen, da gefällt es mir, wenn solche Szenen gezeigt werden.

Mir gefallen auch die schönen Frauen, die immer helle Haut und wohlgeformte Nasen haben. Und die Männer, so hässlich, fast wie im wirklichen Leben! Immer spielt ein *Ladyboy* mit. Wenn der nur auftritt, muss man schon lachen. Oft ist die Handlung auch kompliziert, denn meist spielen die gleichen Schauspieler zwei verschiedene Rollen, eine im jetzigen und eine im vergangenen Leben. Wer jetzt eine Kriminelle ist, zum Beispiel eine Ex-Geliebte, die ihren früheren Liebhaber umbringt, muss das im nächsten Leben büßen und wird vielleicht als *Ladyboy* oder Bettlerin wiedergeboren. Oh, es ist einfach herrlich! Und es treten Geister auf, manchmal gute, häufig aber auch böse Geister, an die wir zwar glauben, die wir im realen Leben aber nicht sehen. Das ist so spannend!

Wenn Werbung kommt, schalte ich auf einen anderen Sender um. Da läuft sicher eine andere *Soap Opera*, die ich regelmäßig verfolge.

Mein Mann und ich leben zwar traditionell, aber auch modern. Wir lassen sogar Fremde im leerstehenden Zimmer meines Sohnes übernachten und bewirten sie bei uns zuhause. Normale Thais laden zwar gerne Fremde in ein Restaurant ein, aber sie lassen nur Familienmitglieder in

ihr Haus. Wir sind etwas anders, weil wir Englisch studiert haben und beide schon im Ausland waren.

Heutzutage muss ich nicht mehr verreisen, schon gar
nicht ins Ausland. Mir gefällt mein Leben in Bangphlee.
Tagsüber bin ich in meiner geliebten Schule. Will ich in
eine andere Welt abtauchen, schalte ich abends nur den
Fernseher ein und schaue mir eine *Soap Opera* an. Damit
bin ich rundum zufrieden.

Bernis Tante

Gretel, eine fitte, ältere Schweizerin, verbringt jedes Jahr sechs Monate in Chiang Rai bei ihrem Neffen.

Jeden Nachmittag sitze ich auf dieser Bank vor der Kneipe meines Neffen. Ich rauche drei Zigaretten, trinke einen Kaffee und beobachte die Leute auf der Straße. Mir gefällt es, wenn die fünfköpfige Familie unseres Nachbarn auf einem Moped an mir vorbeifährt. Fünf Leute passen in Thailand locker auf ein Zweirad, vor allem, wenn drei Kinder dabei sind. Den fünfjährigen Dam hat der Vater vorne zwischen den Knien sitzen, die Mutter mit dem Baby im Arm sitzt hinten, und die siebenjährige Chailai klemmt zwischen Mutter und Vater. Und alle Fünf winken mir zu. Manchmal fährt ein Vogelkäfighändler auf einem Velo vorbei, der hat mindestens hundert Käfige geladen. Das ist einfach unglaublich! Am tollsten ist aber der Leiterverkäufer. Er fährt einen *Töffli* mit Beiwagen, auf dem er Leitern aller Größen feilbietet. Die Fünfmeteraluminiumleitern hat er der Länge nach gestapelt und ist somit fast so lang wie ein Minibus. Die zwei Meter langen Leitern hat er senkrecht in die anderen verkeilt, so dass das Gefährt mindestens drei Meter hoch ist. Zwischendrin sitzt noch sein Sohn, der die Leitern festhalten muss. Um dem Balanceakt die Krone aufzusetzen, fährt der Mann einhändig. Denn eine Hand benötigt er, um das Horn zu betätigen, mit dem er die potentiellen Kunden auf sich aufmerksam macht. Einmal habe ich ihm eine Leiter abgekauft, nur, um sein Gefährt besser aus der Nähe betrachten zu können.

Eigentlich wohne ich in Zürich. Aber jedes Jahr in den Wintermonaten, wenn es bei uns grau, kalt und ungemütlich wird, besuche ich meinen Neffen Berni in Chiang Rai. Berni ist mit Miao, einer Thailänderin aus Mae Chan, verheiratet.

Früher hat Berni in Mae Chan bei seinen Schwiegereltern gewohnt. Er hat Brot gebacken und versucht, es an Trekker zu verkaufen. Aber das Geschäft ist nicht gelaufen. Zusammen mit meinen zwei Schwestern habe ich ihn dort einmal besucht. Mae Chan ist ein netter Ort, besonders der Markt hat mir gut gefallen. Viele Leute der Bergvölker kommen dorthin zum Einkaufen und Verkaufen. Erstaunlicherweise ist der Markt recht sauber, das muss man einfach sagen.

Im Haus von Bernis Schwiegereltern hätten wir drei Schwestern, also Bernis Mutter und seine zwei Tanten, wohnen können. Die wollten Strohmatten für uns ins Wohnzimmer legen. Das war ja sicher ehrlich und nett gemeint, aber wir drei Schweizerinnen waren damit doch etwas überfordert. Schon um dort zu essen, mussten wir uns überwinden. Die hatten nicht einmal eine richtige Küche, sondern haben im Hof gekocht. Ein Topf stand direkt auf einem Gestell über einer Gasflasche, der Wok auf einer Kochstelle am Boden über dem offenen Feuer. Einen Schüttstein oder Ähnliches gab es auch nicht. Immerhin hatten sie fließend Wasser, das aus einem Hahn an der Wand kam, ohne Abfluss natürlich. Für Anna, Bernis Mutter, war das Badezimmer der größte Schock. Es bestand nur aus einem Bambusmattenverschlag im Hof. Das WC war eine Hocktoilette, wie wir es auch von Italien kannten, nur ohne Wasserspülung. Spülen musste man von Hand, indem man mit einer Plastikkelle Wasser hineinschüttete. Es gab auch kein *Lavabo*, nur zwei betonierte Wasserbecken, ein kleineres für die Toilette und ein großes zur Körperreinigung. Berni hat uns vorgeführt, wie das Duschen hier geht, denn seine Mutter konnte es sich absolut nicht vorstellen. Mit einem Plastikschüsselchen leerte er Wasser über seinen Körper, dann seifte er sich ein, und am Schluss begoss er sich wieder. Er erklärte uns, dass sich die Thais immer bekleidet duschen, weil sie so schamhaft sind. Das fand seine Mutter besonders unhygienisch. Heute leben Bernis Schwiegereltern weitaus komfortabler, in vielen Dörfern der Bergstämme dagegen sind die sanitären Einrichtungen noch sehr primitiv. Ich habe mich längst daran gewöhnt, aber damals, als wir direkt aus der sterilen Schweiz in dieses thailändische Dorf kamen, waren wir – wie soll ich sagen – etwas *pikiert*.

Zum Essen mussten wir auf dem Boden sitzen, die Gerichte wurden auf einem niedrigen Tisch serviert. Jeder hatte Löffel und Gabel und einen Plastikteller vor sich, auf den von der Schwiegermutter mit einer hölzernen Kelle der Reis geschöpft wurde. Die Beilagen kamen in großen Schüsseln auf die Tischmitte, und jeder bediente sich mit seinem eigenen Löffel. Mir haben die Currys ausgezeichnet geschmeckt, aber Anna konnte fast nichts essen. Sie hatte nur Angst, sich mit allen möglichen Krankheiten anzustecken.

Damals gab es in Mae Chan noch kein Hotel, in dem wir hätten wohnen können. Heute ist es anders. Berni hat sogar einen Kollegen, einen mit einer Thai verheirateten Deutschen, der ein schönes *Homestay* hat, mitten in den Reisfeldern. Letzte Woche haben wir es uns mal angesehen. Saubere Zimmer in einem Reihenhaus und ein wunderschönes Teakholzgebäude mit fantastischer Sicht auf die Berge! Aber als wir vor zehn Jahren zum ersten Mal in Thailand waren, da mussten wir in einem Hotel in Chiang Rai übernachten.

Berni hatte ein Auto gemietet und Touren mit uns gemacht. Wir kamen durch verschiedene *Hilltribe*-Dörfer.

Lena, meiner jüngeren Schwester, haben die *Yaos* am besten gefallen. Ihre feine, höfliche Art hat sie sehr beeindruckt. Sie meinte, dass sie sehr intelligent seien. Eine ältere Frau in Lao Sib, die wunderschön sticken kann, hatte es ihr besonders angetan. Sie hat sich mit ihr angefreundet und sie jedes Jahr besucht. Außerdem begeisterte sich Lena für die Landschaft. An den fruchtbaren Tälern und grünen Hügeln konnte sie sich nicht satt sehen.

Für mich war Mae Salong am beeindruckendsten. Es war so ganz anders als das übrige Thailand, nicht nur das Klima war angenehm frisch, ich kam mir vor wie in China. Kein Wunder, dieser Ort wurde von Soldaten der Kuomintang-Armee gegründet, wie Berni uns erklärte. Sie mussten nach dem Sieg Mao Tse Tungs 1949 fliehen und kamen über Burma nach Thailand, wo sie in den 60er Jahren siedelten. Mir gefielen die Läden mit der chinesischen Medizin, all die Kräuter und getrockneten Tiere, die duftenden Pülverchen und die in Schnaps eingelegten Wurzeln. An vielen Ständen gab es Pflaumen- und Kirschliköre, Lycheewein oder Reisschnaps. Ich habe von allen probiert, meine Schwestern ebenso. Einen beträchtlichen Vorrat haben wir auch mitgenommen. Zwar etwas süß, das Gesöff, aber man kann sich daran gewöhnen! Jedenfalls hat es uns aufgestellt und es war glatt, über was wir alles lachen mussten! Selbst Anna hat die typische gekochte Schweinshaxe, die Berni in einem chinesischen Lokal mit toller Aussicht für uns bestellte, mit Genuss gegessen, ohne die Küche auf ihre hygienischen Verhältnisse zu inspizieren.

Heute sieht Mae Salong ganz anders aus, in der Region wird jetzt viel Tee angebaut, und an den Ständen gibt es grünen, ungezuckerten Tee zu kosten. Da stehe ich nicht so drauf. Aber das Lokal mit den Schweinshaxen und der herrlichen Aussicht – das gibt es noch immer.

Anna, meine ältere Schwester, Bernis Mutter, litt unter starkem Rheuma. In der Schweiz hatte sie ständig Schmerzen, konnte sich oft kaum bewegen und musste wöchentlich zum Arzt. Hier in Thailand ging es ihr viel besser, sie konnte sogar kleine Wanderungen machen, auf einem Elefanten reiten und in dem unbequemen Flussboot sitzen. Sie blühte wieder richtig auf. Die Wärme tat ihr offensichtlich sehr gut. Berni schlug vor, dass sie zu ihm nach Mae Chan ziehen solle. Aber das Dorf war nichts für sie. Sie hat ihr ganzes Leben lang in einer Großstadt gelebt. Am liebsten wäre sie nach Hua Hin gezogen. Da hatte sie in ihrer Jugend einmal Urlaub gemacht.

Doch Berni und vor allem Miao, seine Frau, wollten im Norden bleiben. Die Frau war damals schwanger und hatte das dringende Bedürfnis, mit ihrem Kind in der Nähe ihrer Mutter zu wohnen und nicht irgendwo in der Fremde. Kann man ja verstehen! Auch unser Berni hatte hier in der Gegend schon Freunde und liebte die Berge mehr als das Meer. So entschied der Familienrat, dass Berni in Chiang Rai leben sollte. Chiang Rai ist eine nette Stadt. Nicht so touristisch wie Chiang Mai, die größte Stadt im Norden, irgendwie ursprünglicher, aber mit guten Schulen, hervorragenden Spitälern und einigen Universitäten. Anna liebte den Nachtmarkt Chiang Rais. Die Leute waren freundlich, die Darbietungen auf der Bühne liebenswert unprofessionell. Wir drei Schwestern legten zusammen und kauften unserem Neffen dieses Restaurant hier in Chiang Rai, in dem wir gerade sitzen, und das als *Bernis Restaurant* bekannt werden sollte. Naja, *kaufen* konnten wir es natürlich nicht, das geht in Thailand nicht. Aber der Schwiegervater gab gerne seinen Namen, und wir gaben das Geld. So hatte alles seine Richtigkeit.

Früher hatte dieses Restaurant einem Deutschen gehört, Michael. Der organisierte nebenbei auch Motorradtouren.

Natürlich hat er die Touren auch selbst geführt. Er soll ein begeisterter Motorradfreak gewesen sein und kannte sich in den Bergen ausgezeichnet aus. Offiziell hat er die Touren mit seinen Kumpels gemacht, aber natürlich hat er besonders gern Touristen geführt, von denen er Geld bekam. Einer hat ihn schließlich verpfiffen. Der Michael hatte nämlich keine Arbeitserlaubnis. Ein Kunde hatte die Geldscheine markiert und ihn dann bei der Polizei gemeldet. Warum einer wohl so etwas tut? Der Deutsche wurde des Landes verwiesen. Das ging ganz schnell. Innerhalb von drei Tagen musste er gehen. Man munkelt, dass er schon vorbestraft war, wegen einer Schlägerei.

Michael hatte auch einige Feinde hier, besonders unter den Israelis. Tatsächlich hat er sich getraut, ein Schild vor seinem Restaurant anzubringen: „*Israelis will not be served.*" Das hat Furore gemacht. Sogar in der deutschen Bildzeitung wurde darüber berichtet. Mein Berni hat jetzt noch darunter zu leiden. Zum Glück sind wir Schweizer und können schon deshalb nicht als Nazis verschrien werden.

Viele Restaurant- und *Guesthouse*-Besitzer berichten über Ärger mit Israelis. Es seien meistens die jungen Leute, frisch vom Militärdienst entlassen, die in Thailand mit wenig Geld Urlaub machen und immer wieder Streit provozieren. Berni hatte natürlich ebenfalls Angst, dass sie bei ihm die Zeche prellen und er wollte mich als Kontrolleur einstellen. Aber das lass ich nicht mit mir machen! Ich bin ja kein Wachhund! Ich hatte da eine viel bessere Idee: Wir lassen alle ausländischen Gäste ihre Bestellung selbst auf einen Block schreiben. Die ganze Speisekarte ist durchnummeriert, so gibt es weder mit der thailändischen Serviertochter noch mit dem Küchenpersonal Verständigungsschwierigkeiten.

Auf der Bestellung sind vier Spalten: Nummer, Name des Gerichts, Schärfe (0, 1, 2 oder 3) und Preis. Die meisten Gäste kapieren das System gleich und schreiben ihre Wünsche brav selbst auf. Sobald sie die Bestellung abgeben, kassieren wir ab.

Das klappt meistens. Wenn es Ärger gibt, werde ich gerufen. Ich erkläre den Gästen den Vorteil dieses Systems, und fast alle sind verständnisvoll. Noch keiner ist deswegen wieder gegangen, und die Israelis werden nicht diskriminiert. Ich mag sie nämlich. Nicht nur, weil sie sehr gut aussehen – die jungen Männer kräftig, gut gebaut, muskulös und die Mädchen oft bildschön! Nein, auch weil ich mit ihnen mitfühle. Was die schon erlebt und durchgemacht haben in ihrem jungen Alter! Meistens sind sie in Gruppen unterwegs, da bekommt man wenig Kontakt. Aber einmal haben sie Benjamin, einen schmächtigen 21-jährigen Ex-Soldaten, zurückgelassen, weil er krank war. Er kam jeden Tag ins Restaurant, und ich habe mich ein wenig um ihn gekümmert, manchmal selbst leichte Kost für ihn gekocht. Der war so sensibel, der Benjamin, und hat mir viel davon erzählt, was er im Gaza-Streifen Gräuliches gesehen und erlebt hat.

Hilfsbereit sind sie auch, die Israelis. Ich habe einmal eine Tour in die Berge begleitet, und der Wagen blieb in einer Schlammpfütze stecken. Der Fahrer hat versucht, das Auto durch Vor- und Rückwärtsfahren selbst herauszumanövrieren. Aber er grub die Räder immer tiefer ein, bis wir mit der Achse feststeckten. Da sah ich unten am Hang junge Burschen und rief sie um Hilfe an. Es waren Israelis, die ohne Führer in den Bergen wanderten. Sie kamen sofort den Hang heraufgespurtet, kapierten die Lage blitzschnell, fassten an, ohne Fragen zu stellen, und in Nullkommanix war der Wagen frei. Sie nahmen noch nicht einmal Geld für ihre Hilfe an.

Bernis Schwager, also der Bruder seiner Frau Miao, hat einen kleinen Stand im Restaurant, wo er Touren anbietet. Er ist lizenzierter Guide. Natürlich musste Berni ihm die Ausbildung finanzieren. Häufig hat er Gäste aus der Schweiz oder aus Deutschland, die Autotrekking bei ihm buchen. Autotrekking war meine Idee, und es war tatsächlich eine Marktlücke. Jetzt kopieren es natürlich andere. Mir kam die Idee, weil meine Schwester so schlecht laufen konnte und auch gerne getrekkt wäre. Wir haben Touren ausgearbeitet, die in *Hilltribe*-Dörfer führen, in die sonst kaum ein Tourist hinkommt. Die echten Trekker wollen natürlich nicht in Dörfer, die mit dem Auto erreichbar sind. Doch gibt es viele noch recht traditionelle Siedlungen, die ans Straßennetz angebunden sind. Die Leute müssen ja ihre Waren zu den Märkten bringen. Manchmal hat Bernis Schwager Gäste, die kein Wort Englisch sprechen, und dann bittet er mich, ob ich mitfahren könne. Wenn es nette Leute sind, die eine interessante Tour gebucht haben, sage ich gerne ja. Besonders die Tour über den Doi Tung und entlang der burmesischen Grenze nach Mae Sai gefällt mir wegen der fantastischen Ausblicke und der Abstecher in abgelegene Dörfer immer wieder.

Zu Berni ins Restaurant kommen viele Touristen, die mal wieder etwas Heimatliches essen wollen. Deshalb habe ich der Köchin einige schweizerische und deutsche Rezepte beigebracht. Rösti bekommt sie jetzt recht gut hin, besser kann ich es auch nicht. Auch Geschnetzeltes und Cordon bleu gelingt ihr ganz ordentlich. Bratwurst ist ja einfach zu braten. Und den Vesperteller richtet sie ebenfalls ganz nett her. Sogar eine Art Bündner Fleisch habe ich hier aufgetrieben. Beim Salat gibt es die größten Schwierigkeiten. Bernis Köchin will einfach nicht kapieren, dass Europäer keinen Zucker in den Tomaten wollen. Ich verstehe sie ja. Es ist nicht einfach, wenn sie etwas kochen oder richten soll, das für sie eklig schmeckt. Zum Frühstück servieren wir *Gipfeli*, *Basler Läckerli* oder Müsli, und natürlich Café crème.

Beim Fondue muss noch immer Berni helfen. Aber das servieren wir nur auf Vorbestellung, meistens an Weihnachten oder Neujahr. Für ganz ausgewählte Gäste können wir auch Raclette auftischen. Das *Glacé* beziehen wir von einem Italiener. Er hat exquisite Sorten, sogar Tiramisu-Eis.

Die Touristen kommen nicht nur zu uns, weil sie unbedingt europäisches Essen wollen. Manche wollen sich von einem Insider Tipps holen oder einfach mal wieder deutsch reden. Ich höre gerne zu, auch wenn sich viele Geschichten wiederholen. Für mich ist es immer wieder interessant, wie verschieden die Wahrnehmungen sind. Mir fallen viele Sachen gar nicht mehr auf, weil ich schon so daran gewöhnt bin. Dinge, die man jeden Tag sieht, beachtet man gar nicht mehr. Doch wenn mir ein Tourist voller Begeisterung einen Gecko zeigt, der gerade eine Motte fängt, freue ich mich mit ihm. Oder wenn er die Freundlichkeit der Thais beschreibt und an verschiedenen Beispielen erläutert, nehme ich auch wieder bewusster wahr, wie freundlich diese Menschen tatsächlich sind.

Nicht alle Gäste, die in Bernis *Beiz* kommen, sind Touristen. Auch viele *Expats* kehren hier ein. Das sind Ausländer, meistens Männer, die in Chiang Rai oder einem der umliegenden Dörfer leben. Fast alle sind mit Thai-Frauen verheiratet und fühlen sich recht einsam. Den Tag über sitzen sie vor dem Computer oder starren in die Glotze, ohne etwas zu verstehen. Die meisten sprechen kein Thai und können sich mit der Familie, in der sie leben, nicht unterhalten. Viele von ihnen sind Alkoholiker, das ist ein richtiges Problem. Mein Berni trinkt auch viel zu viel. Er setzt sich jeden Abend zu den Gästen, und es ist einfach normal, dass er dabei etwas trinken muss. „Das belebt das Geschäft", sagt er. Außerdem trinkt er gerne

sein frisch gezapftes Bier. Auch ich bin keine Antialko-
holikerin, und wenn eine Runde geschmissen wird, trinke
ich gerne mal mit. Aber ich passe auf, dass es nie mehr als
ein halber Liter pro Tag wird. Da bin ich eisern – meistens
jedenfalls. Jeden Ersten, Zweiten und Dritten des Monats
trinke ich gar nichts. Da mach' ich Diät. Nur Obst und
Wasser!
Manchmal würde ich am liebsten den Alkohol von der
Karte streichen, aber Berni sagt, an den Getränken verdiene er am besten. Bis zu einem gewissen Grad stimmt das,
doch wenn manche Männer richtig besoffen sind, vertrei-
ben sie die anderen Gäste. Und das wiederum ist schlecht
fürs Geschäft. Früher habe ich mich richtig geekelt, aber
jetzt kann ich ganz gut mit den Betrunkenen umgehen.
Ich vertraue meiner Intuition und weiß genau, wie lange
sie geschäftsfördernd und ab wann sie geschäftsschädi-
gend sind. An dem Punkt rufe ich Kim, Bernis jüngeren
Schwager. Der drückt ihnen eine Kotztüte in die Hand
und befördert sie dezent in sein Taxi. Für diesen Service
benutzt er eine alte Kiste, die sein Bruder, der die Touren
fährt, ausrangiert hat. Er verdient ganz gut dabei. Denn
oft rufen sie am nächsten Tag an, wenn sie ihren Rausch
ausgeschlafen haben und lassen sich abholen. Ihr *Töffli*
oder ihr Auto steht ja noch auf unserem Parkplatz.

Der Berni hatte schon früher mal eine Beziehung mit einer Frau aus dem Isan. Die bekam ein Kind von ihm.
Bernis Mutter, meine Schwester Anna, wollte das Kind
einmal sehen. Ist schließlich ihr Großkind! Wir waren
dort, in diesem Dorf im Nordosten. Mein Gott, wie die
dort leben! Anna konnte es nicht mit ansehen, dass ihr
Enkelkind so aufwachsen musste. Seine Mutter war gar
nicht da. Sie solle in Pattaya in einem Schönheitssalon
arbeiten. Naja, man denkt sich so seinen Teil. Der arme
Junge wurde von der Schwester versorgt. Das war viel-

leicht eine hässliche, ungepflegte Person! Anna wollte das Kind gleich mitnehmen. Der Schwager von Berni, der das Tourunternehmen hat, hat uns gefahren und auch die Verhandlungen mit der Familie geführt. Ich glaube, denen war es ganz recht, den Balg loszuwerden. Ihr Problem war nur, dass dann die monatlichen Zahlungen wegfallen würden, die Berni leistete. Sie riefen die Mutter des Kindes in Pattaya an, die machte erst ein bisschen Theater und wollte eine Ablösesumme herausschlagen. Da wurde Anna fuchsteufelswild. Sie hält nicht so viel von dieser Art Thai-Frauen.

Ich kann diese Frauen ja verstehen. Diejenigen, die irgendwelche Fähigkeiten haben oder gut aussehen, müssen das Geld für die Großfamilie verdienen, vor allem die ältesten Töchter. Ihre Muttergefühle müssen sie unterdrücken. Ich habe schon einige dieser jungen Frauen aus dem Isan kennengelernt. Manche haben mir ihr Herz ausgeschüttet. Niemand aus ihrer Familie fragt sie, ob sie mit ihrem Leben zufrieden seien. Hauptsache, sie schicken Geld heim. Wie sie es verdienen – danach fragt keiner, nicht einmal die eigene Mutter. Die genießt es, mit dem Geld zu protzen. In der Großfamilie auf dem Dorf sind die Kinder meist gut aufgehoben. Wichtig für die Frauen ist, dass sie ein Kind haben, das sie selbst einmal im Alter versorgen wird. So funktioniert das Sozialsystem in Thailand.

Wenn es natürlich um das eigene Fleisch und Blut geht, wie bei Anna, kann man dieses System als Schweizerin nicht so leicht tolerieren.

Miao, die jetzige Frau von Berni, hat auch ein uneheliches Kind. Mit 17 wurde sie von ihrem damaligen Freund schwanger. Viele thailändische Mädchen vom Land bekommen in dem Alter ein Kind. Ich weiß nicht, ob sie nicht aufgeklärt sind oder warum sie nicht verhüten.

Wenn man sie fragt, sagen sie nur: „Es ist eben passiert."
Bei all der Werbung, die hier für Kondome gemacht wird,
ist das schwer zu verstehen. In jedem Minimarkt gibt's
die Gummis in reicher Auswahl. Hier wird ganz offen
Reklame dafür gemacht. In Chiang Rai gibt es sogar ein
Lokal, das heißt „*Cabbages and Condoms*". Es wird von
der *Population and Community Development Association
(PDA)* gemanagt. Neben anderen Projekten unterstützt
die PDA Familienplanung und wirbt für *Safer Sex*. Man
kann sich hier nicht nur über die Traditionen der *Hilltribes*
bestens informieren oder Souvenirs wie Kondom-Kerzen
oder Kondom-Schlüsselanhänger kaufen, sondern auch
recht gut essen.
Naja, die Kondome gibt es jedenfalls überall, aber wenn
man sie nicht benutzt, nützen sie eben nichts. Dieses Kind
von Miao hat Berni auch in seine Familie aufgenommen.
Es ist genauso alt wie seine Tochter von der Isan-Frau und
die beiden jetzt zwölfjährigen Mädchen verstehen sich
prächtig. Der zehnjährige Max ist sehr ruhig und wird von
den Mädchen etwas unterdrückt. Aber der Nachzügler,
der dreijährige Franz, wird von allen vergöttert. Er ist ein
gar zu netter Brocken!

Jedes Jahr reise ich mit riesigem Gepäck an. Was ich nicht
so alles mitbringe für den Berni! Die ganzen Accessoires
für das Restaurant habe ich so *peu* à *peu* eingeführt. Es
soll ja etwas gemütliche Schweizer Atmosphäre haben.
Mit den Schweizer Fahnen haben wir angefangen. Auch
ein Gemälde vom Matterhorn musste her. Bernis Mutter
ersteigerte übers Internet verschiedenste Bierkrüge. Vor
allem die mit Klingel hat unser Berni gern. Natürlich musste ich auch Kuhglocken und Fonduegeschirre anschlep-
pen. Die für Käsefondue sind besonders schwer. Früher
musste ich sogar die fertigen Fonduemischungen aus der
Schweiz mitbringen.

Zum Glück können wir jetzt aus Chiang Mai guten Käse beziehen. Und ich habe eine Mischung zusammengestellt, die nicht nur die richtige Konsistenz hat, sondern auch recht passabel schmeckt. Zwar kann man heutzutage auch importierte Fertigmischungen kaufen, aber meine Kreation ist billiger und besser. An Lebensmitteln können wir jetzt alles in Thailand beziehen, sogar die Gewürze.

Leider kann meine Schwester Anna nicht mehr nach Thailand kommen, sie ist zu krank. Meine jüngere Schwester Lena kommt nur in den Ferien, sie ist in der Schweiz noch in der Kantonsschule verpflichtet. Aber ich – ich komme jedes Jahr für sechs Monate. Mir gefällt es hier, ich schaue nach dem Rechten im Restaurant, bilde die Lehrtöchter aus, passe auf Berni und seine Familie auf, kümmere mich um die Erziehung des kleinen Franz und bringe den drei älteren Kindern Deutsch bei. Wenn die Kinder gerne bei mir lernen und immer besser Deutsch sprechen, schlägt mein altes Lehrerinnenherz höher. Jeden Tag lerne ich Thai: Das hält mein Gehirn fit, und die Thais freuen sich und respektieren mich, wenn ich mich bemühe, mit ihnen eine einfache Unterhaltung in ihrer Sprache zu führen. Manchmal gehe ich zum *Coiffeur* und lasse mir die Haare waschen, schneiden und legen, das machen sie recht gut und günstig hier. Und ab und zu gönne ich mir eine Massage. Gerne sitze ich abends im Restaurant, unterhalte mich mit den Gästen, gebe Ratschläge und vor allem höre ich zu. Wenn ich einen der Gäste sagen höre: *„Die Gretel, die ist die Seele von Bernis Restaurant!"* – dann bin ich glücklich.

Die geschäftstüchtige Ying

*Ying, ein cleveres Mädchen aus dem Nordosten Thailands,
entwickelt sich zu einer wohlhabenden Geschäftsfrau.*

Ich heiße Ying und komme aus dem Isan. Wie viele andere Thais auch, liebe ich das Geld. Wenn jemand sagt, er habe genug Geld, um davon leben zu können, ist das keine gute Einstellung. Man kann nie genug haben. Wenn man es nicht für sich selbst braucht, kann man andere damit beeindrucken oder etwas Gutes tun.

Viele meinen, wenn man aus dem Isan kommt, ist man eine dumme Reisbäuerin. Aber ich bin in Korat aufgewachsen, das ist eine der größten Städte des Nordostens. Meine Eltern waren chinesischer Abstammung und hatten ein Eisenwarengeschäft. In meiner Freizeit habe ich oft beim Verkaufen geholfen. In unserem Laden konnte man Nägel und Schrauben stückweise kaufen. Weil ich schon immer sehr schlau war – weit schlauer als meine Brüder – ließen mich meine Eltern studieren. Ich studierte *Business Management,* und meine Eltern erhofften, dass ich später einmal aus ihrem Laden einen großen Baumarkt mit vielen Zweigstellen machen würde. Allerdings musste ich mir das Studium selbst finanzieren. Nur essen und schlafen konnte ich kostenlos zuhause, was ich im ersten Studienjahr auch tat.

Gleich in meinem ersten Semester verliebte ich mich in Wan. Er war wirklich ein süßer Kerl und studierte Musik für den Lehrberuf. Wir trafen uns nur zweimal die Woche, und er gab mir jedes Mal ein bisschen Geld dafür. Das war bei uns so üblich, dass das Mädchen von ihrem *Boyfriend* für ein intimes Rendezvous bezahlt wird. Ich tat alles, was er wollte, es war einfach himmlisch mit ihm. Damals war ich noch sehr unerfahren, und ich vertraute darauf, dass Wan wusste, was er tat. Doch dann wurde ich schwanger. Sollte ich das Studium an den Nagel hängen und Wan heiraten? Doch Wan wollte weder heiraten noch ein Kind. Er kam aus einer reichen Kaufmannsfamilie, hatte Geld und wusste, wo man einen Fötus wegmachen lassen konnte. Ich war zwar traurig, stimmte aber zu. Kinder konnte ich später noch genügend bekommen, dachte ich. Dem war aber nicht so. Irgendetwas ging bei der Abtreibung schief, und sie sagten mir, dass ich keine Kinder mehr bekommen könnte.

In meinem zweiten Studienjahr lernte ich einen alten Amerikaner kennen. Ich glaube, er war seit dem Vietnamkrieg hier. Aber darüber hat er nie gesprochen. Jimmy war schon sehr alt, aber er hat an mir einen Narren gefressen, weil ich so hübsch und klug war. Damals wurde ich mir des Wertes meines Körpers bewusst. Mein Körper war mein Kapital. Ich pflegte meinen Körper und steckte viel Geld rein, um den Wert meines Kapitals zu erhöhen. Von meinen Bekannten wusste ich: Je älter man wird, desto mehr Geld muss man in seinen Körper investieren. Irgendwann reichen keine Schönheitssalons und Spritzen mehr, da muss man auch Operationen über sich ergehen lassen. Um den Wert möglichst lange zu erhalten!
Jimmy war ein richtiger *Sugar Daddy*. Mein Gönner kam für alle meine Unkosten auf und war nicht geizig. Das Einzige, was ich dafür tun musste, war, bei ihm zu schlafen, wann immer er das Bedürfnis danach hatte. Da ihn seine Manneskraft schon ziemlich verlassen hatte, und er sich vor Viagra panisch fürchtete, wollte er nur ganz selten Sex. Mich, ein hübsches Mädchen, neben sich zu spüren und mich zu betatschen, hat ihn schon glücklich

gemacht. Manchmal hat er mir leidgetan, dann war ich besonders nett zu ihm. Und wenn ich besonders nett war, war er besonders großzügig. So habe ich schon früh gelernt, dass, wenn man etwas gibt, man auch etwas dafür bekommt. Ich gebe meinen Körper und bekomme Geld, er gibt sein Geld und bekommt meinen Körper. So ist jeder zufrieden.

Mit ihm lernte ich die Welt der *Farangs* kennen. Er nahm mich in die amerikanischen Nachtclubs mit, da gab es nur *Farang Food* zu essen. In der Küche waren sie so faul, dass sie nicht einmal das Fleisch und Gemüse kleinschnitten. Sie servierten das Fleisch als ganzen Lappen. Ich wollte das Fleisch für Jimmy zerkleinern, damit er es bequemer hat, aber das gehört sich nicht bei den *Farangs*. Da muss jeder am Tisch sein Fleisch selbst schneiden. Ich lernte schnell, mit Messer und Gabel ein Steak und Gemüse zu essen. Das Essen war so fad, dass man sehr viel guten Willen brauchte, um überhaupt etwas zu schmecken.

Ich versuchte, Jimmy unsere Kultur etwas näher zu bringen. Er ging auch immer brav mit, wenn ich ihm etwas zeigen wollte. Im Museum Maha Wirawong im Hof des Wat Suthachinda zeigte ich ihm die Kunstgegenstände aus der Khmer Zeit. Ich ging extra am Tag zuvor schon einmal hin, um all die Tafeln zu lesen und mich selbst zu informieren. Ich dachte, ich könnte ihn damit beeindrucken. Ehrlich gesagt, früher hatte ich auch keine Ahnung davon. Aber Jimmy schien sich nicht besonders für die Khmer Kunst zu interessieren. Er lauschte zwar aufmerksam meinen Erläuterungen, doch er sagte nur: „Ich mag deine Stimme."
Wenn wir am Denkmal von Khun Ying Mo vorbeikamen, legte ich immer eine Blume auf die Stufen. Das respektierte Jimmy, er fotografierte es sogar. Aber er selbst

wollte keine Opfergabe bringen. Zweimal machten wir einen Ausflug zum Zoo, etwas außerhalb von Korat. Das gefiel Jimmy. Er fuhr sogar mit einem Fahrrad, um alle Tiere auf dem weitläufigen Gelände sehen zu können.

Am liebsten ging er aber in die Bars. Er hatte es sehr gerne, wenn ich mitkam und neben ihm saß. Da hatte ich nichts zu tun, als ein freundliches Gesicht zu machen und vielleicht zu lachen, wenn die anderen *Farangs* lachten, auch wenn ich nicht verstand, worum es ging. So hatte ich viel Zeit, die *Farangs* zu beobachten. Auch andere hatten ihre thailändischen Freundinnen dabei. Sie tauschten gerne Zärtlichkeiten in der Öffentlichkeit aus, küssten ihr Mädchen auf den Mund oder gaben der Bedienung einen Klaps auf den Po. Es schien ihnen nichts auszumachen, wenn ein Mädchen eine Szene machte. Im Gegenteil. Sie schienen umso glücklicher, wenn ihr Mädchen sie kurz darauf wieder abknutschte.

So lernte ich während meiner Studienzeit nicht nur eine Menge über *Business Management*, sondern auch über den Umgang mit *Farangs*. Beides sollte mir in meinem späteren Leben von größtem Nutzen sein.

Einmal war mein *Sugar Daddy* krank und musste ins Krankenhaus, zehn Tage lang. Er wurde am Herzen operiert. Selbstverständlich ließ ich meine Vorlesungen sausen und ging mit ihm. Er hatte sonst niemanden, der sich um ihn kümmerte. In Thailand müssen immer die Angehörigen für den Kranken im Krankenhaus sorgen. Für mich war das selbstverständlich. Wenn jemand in Not ist, helfe ich. So haben mich meine Eltern erzogen. Er hatte ein Zimmer mit zwei Betten, in einem schlief ich, im anderen er. Etwas langweilig war es, aber ich konnte fernsehen und meine Musik hören. Als er wieder gesund war, wollte er mir Geld geben für meine Hilfe. Das war für mich eine Beleidigung. Aber *Farangs* wissen nicht, dass man Hilfe nicht bezahlen darf. Jimmy sagte, das hätte keine amerikanische Freundin getan, nicht einmal eine Ehefrau. Was müssen das für Frauen sein, die Amerikanerinnen! Haben die gar keine Moral? Einem Menschen, der Hilfe braucht, nicht zu helfen!

Leider hat Jimmy seinen zweiten Herzanfall nicht überlebt, und ich musste mir einen anderen *Sugar Daddy* suchen. Er hieß Anan, war ein verheirateter Thai und hatte drei Töchter, die älter waren als ich. Mit der Zeit wurde ich seine *Mia Noi*, seine Nebenfrau. Er richtete mir ein schönes Apartment ein, zahlte mir ein großzügiges Taschengeld, und wenn er gute Laune hatte, schenkte er mir Schmuck und Kleider. Aber er war nicht so lieb, wie der alte Jimmy. Ich musste ihm jederzeit zur Verfügung stehen, musste da sein, wenn er Lust hatte, ihn füttern und waschen. Er schaute mir zu, wenn ich auf der Toilette saß und dann benutzte er mich, um sich zu befriedigen. Wie es mir dabei ging, interessierte ihn nicht. Natürlich täuschte ich immer einen Orgasmus vor, das gehört sich einfach. Und ich beklagte mich nie!
Thai-Männer behaupten, sie liebten Frauen. Aber eigentlich lieben sie nur das Bumsen.
In meinem Studium lernte ich einiges über Kosten-Nutzen-Kalkulation, und ich war stolz und glücklich, dass ich schon in jungen Jahren die Theorie so clever in die Praxis umsetzen konnte.

Doch ich lernte auch, dass es auf dem freien Markt um Angebot und Nachfrage geht. Und da kamen mir andere Geschäftsideen in den Sinn. Richtig Geld verdienen kann man als Thai nur im Ausland – am besten mit einem eigenen Geschäft im Ausland. Und wie komme ich als Thailänderin am einfachsten ins Ausland? Ich brauche einen Ausländer, der mich heiratet. Und wie komme ich zu einem Geschäft? Ich brauche einen Geschäftsmann. Und wie komme ich mit einem Geschäft zu Geld? Ich muss die Augen offen halten, den Markt studieren, die Nachfrage erkennen und ein Angebot machen, das es sonst nicht gibt. Also ging ich zu einer Agentur, die heiratswillige Thai-Frauen vermittelte. Heute geht das ja alles übers Internet, aber damals war es komplizierter. Die Dame von der Agentur hat viele Fotos von mir gemacht, mich ausgefragt und alles aufgeschrieben.

Sogar zwei Wünsche zu meinem Zukünftigen durfte ich äußern. Ich gab „Deutschland" und „Geschäftsmann" an. Da ich jung, hübsch und gebildet war, gab es viele Interessenten.

Bruno, ein Goldschmied aus Stuttgart, zog das große Los und bekam mich zur Frau. Alle Formalitäten wurden gewissenhaft erledigt, und schon nach sechs Monaten konnten wir heiraten. Zu Anfang war ich sehr enttäuscht, denn Bruno war nicht das, was ich mir unter einem Geschäftsmann vorstellte. Er saß in seinem Atelier, trug eine seltsame Vergrößerungsbrille und machte hübsche kleine Ringe oder Anhänger. In seinem altmodischen Laden stand eine Verkäuferin, die den Schmuck an die wenigen Kunden verkaufte. Auch war Bruno kein attraktiver Mann. Er hatte schütteres Haar, eine lange Nase und große graue Augen. Er war neun Jahre älter als ich und noch nie verheiratet gewesen. Ich glaube, er hatte noch gar keine Erfahrung mit Frauen. Eine Nachbarin sagte mir, er sei hausbacken, gehe nie aus, lerne auch keine Frauen kennen und musste sich deshalb eine aus dem Katalog bestellen. Das war nicht gerade aufbauend für mich. Zu Beginn hatte ich große Probleme, mich von dieser direkten Art der Deutschen nicht gekränkt zu fühlen. Aber ich sagte mir immer wieder: „Ying, du hast *Business Management* studiert, mach' das Beste aus der Situation." So schnell wie möglich wollte ich Deutsch lernen, das deutsche Geschäftswesen verstehen und andere Thais treffen.

In Stuttgart gab es jede Menge Thais, und bald hatte ich herausgefunden, dass viele illegal arbeiteten und deshalb kein Konto bei einer Bank aufmachen konnten. Mein Mann war Goldschmied, stellte gerne selbst Schmuck her und war mehr ein Künstler als ein Geschäftsmann. Für seinen Laden interessierte er sich eigentlich gar nicht. Ich erfuhr, dass Goldschmiede in Deutschland auch mit Gold handeln durften. Und wir Thais legen unser Geld gerne in Gold an. Was liegt also näher, als meine Landsmänninnen davon zu überzeugen, dass sie bei uns Gold kaufen und gleich in einem Safe sicher aufbewahren sollten? Meinem Mann gefiel diese Geschäftsidee. Also schaffte ich ihm die Kundinnen herbei und er verkaufte ihnen Gold. Da ich eine Thailänderin bin, vertrauten mir die anderen Thais, und wir hatten Kundinnen aus ganz Baden-Württemberg. Auch kamen viele zu mir, weil sie kaum Deutsch reden konnten. Manche, vor allem die Neuankömmlinge, brachten Goldschmuck mit und wollten ihn in Bargeld umsetzen. Wir boten reelle Preise, bei denen wir selber aber auch nicht zu kurz kamen.
Bald waren es nicht nur Thais, die unseren Laden besuchten, sondern alle möglichen Ausländer, die bei uns Gold kauften, weil sie Gold in unserem Safe mehr vertrauten als barem Geld unter der Matratze in einem Schlafsaal.

Nachdem ich zwei Jahre in Deutschland war, florierte das Geschäft meines Mannes so gut, dass wir uns einen zweiten, größeren Laden in einer besseren Gegend kaufen konnten. Nach drei Jahren hatte ich meinen eigenen Porsche und nach vier Jahren eine wunderschöne Villa in Hanglage.

Doch je mehr Geld wir hatten, desto geiziger wurde mein Mann. Hatte er es nicht mir zu verdanken, dass er so reich geworden war? Und hatte ich nicht ein Recht, jeden Monat eine nette Summe an meine Familie in Korat zu schicken? Es gelang mir zwar damals noch nicht, aus dem Eisenwarenladen meiner Eltern einen Goldladen zu machen, aber einer meiner Brüder war clever genug, den Laden zu erweitern und außer Nägeln und Werkzeug auch Elektrowaren zu verkaufen. Dank meiner Unterstützung konnten die Kinder meiner Brüder gute Schulen besuchen, und meine Mutter musste nicht mehr selbst verkaufen, sondern konnte neben meinem Vater an der Kasse sitzen und das Geld zählen.

Meinem Mann passte es gar nicht, dass ich regelmäßig Geld nach Thailand überwies und wir stritten uns immer öfter. Geliebt hatte ich ihn sowieso nie. Es gab keinen Grund, noch länger mit ihm zusammen zu bleiben!

Da ich alle Voraussetzungen erfüllte, erhielt ich schon nach vier Jahren die deutsche Staatsbürgerschaft. Nach sechsjähriger Ehe reichte ich die Scheidung ein.

Ich erhielt einen der Läden zugesprochen, stellte einen Goldschmiedemeister ein und beaufsichtigte den Goldhandel. Männer, die um meine Gunst buhlten, gab es genug. Noch immer sah ich gut aus, und außerdem war ich reich. Heiraten musste ich zum Glück nicht mehr. Jetzt war ich diejenige, die aussuchen konnte. Ich war nicht mehr auf ihr Geld angewiesen, aber wenn mir ein Kerl einen Pelzmantel schenken wollte, nahm ich den gerne an. Jetzt musste ich mich nicht mehr mit einem hausbackenen, alten Typen wie Bruno abfinden. Jetzt konnte ich mir junge, knackige Burschen aussuchen und sie für meine Zwecke nutzen. Matthias gefiel mir besonders gut. Er war zwar ein armer Schlucker, sah aber mit seinen dunklen Haaren, den schmalen Augen und der muskulösen, haarlosen Brust fantastisch aus – fast wie mein Bruder. Er war anlehnungsbedürftig, lieb und hilfsbereit. Ihm steckte ich immer wieder Geld zu und fühlte mich dabei großartig überlegen.

Dank meines chinesischen Blutes, meiner Begabungen, meiner Erfahrungen und meines Studiums war ich in Deutschland schon mit 34 Jahren eine erfolgreiche Geschäftsfrau. Ich hatte also erreicht, was ich mir immer gewünscht hatte, und war sehr zufrieden. Einmal im Jahr flog ich nach Thailand, jedoch nur für eine Woche. Länger konnte ich mein Geschäft nicht alleine lassen.

Erst als meine Mutter starb, blieb ich längere Zeit in Korat. Ich merkte bald, dass es mir in Thailand viel besser gefiel als in Deutschland. In meiner Heimat konnte ich mit meinem Geld protzen und wurde dafür bewundert. In Deutschland – das habe ich instinktiv gemerkt – liebten die Menschen mehr eine bescheidene Frau, die ihren Reichtum nicht ständig zur Schau stellt. Klug, wie ich war, habe ich mich angepasst.

Zehn Jahre lang habe ich meinen Goldladen in Deutschland geführt, viel verdient und auf die hohe Kante gelegt. Irgendwie wurde es mir langweilig, immer das Gleiche zu tun. Die Thai-Frauen überreden, ihr Erspartes in Gold anzulegen, den Neuankömmlingen ihr Gold abzukaufen und den Männern die Köpfe zu verdrehen. Ja, es war Zeit, dass ich endlich mal wieder etwas anderes tat.

So entschloss ich mich, mein Geschäft in Deutschland zu verkaufen und in meine Heimatstadt zu ziehen.

Direkt neben dem Eisenwarenladen meiner Eltern richtete ich einen Goldshop ein.

Schon von außen sieht er mit seinen goldenen Stuckornamenten auf dem leuchtend roten Hintergrund fantastisch aus. Auch innen ist alles in Rot und Gold gehalten und mit erlesenen, geschwungenen Vitrinen, zahlreichen Spiegeln und bequemen Polstermöbeln ausgestattet. Selbstverständlich biete ich nur hochklassige Ware an. Schon zur Eröffnung kam die ganze *High Society* von Nakhon Ratchasima. Ich ließ mir zu diesem Ereignis ein elegantes Kleid aus kostbarem Stoff schneidern und trug meinen wertvollsten Schmuck. Die lokale Zeitung brachte mich auf der ersten Seite und ich genoss es, als reiche Frau zurückgekehrt zu sein und im Mittelpunkt zu stehen. Auch mein Vater war ganz stolz auf mich!

Jetzt bin ich bin froh, wieder in Thailand zu leben. Hier bin ich eine angesehene Frau und kann meinen Reichtum zeigen. Alle bewundern mein schickes Auto, meine teure Garderobe und meinen erlesenen Schmuck. Ich unterstütze meine Familie. Und an jedem Vollmond gehe ich in den Tempel und danke für das gute Leben, das ich hatte und immer noch habe. Natürlich spende ich auch regelmäßig eine große Summe für den Bau eines neuen Tempels.

So bin ich nicht nur im jetzigen Leben zufrieden, sondern dank meines Geldes kann ich mir Verdienste erwerben, so dass es mir auch in meinem nächsten Leben gut gehen wird.

Glück auf zwei Rädern

Sepp, ein waschechter Bayer und begeisterter Motor-radfahrer, hat schon in seiner Jugend Thailand für sich entdeckt und kommt seitdem immer wieder. Mit seiner eigenen Lebensphilosophie und einem geringen Budget sucht und findet er hier sein Glück.

Schon seit 35 Jahren komme ich immer wieder nach Thailand. Vor allem der Süden hat es mir angetan, genauer gesagt, die Gegend zwischen Phuket und Khao Lak. Früher war es Nai Harn Beach, ganz im Süden Phukets, ein echter Hippiestrand, an den es mich immer wieder zog. Feiner weißer Sandstrand, dahinter eine malerische Lagune, links und rechts felsige Hügel und unzählige Kokospalmen. Was haben wir da Joints geraucht! Ob das heute noch irgendwo möglich ist? Die Sonnenuntergänge brachten mich damals zum Schwärmen! Und viele nette Leute waren unterwegs, manche richtig ausgeflippt. Ein Hippie war ich eigentlich nie, aber ein Lebenskünstler, der war ich schon immer.

Einmal hielt ich mich ich in der Monsunzeit in Nai Harn auf, und wie immer reizte mich das Schwimmen im Meer. Die Strömung war so stark, dass ich fast eine Stunde kämpfte, um wieder an Land zu kommen. Diesen Unsinn hätte ich beinahe mit dem Leben bezahlt. Damals war ich noch leichtsinnig, aber sehr kräftig, und hätte nie gedacht, dass Wasser stärker sein kann als ich. Seitdem bin ich nicht mehr dort hin. Heute kann man es eh vergessen. Alle *Traveller*-Unterkünfte sind weg. Jetzt gibt es den teuren Yacht Club, ein riesiges Hotel, an den Hang geklatscht, voll reicher Pauschaltouristen, aber Yachten gibt's immer noch keine dort. Die haben nämlich einen Yachthafen geplant, auch mal gleich das Hotel dazu gebaut und für den Hafen keine Genehmigung bekommen – vielleicht nicht genug geschmiert, was weiß ich, wie das hier läuft. Kann mir ja auch egal sein, mich bringt dort keiner mehr hin, seit sich alles so verändert hat.

In Phuket Town steige ich jedes Jahr mal ab. Da kann man wirklich noch billig übernachten und günstig essen. Früher haben mir die chinesischen Geschäftshäuser gut gefallen und die schönen Villen im *sino-portugiesischen* Stil. Auch durch die *Soi* Romani bin ich immer wieder gern geschlendert. Die haben sie übrigens recht gut renoviert, aber das ganze historische Flair gibt mir nicht mehr viel. Wie's halt so ist, wenn man wo zuhause ist. Trotzdem zieht's mich immer wieder hier her und ein paar Tage halte ich es gerne aus, trotz dem schrecklichen Verkehr. Früher war ich manchmal im On-On-Hotel, so einer uralten *Traveller-A*bsteige, zentral gelegen, preisgünstig und mindestens achtzig Jahre alt. Nachdem eine Szene von dem Film *The Beach* mit Leonardo di Caprio dort gedreht wurde, ist es weltberühmt geworden. Aber jetzt ist es wieder auf dem absteigenden Ast. Ich übernachte lieber im Suk Sabai, es hat nettere Zimmer und ist viel ruhiger.

Eine Thai-Freundin hatte ich nie, ich will mich nicht binden. Ich seh' ja, wo das bei den meisten hinführt. Als ich jung war, hab' ich schon mal für Sex bezahlt, das braucht man doch ab und zu als Mann. Aber nie in den Sexzentren, wie Pattaya oder Patpong. Die Anmache geht mir auf den Geist. Da waren mir die Mädels vom Land viel lieber. Die kann man in fast jedem Friseursalon ansprechen und mitnehmen, sie sind lieb und stellen keine großen Ansprüche. Früher war's jedenfalls so. Wie's heute ist, kann ich nicht sagen, ich brauch das nicht mehr.

Wenn ich so in einem Bus fahre, passiert es öfter, dass sich eine Frau neben mich setzt und mich einlädt, bei ihr zu übernachten. Vor allem im Isan. Die süßen oder scharfen Leckereien, die sie mir zuschiebt, nehme ich gerne an, da ist ja nichts dabei. Aber übernachten? Darauf lasse ich mich lieber gar nicht erst ein. Auch in Khao Lak sind einige Mädels schon ganz schön aufdringlich geworden. Doch wenn die anfangen, mich zu begrapschen, haue ich ihnen auf die Finger und mache ein böses Gesicht, dann wissen die schnell, dass bei mir nichts zu holen ist.

Verheiratet war ich noch nie, dafür bin ich nicht geschaffen. Ein paar Jahre hatte ich mal 'ne feste Partnerin in Deutschland, aber ich bin zu unruhig, muss immer weg. Das macht keine Frau mit.
Auch mit Reisepartnern habe ich's schon probiert. Aber das ist schwierig, man muss immer Rücksicht nehmen. Jeder hat so seine eigenen Gewohnheiten. Ich steh' immer so zwischen sieben und acht Uhr auf, und brauche erstmal ein Frühstück. Vor Jahren bin ich mal mit einer gereist, die ist immer erst um 12 Uhr aufgestanden. Wir konnten immerhin zusammen essen: Für mich war's das Mittagessen, für sie das Frühstück. Nur war der Tag dann gelaufen, man konnte nichts Rechtes mehr unternehmen. Ich weiß, ich bin ein komischer Kauz, mit mir ist es auch nicht so leicht. Deshalb reise ich am liebsten alleine. Wenn man ab und zu jemanden trifft, mit dem man sich gut unterhalten kann, dann freu ich mich, aber sonst bin ich auch sehr zufrieden, wenn ich allein auf meinem Motorrad durch die Gegend fahren kann.

Früher habe ich immer wieder den Job gekündigt und bin ein halbes Jahr gereist. Und wenn ich zurückkam, war es nie ein Problem, einen neuen Job zu finden. In der Hochkonjunktur konnte man sich als Arbeitnehmer noch so einiges erlauben, wovon die junge Generation nicht mal träumen kann.

Es gibt viele Leute in Deutschland, die verurteilen so ein Leben. Die meinen, ein rechtschaffener Bürger müsse ununterbrochen, bis zu seiner offiziellen Rente arbeiten. Dass man zwischendurch eine Auszeit nimmt und es sich gut gehen lässt, können die nicht verstehen. Aber was ist Schlechtes dabei, wenn man auf diese Art einen Weg gefunden hat, um glücklich zu sein?

Naja, ich versteh' das schon. Die meisten denken, sie können sich das nicht leisten, sind an Haus und Familie gebunden und oft nicht glücklich dabei. Dann ziehen sie halt über einen wie mich her, der sein Leben anders gestaltet und dabei glücklich ist. Aber ich mach' mir nichts draus, ich lass' die Spießbürger Spießbürger sein, solche Menschen braucht der Staat.

Schriftsetzer hab' ich gelernt, das gibt's heut' ja nicht mehr. Als ich 53 war, konnte ich in Frührente gehen. Damals ging es mir gesundheitlich recht schlecht. Aber in Thailand ging's wieder bergauf. Das warme Klima tut mir gut. Immer hatte ich Angst, dass sie mich wieder zum Arbeiten holen. Das wollte ich nicht, ich glaube, ich bin arbeitsscheu geworden. Aber jetzt bin ich 66, da droht mir keine Gefahr mehr.

Meine Rente ist natürlich sehr niedrig. In Deutschland muss ich zwar nicht verhungern, beim Lidl gleich um die Ecke gibt's immer was Günstiges. Ich schaue mir auch immer die Sonderangebote von Aldi, Penny, Netto und Norma an. Wenn die was im Angebot haben, was ich brauchen kann, scheue ich den weiteren Weg nicht, ich habe ja Zeit. Trotzdem ist es ist mir oft langweilig, weil's nicht viel zu unternehmen gibt, was nichts kostet.

Häufig gehe ich in die Bücherei. Da ist es auch bei schlechtem Wetter gemütlich. Am liebsten lese ich Erzählungen, leider habe ich die schon fast alle durch. Auch Zeitung kann man dort kostenlos lesen. Aber das mache ich nicht mehr so gern, da rege ich mich nur auf, und besser wird die Welt nicht, wenn ich weiß, was passiert ist. Ins Internet kann ich in der Bücherei auch kostenlos. Da habe ich mich zwar lang nicht 'rangetraut, aber nachdem es mir mal einer in Thailand erklärt hat, bin ich schon recht fit. Ich lese auch gerne Sachbücher, so habe ich schon eine Menge gelernt. Zum Beispiel über Musikgeschichte. Nicht, dass ich das jetzt auswendig wüsste, aber ich finde es sehr spannend und es macht mir Spaß, in Fachgebiete vorzudringen, von denen ich früher nicht viel wusste. So kann ich über viele Themen reden. Wenn früher einer sagte, dass klassische Musik zum Einschlafen sei und von so einem wie dem Mozart heute doch keiner mehr was wissen will, dann wurde ich fuchsteufelswild. Heute rege ich mich nicht mehr so auf, irgendwie bin ich gelassener geworden. Vielleicht hat die Thai-Mentalität etwas abgefärbt.

In Thailand muss ich zwar auch aufs Geld schauen, aber ich kann mir für 100 Baht pro Tag ein Motorrad mieten, wenn ich es für einen Monat nehme. Und nichts liebe ich mehr, als auf dem Motorrad zu sitzen und einfach die Straßen lang zu fahren. Ich bin schon an zwei Tagen von Phuket nach Ranong gefahren und wieder zurück. Ist eine wunderschöne Strecke, aber für lange Strecken sind die kleinen Hondas nicht bequem. Da tun einem nicht nur der Hintern und die Schultern weh! Aber es ist einfach ein tolles Feeling. Ich fühl mich da wie *Easy Rider*, auch wenn ich keine schwere Maschine fahre und eher geruhsam als schnell unterwegs bin. Die warme Luft, den Fahrtwind im Gesicht zu spüren, allein und frei zu sein, die herrliche Landschaft! Ich kann mir nichts Schöneres vorstellen. Da bin ich wirklich glücklich. Wer kann das in Deutschland schon von sich sagen?

Für Motorräder hatte ich schon immer ein Faible. In früheren Jahren habe ich in Chiang Mai mal eine Enduro Tour mitgemacht. Das war klasse, auf so einer Kawasaki KLX 350 Viertakter mit modifizierten Nockenwellen zu reiten, ein echter Thrill, wenn's durch Flüsse ging oder quer durchs Gelände. War irgendwie verrückt, so durch den Schlamm zu fahren, hat aber riesigen Spaß gemacht. Das Einzige, was mich störte, war die Farbe der Kawasaki KLX 350. Lindgrün für eine harte Enduro – für meinen Geschmack ein Stilbruch!

Manchmal stehe ich in Khao Lak vor dem *Biker-Shop* und schaue mir die Maschinen an. Gestern sah ich da so eine Suzuki Djebel stehen. Die ist aber nicht zu vermieten, die gehört dem Besitzer selber. Da geht mir schon das Herz auf, wenn ich so ein edles Teil sehe. Ein wahrlich erotisches Motorrad! Oh, ich komme ins Schwärmen! Aber ich weiß, das ist für mich nicht drin, ich bin bescheiden geworden. Ich brauche ja auch kein Kobe-Rindersteak, mir schmeckt auch ein Schweinehals.

Wenn ich jetzt in Thailand bin, wohne ich in Khao Lak im Sawadi-Mansion. Da zahl' ich im Monat 5000 Baht. Es liegt ruhig und zentral, hat Klimaanlage und einen Fernseher. Mehr brauch' ich nicht. Ein Swimmingpool wäre zwar schön, gerade in der Monsunzeit, aber bei dem schlechten Wechselkurs mach' ich eben Abstriche. Für 20 oder 30 Baht bekomme ich ein Essen. *Phat Thai* oder *Khanom Chin* schmeckt mir hervorragend, auch die Nudelsuppe ist sehr gut. Am liebsten esse ich aber die knusprige Schweineschwarte – ist zwar nicht gesund, und mein Bauch gibt mir zu denken. Vielleicht sollte ich damit aufhören und wieder etwas kürzer treten. Mit Biertrinken habe ich auch aufgehört. Jahrzehntelang wog ich 75 Kilogramm, ein ideales Gewicht für einen Zweimetermann. Letzte Woche habe ich mich mal vor dem Nang-

Thong-Supermarkt auf die Waage gestellt und bekam fast einen Schock: 103 Kilogramm! Kein Wunder, dass ich die Kniegelenke wieder mehr spüre. Jetzt esse ich abends nur noch eine Scheibe Brot mit Wurst und verzichte auf die Butter. Ob das hilft? Beim *7-Eleven* kann man sich dazu kostenlos Salat mitnehmen: Blattsalat, Tomaten und Gurken. Die gucken zwar immer dumm, wenn ich kräftig zulange, aber gesagt hat noch keiner was. Und Salat soll ja gesund sein.

Vor Jahren war ich mal im Isan, im Nordosten von Thailand. Dort sollte man ja auch mal gewesen sein, wenn man schon so oft in diesem Land war. Korat und Khon Kaen und wie die Städte so heißen. Die Hotels waren ja recht nobel und billig für das Gebotene. Nur trifft man da keinen Menschen, mit dem man reden kann. Zu einsam für mich. Ein paar Mal habe ich Deutsche getroffen, die auf dem Land leben und mit einer Thai-Frau verheiratet sind. Sie haben dort meistens ein Haus gebaut und bezahlen für den Lebensunterhalt der Großfamilie. Sie können sich nicht verständigen, schauen in die Thai-Glotze oder lassen sich volllaufen. Ja, im Isan kann man leicht zum Alkoholiker werden. Auch mein Bierkonsum ging drastisch in die Höhe. Da habe ich beschlossen, ganz damit aufzuhören, denn das gibt mein Budget nicht her. Ja, diese Deutschen mit ihrer Isan-Familie – ich weiß auch nicht, was ich dazu sagen soll. Ob die glücklich sind? Jedenfalls leisten sie einen kleinen Beitrag, um das Land zu entwickeln, ihre private Entwicklungshilfe sozusagen.

In Khao Lak ist es mittlerweile für mich auch etwas langweilig. Vor allem in der Regenzeit trifft man kaum Europäer. Nur wenige Pauschaltouristen sind hier, und fast immer Pärchen. Leider ist es nicht mehr üblich, dass man gemeinsam an einem Tisch sitzt und sich unterhält, wie das früher unter Travellern üblich war. Jedes Pärchen hockt allein an einem Tisch. Zum Glück habe ich 400 DVDs dabei und einen DVD Player. Ich hab ja sonst nicht viel Gepäck. So kann ich jeden Abend einen Film anschauen. Ein Film reicht mir eigentlich für zwei Tage, denn ich lese auch gerne.

Ich war schon vor dreißig Jahren in Khao Lak, als hier nur zwei Deutsche mit ihren Thai-Frauen lebten: Hans und Gert. Den Hans haben sie ganz schön über den Tisch gezogen. Was aus dem geworden ist, habe ich nie erfahren. Der Gert soll später bei einem Verkehrsunfall in Bangkok umgekommen sein.
Damals war's noch ziemlich laut hier. In der Nacht haben die Zinnbagger draußen auf dem Meer gerumpelt und im frühen Morgengrauen brachen die Fischer mit ihren knatternden *Longtail*-Booten auf.
Ich bin oft 15 Kilometer am Strand lang gelaufen, da gab's noch nichts, weder Touristen noch Hotels. Der Bang Niang Strand war Natur pur. Das kann man sich heute nicht mehr vorstellen. Über das Laem Pakarang bin ich hinausgelaufen, bis zum Bang-Sak-Beach. Dort gab's die kleinen Restaurants am Strand für die Einheimischen, wo ich mich stärken konnte. Und dann wieder 15 Kilometer zurück. Jetzt geh' ich gar nicht mehr zu Fuß, ich bin richtig faul geworden. Und das Motorradfahren macht mir viel mehr Freude. Man sagt ja, Bewegung sei gesund. Stimmt vielleicht auch – aber ich bin gesund ohne Bewegung. Ich geh' nie zum Arzt, und jedes Jahr bekomme ich von der Betriebskrankenkasse 100 Euro zurück, weil ich die Krankenversicherung nicht in Anspruch genommen habe. Von dem Geld kann ich in Thailand fast einen Monat leben.

Mein Vater hat jede Bewegung gescheut und ist neunzig Jahre alt geworden. Vielleicht schlage ich ihm nach. Naja, ich hab' schon so ein paar Beschwerden im Kreuz und in den Gelenken, aber da können die Ärzte auch nicht helfen. Ich schau' halt, dass ich auch in Thailand ein Zimmer mit westlicher Toilette habe, vom Hocken komm' ich sonst nicht mehr hoch. Und Bus fahren kann ich nicht länger als drei Stunden, wegen dem Kreuz. Aber damit kann ich gut leben. Ich brauch' zwar ein paar andere Medikamente, die kaufe ich immer in Thailand, wo ich sie für ein paar Baht ohne Rezept bekomme. Ich habe nichts Schlimmes, aber ich muss ja nicht alles erzählen. Deshalb gehe ich auch in Deutschland nicht gern zu Ärzten, weil die immer alles so genau wissen wollen.

Wenn ich doch mal was mit Rezept brauche, gehe ich in Thailand in ein staatliches Krankenhaus, da kostet die Behandlung fast gar nichts, 100 Baht mit Medikamenten. In Thai Muang ist es besonders billig. Die fragen nicht viel, weil sie mich sowieso nicht verstehen. Das gefällt mir!

Im Jahr 1986 muss es gewesen sein, da gab's nur das Nang Thong in Khao Lak, die hatten Zimmer für 150 Baht. Und die thailändisch-chinesische Besitzerin war immer sehr nett. Dort ging ich viele Jahre hin, bis sie dann neue Bungalows gebaut und drastisch aufgeschlagen haben. Soll ganz schön reich sein, diese Familie. Nur Deutsche waren damals in Khao Lak. Es war nett, da konnte man sich immer wieder unterhalten, nur mein Englisch habe ich dadurch nicht verbessert.

Als das Nang Thong zu teuer wurde, habe ich mich weiter nördlich orientiert. Im Diamond, noch hinter Bang Sak, konnte ich einen Bungalow auf 80 Baht herunterhandeln. Das war in der Regenzeit und ich war immer der einzige Gast. War ein schöner Steinbungalow auf der grünen Wiese und sehr einsam. Wurde nach dem Tsunami aber nicht mehr aufgebaut. Dort bin ich immer wieder hin wegen dem Hund, Nam Dam. Der ist mir ans Herz gewachsen. Wenn ich nach einem Jahr wiederkam, hat er mich immer noch erkannt und mit dem Schwanz gewedelt und mich am Knie geleckt. Das hat er sonst bei niemandem gemacht. Den habe ich richtig geliebt, den Nam Dam. Nachdem er gestorben war, bin ich nicht mehr ins Diamond. Hunde mag ich sowieso sehr gern. Und die mich auch. Die spüren es, wenn jemand gut zu ihnen ist. Katzen hab' ich auch gern, aber die können manchmal launisch sein. Hunde geben mir mehr, die hören mir zu und sind richtig dankbar, wenn ich mich mit ihnen beschäftige. Aber nicht alle Hunde gefallen mir – diese blöden kleinen Kläffer, die Schoßhündchen, die die Thais so lieben, mit dem dummen Gesicht und den langen Haaren, die kann ich nicht ausstehen!

In die Apotheke in Takua Pa, ganz am Ende der Poststraße, da gehe ich immer wieder gern hin. Die Besitzerin ist eine richtige Tiernärrin. Was die ausgeben muss für Tierfutter! Da schlafen die Katzen am Bauch der Hunde und alle lassen sich gern von mir kraulen. Um zum Ladentisch zu kommen, muss man über einige Futternäpfe steigen. In Deutschland wäre das in einer Apotheke undenkbar, viel zu unhygienisch. Hier stört das keinen. Einen Hund hat die Apothekerin, der sei besonders fromm. Jeden Morgen, wenn die Tempelglocken läuten, geht er ins *Wat*. Und jeden Tag kommt er eine Stunde später wieder zurück und rührt sich nicht mehr von der Stelle. Dass sie den Hund als Baby vom Tempel geholt habe, erzählte sie mir ein andermal. Bei uns weiß man, dass er auf das Läuten konditioniert ist, weil's da immer Futter gab. Doch die Apothekerin glaubt wirklich, dass er fromm ist.

Irgendwann wurde es mir zu touristisch in Khao Lak, die Strände von Phuket hatte ich ja sowieso schon abgehakt.

Da hab ich mir dann ein ganz neues Gebiet ausgesucht, nördlich von Ban Phe, in der Rayong Provinz. Da ist kein Mensch unter der Woche und am Wochenende kommen nur Thais. Total billig wohnen konnte ich dort in einem feinen Hotel. Motorradfahren an der Küste entlang hat auch Spaß gemacht.

Aber die Einsamkeit war mir zu heftig. Kein Mensch, mit dem ich reden konnte, die Einheimischen verstanden kein bisschen Englisch. Also bin ich zur Abwechslung nach Pattaya gefahren, ist ja nicht weit. Naja, das ist nichts für mich. War mir richtig peinlich. Wie die alten Knacker Händchen haltend mit den kleinen Mädchen von Bar zu Bar zogen! Aber diese Mädchen scheuen vor nichts zurück. Selbst so ein Kauz wie ich ist denen recht.

Einen Vorteil hat die Stadt schon: Es gibt einige große Einkaufszentren. In den meisten kann man schön klimatisiert sitzen und sehr preiswert essen. Auch deutsches Brot und deutsche Wurst bekommt man dort. Der andere Unterhaltungskram ist viel zu teuer für mein Budget. Außerdem gehen mir die vielen Russen auf den Senkel. Gerade drei Tage hab ich's mal in Pattaya ausgehalten, dann musste ich wieder weg.

Früher, vor 35 Jahren, war das Reisen nicht so einfach für mich. Ich hatte ja keinerlei Erfahrung und konnte kein Englisch. Bei der Einreise habe ich immer jemanden gefunden, der das Formular für mich ausgefüllt hat. Außer *family name* habe ich nichts verstanden. So beschloss ich, Englisch zu lernen. Jetzt kann ich es so gut, dass ich sogar die *Bangkok Post* lesen kann. Manche Fachausdrücke versteh' ich zwar nicht, vor allem im politischen Teil – die sind auch nicht in meinem kleinen Wörterbuch. Aber sonst geht es ganz gut, und was ich nicht kenne, schlage ich nach.

Die echten Langzeit-*Traveller* haben mich damals unter ihre Fittiche genommen. Ich musste mit ihnen von einem *Guesthouse* zum nächsten, um endlich eines zu finden, das zehn Baht billiger war. Immer mit dem Rucksack auf dem Buckel und bei der Hitze! Ein *Tuk Tuk* oder gar ein Taxi zu nehmen, war total verpönt. Wenn man ein Ziel innerhalb einer Stunde zu Fuß erreichen konnte, war auch der Bus verboten – und dabei hat der gerade mal 20 Baht gekostet. Um alles wurde gefeilscht. Die *Traveller*-Ehre verlangte, dass man nie zu viel zahlt. Da wurde ich ein richtiger Geizhals, was eigentlich gar nicht meinem Naturell entspricht. Auch blieben die Langzeit-*Traveller* nie länger als zwei Tage an einem Ort, immer trieb es sie weiter – außer an den Hippiestränden, da kamen sie dann gar nicht mehr los. Entweder man war ein *Traveller* oder ein Tourist, was dazwischen gab es nicht. Und die beliebtesten Gesprächsthemen waren, was man wo am billigsten bekommt. Wenn man sich in diesen Kreisen aufhält, erlebt man eine richtige Gehirnwäsche. Ich habe Jahre gebraucht, um mich davon frei zu machen.

Jetzt habe ich meinen eigenen Reisestil gefunden. Ich reise mit Trolley, den muss ich nicht schleppen, und von den 18 kg merke ich fast nichts, wenn ich sie ziehen kann. Ich bleibe gerne einen Monat an einem Ort, so kann ich eine günstige Monatsmiete aushandeln und habe fast immer ein schönes Zimmer mit Warmwasser, Fernseher und Klimaanlage. Und ich laufe nicht mehr wie ein Blöder durch die Gegend, sondern miete mir immer ein Motorrad.
Wenn ich an einen neuen Ort komme, stelle ich in einem Restaurant mein Gepäck für eine Stunde ab, miete mir ein Moped und suche eine Unterkunft.
Seit einigen Jahren gibt's in den Städten die *Mansions*, das sind so neue Häuser, die monatsweise Zimmer vermieten mit Warmwasser, Klimaanlage und Fernseher.

Meinen DVD Player hab' ich ja dabei, mit dem ich mir jeden Tag einen Film anschauen kann, wenn ich dazu Lust habe. Einen Kühlschrank schätze ich auch. Da kann ich immer etwas Wurst, Brot und Butter bunkern, und muss nicht raus, wenn es regnet. In diesen neuen Häusern gibt es meistens westliche Toiletten.

Ich such' mir was Zentrales, aber ruhig gelegen. Da kann ich zu Fuß auf die Märkte und in die Straßenlokale zum Essen. Und jeden Tag fahre ich mit dem Motorrad raus aus der Stadt. So wechsle ich immer ab: Wenn mir die Stadt auf den Geist geht, fahr' ich an einen Strand oder aufs Land. Wenn es mir dort zu einsam oder langweilig wird, gehe ich wieder in eine Stadt. Eigentlich mag ich Städte. Nur den Verkehrslärm nicht. Aber auf dem Land regen mich die Hähne auf, die in aller Herrgottsfrühe krähen. Dagegen stört mich das Hundegebell gar nicht. Wie gesagt, Hunde mag ich einfach.

Mit anderen Leuten rede ich eigentlich gerne, manchmal habe ich richtig das Bedürfnis, mich mit jemandem auszutauschen. Aber in Orten wie Khao Lak gibt es fast nur noch Pauschaltouristen oder solche, die eine gute Unterkunft übers Internet buchen. Mit den Leuten kann ich nicht so viel anfangen. Die kommen meistens in Paaren, setzen sich an einen freien Tisch und man kann sich nicht einfach dazusetzen. Ach, ich glaube, das habe ich schon erzählt. Manchmal freue ich mich so, wenn mir jemand zuhört, dass ich gar nicht bemerke, dass ich mich wiederhole.

Oft schaue ich in den Hotels, was für Bücher die Touristen liegen ließen, – könnt' ja sein, dass was dabei ist, was mich interessiert. Ich frag da immer, ob ich tauschen darf. Die von den Hotels haben nichts dagegen. Ist aber fast nur Schrott, so platte Liebesromane und billige Krimis. Aber manchmal habe ich auch Glück und finde ein Buch, das mich anspricht.

In den *Guesthouses* steigen meist nur junge Leute ab. Ich hab' zwar nichts gegen Junge, aber ich denke, die wollen nicht mit so einem alten Kauz wie mir reden, die haben doch ganz andere Interessen. Stimmt aber so nicht: Manche sind ganz nett und auch kontaktbereit. Ich weiß, das liegt dann an mir, wenn nichts aus einer Bekanntschaft wird. Entweder bin ich zu einsilbig und sage gar nichts, oder ich labere drauf los – wie jetzt – und lass' die anderen nicht zu Wort kommen. Es ist nicht leicht mit mir! Immerhin hab' ich schon mal erkannt, wie das so mit mir läuft, und man sagt ja: „Einsicht ist der beste Weg zur Besserung."

Es wird Zeit, mich wieder auf mein Motorrad zu setzen, nicht reden und nicht denken zu müssen.

Wenn ich mit dem Motorrad unterwegs bin, da fallen alle Probleme von mir ab. Ich fahre gern nur so durch die Gegend. An manchen Tagen düse ich die Hauptstraße lang, bis mir der Hintern wehtut und dann wieder zurück. An anderen Tagen ist mir mehr nach Nebenstraßen, wo ich langsam fahre und mir die Gegend anschaue. Eigentlich ist es egal, wo ich fahre, üppig grün ist es überall hier im Süden Thailands. Beim Fahren, da spüre ich den Wind, die Sonne, die Gerüche ganz direkt. Allein das Fahren, das in Bewegung sein, löst schon ein berauschendes Gefühl in mir aus!

Ein billigeres Leben

Ah Bya gehört dem Bergstamm der Akhas an und lebt mit seiner Familie in einem Dorf in Nordthailand auf 1000 Meter Höhe. Seine Frau ließ sich zum Christentum bekehren.

Mein Großvater kam als Flüchtling in dieses Gebiet von Chiang Rai. Wann das genau war und warum er geflohen ist, hat er uns nie erzählt. Wir wissen nur, dass er mit vielen anderen *Akhas* aus Burma kam. Mein Vater wurde schon in Thailand geboren, ich natürlich auch. Früher haben wir alle paar Jahre an einer anderen Stelle gewohnt. Wir haben ein Stück Dschungel grob gerodet und abgebrannt, das war dann unser neues Feld. Wir haben es bebaut, bis es ausgelaugt war. Düngen, das kannten wir früher noch nicht. Wenn der Boden nichts mehr hergab, haben wir unsere Hütten abgebaut, uns ein neues Fleckchen gesucht und sind mit Haus, Tieren und Menschen umgezogen. Unsere Dörfer haben wir immer auf luftige Bergkämme gebaut in zirka 1000 Meter Höhe.

Früher bauten wir Opium an, das gab richtig gut Geld, gleich bar auf die Hand. Der Schlafmohn war leicht anzubauen und brauchte nicht viel Pflege.
Am Nachmittag mussten wir die Samenkapseln der Mohnpflanzen einritzen. Da kommt ein dicker, rosaroter Saft raus. Den durften wir erst am nächsten Morgen abkratzen, wenn er schon schwarz war. Das ist das Rohopium. Es ist leicht transportierbar und wird nicht schlecht. Wir mussten es nicht auf die Märkte bringen, die Aufkäufer kamen direkt zu uns und nahmen es mit. Ein bisschen haben wir auch behalten. Die Alten haben es erhitzt, getrocknet und

geknetet, eine Art Pilz dazugegeben, und nach ein paar Monaten konnten sie es rauchen.

Aber heutzutage hat die Thai-Regierung den Mohnanbau strikt verboten. Deshalb begnügen wir uns damit, Trockenreis, Mais, Hirse, Chili, Knoblauch, Sesam und verschiedene Gemüse anzupflanzen. Jetzt müssen wir immer an der gleichen Stelle leben, denn den Brandrodungsfeldbau, der zur *Akha*-Kultur gehört, mögen die Behörden auch nicht. Ich kann das ja irgendwie verstehen.
Es gibt nicht mehr viel Dschungel und große Bäume. Die schlagen die Thais selber, obwohl das verboten ist. Da können sie natürlich nicht dulden, dass wir *Hilltribes* den letzten Rest ihrer Wälder abbrennen.

Alles, was mein Vater noch für gut und richtig hielt, wollen sie uns abgewöhnen, die Thais. Die Kinder müssen jetzt in die Schule. Von unseren Kräutern und Medizinmännern halten sie nichts, jetzt gibt es eine Krankenstation. Und wir müssen neue Techniken lernen, um unsere Felder zu bestellen. Sie sagen, sie wollen uns entwickeln. Das ist eigentlich sehr nett. Sie bezahlen die Schulen, die Lehrer, die Krankenstationen und wollen „richtige Thais" aus uns machen. Meine Frau sagt: „Die Entwicklung kann man nicht aufhalten." Wo sie das aufgeschnappt hat, weiß ich auch nicht.
Unsere Häuser stellen wir immer noch auf Pfähle. Das ist sicher, da können wilde Tiere oder sonstige Feinde nicht so einfach hereinkommen. Und es ist sehr praktisch. Denn unterm Haus können Hühner und Schweine leben. Abfälle, oder was sonst übrig bleibt, kehren wir einfach durch die Ritzen und unten fressen es die Tiere. Außerdem wird dieser Raum unterm Haus zum Lagern von Holz genutzt. Die Häuser sind mit weit heruntergezogenen Dächern aus Gras bedeckt und besitzen keine Fens-

ter. Männer und Frauen schlafen in separaten Räumen innerhalb des Hauses. Das ist unsere traditionelle Art der Geburtenkontrolle. Kinder machen wir natürlich trotzdem – nur nicht so viele. Die Jungverheirateten dürfen in den ersten Jahren zusammen schlafen. Sie bekommen eine eigene kleine Hütte auf dem Grundstück des Vaters vom Mann.

Früher hatten wir immer eine Wasserquelle unterhalb des Dorfes. Die Frauen trugen das Wasser in Bambusgefäßen zu ihren Häusern hoch. Heute sind die Quellen oben. Die Europäer, die uns entwickeln wollen, sagen, dass das hygienischer sei. Jetzt haben wir Wasserleitungen aus Bambus oder blauen Kunststoffrohren, in denen das Wasser runterfließt. Der DED, so ein Entwicklungsdienst aus Deutschland, hat uns das vor Jahren eingerichtet.

Ich wollte ja etwas über unsere Religion erzählen. Manchmal geniere ich mich, darüber zu reden, weil der Pastor sagt, wir seien Heiden. Das ist etwas Schlechtes. Und die Thais nennen uns *„I-gor"* – das ist ein Schimpfwort. Sie sagen, wir seien primitiv und zurückgeblieben.

Dabei ist unsere Religion ganz schön kompliziert – so kompliziert, dass die meisten Thais sie gar nicht verstehen können! Es war einmal ein deutscher Gelehrter hier in der Gegend, der hat über uns geforscht. Er hat gesagt, wir hätten eine hoch entwickelte Kultur. Sie basiert auf alten chinesischen Philosophien. In unserer Religion geht es nicht nur um Götter und Geister, unsere Religion umfasst das ganze Leben. Deshalb heißt sie *„Akhazang"*. Die Texte des *Akhazang* kenne ich von meinem Vater und der hat sie von seinem Vater gelernt.

Der *Akhazang* beschreibt alle religiösen Rituale, Zeremonien und Feste. Und er regelt sogar die Beziehung zwischen den Menschen, mit den Tieren, der Natur und ihren Kräften. Er bestimmt, wie ein Haus gebaut oder wie der

Wald gerodet werden muss. Wenn alles auf die richtige Art, zur rechten Zeit und am richtigen Platz ausgeführt wird, bleibt die Harmonie mit der Natur des Universums ungestört und die Balance erhalten. Das finde ich sehr wichtig, das mit der Harmonie und der Balance.

„Der Pastor sagt", erzählt meine Frau, „dass es keine Geister gibt. Wir sollen die zwei Eingangstore wegmachen, durch die jeder unser Dorf betreten muss." Die beiden Tore sind aus dicken Baumstämmen gemacht und stehen immer offen. Wir glauben, dass sie die bösen Geister fern halten, wenn wir gut für sie sorgen und sie jedes Jahr erneuern. Wenn die weg wären, hätten wir bald schlimme Krankheiten, Räuber oder Vampire im Dorf!
An den Toren stehen ein Mann und eine Frau aus Holz. An diesen Figuren kann man gut erkennen, wie Kinder gemacht werden – vielleicht mag sie der Pastor deshalb nicht. Sex hat auch etwas mit Sünde zu tun. Meine Frau sagt, dass der Pastor das nicht verstehe, das mit unseren Geistern und wie wir mit denen umgehen müssen, damit sie uns verschonen. Da, wo der Pastor herkommt, gibt es wahrscheinlich andere Geister. Wie die Leute dort mit ihren Geistern umgehen, erzählt er uns nicht – es würde uns auch nichts nützen, weil es eben andere Geister sind.

Das Problem in unserer Religion ist die Verehrung der Ahnen. Naja, ein Problem ist es eigentlich nicht, aber die Ahnenverehrung ist sehr teuer. Nicht nur während der Begräbniszeremonie, sondern neun Mal jedes Jahr muss den Ahnen geopfert werden.

Die Begräbniszeremonie dauert fünf Tage und alle Dorfbewohner nehmen daran teil. In dieser Zeit wird nicht gearbeitet. Der Tote wird vor oder in seinem Haus aufgebahrt. Ein Wasserbüffel wird auf eine bestimmte Art geschlachtet und zubereitet. Für alle Dorfbewohner gibt es reichlich zu essen. Das ist keine traurige Angelegenheit, wir trinken dazu auch viel *Tschibba*, eine Art Whisky, den wir selbst brennen. Es wird nicht nur gegessen und getrunken, sondern auch gesungen. Das Singen ist vielleicht am wichtigsten. Die ehrwürdigsten Männer des Dorfes sitzen vor dem geschmückten Sarg und singen Tag und Nacht über das gesamte Leben des Verstorbenen, von der Geburt an bis zum Tode. Die Frauen laufen singend durch das Dorf.

Drei Tage lang darf der Geist des Verstorbenen noch im Dorf bleiben, doch dann muss er es verlassen. Der Schamane hilft ihm dabei und treibt den Geist mit großem Radau aus dem Dorf. Auch die sterbliche Hülle wird außerhalb des Dorfes begraben.

Das Gute am Christentum ist, dass es viel billiger ist. Deshalb werde ich in ein paar Jahren sicher Christ werden. Aber ich warte noch, bis mein Vater gestorben ist, er ist noch ganz im *Akhazang* verhaftet. Er soll ruhig glauben, dass wir die Riten durchführen, damit er in Frieden leben und sterben kann. Das bin ich ihm schuldig!
Früher haben die Leute hier kein Opium geraucht, nur die ganz Alten, gegen die Schmerzen. Wir haben es zwar angebaut, aber immer verkauft. Es war leicht zu transportieren, und so ein kleiner Klumpen brachte schon eine Menge Geld. Die Händler kamen in unser Dorf und haben es zu einem fairen Preis aufgekauft und mitgenommen. So leicht war das. Das habe ich schon erzählt, oder?

Mit dem Zeug, das wir jetzt anbauen, ist das viel schwieriger. Nichts als Ärger haben wir damit. Wir brauchen Pickups, um die Früchte zum Markt zu bringen, und manches, wie zum Beispiel die Erdbeeren, geht unterwegs schon kaputt. Einmal haben wir an so einem Zwiebelprojekt teilgenommen. Da bekamen wir die Samen geschenkt und haben ganz schön viel geerntet. Die Zwiebeln haben den Transport gut überstanden und wir haben nicht schlecht verdient. Im nächsten Jahr haben schon viele Dörfer Zwiebeln angebaut und der Preis fiel. Im dritten Jahr fingen sogar die Thai-Bauern im Tiefland damit an und verkauften die Zwiebeln noch billiger. Also Zwiebelanbau – den kann man jetzt vergessen.

Es gibt auch Dörfer, in denen sich die Königsfamilie mit tollen Projekten um die Bergstämme kümmert. Diesen Leuten geht es natürlich gut. Die bekommen alles, und vor allem wird für die Vermarktung der Produkte gesorgt. Von unserer Tradition ist in diesen Dörfern allerdings gar nichts mehr zu merken. Die Bewohner sind schon mehr Thais als *Hilltribes*.

Aber ich wollte noch etwas vom Opium erzählen. Früher, als wir es selbst anbauten, hat es – wie gesagt – nur geraucht, wer große Schmerzen hatte oder sehr alt war. Es war wie Medizin, und wer nimmt schon Medizin zum Vergnügen? Heute, wo das Zeug teuer ist, sind unsere Leute scharf darauf.
Es ist zwar verboten, aber wir wissen, wie wir da rankommen. Verraten tu' ich das nicht, sonst gibt es vielleicht Ärger. Mein Vater, der raucht Opium, obwohl er weder sehr alt ist noch Schmerzen hat. Er will einfach nur daliegen und träumen. Die Wirklichkeit macht ihm zu viele Probleme. Ich kann ihn ja verstehen. Alles, was er gelernt hat, kann er nicht mehr anwenden, und die Jungen sagen ihm, dass das, woran er glaubt, gar nicht stimmt.
Er war handwerklich sehr begabt und stellte viele Gebrauchsgegenstände, wie Körbe, Behälter oder Trinkbecher aus Bambus, her. Heute bringt meine Frau diese

Sachen vom Markt, und das bunte Plastikzeug gefällt ihr viel besser als das Selbstgemachte aus Naturmaterialien. Wir Jüngeren können uns leichter mit den Veränderungen abfinden. Die ganz Jungen finden alles, was modern ist, sogar toll. Aber die Alten – die haben es schon schwer!

Wir haben jetzt weitaus weniger Geld wie früher. Unsere Frauen verkaufen ein paar Souvenirs an Touristen, die hier durchkommen. Aber das gibt auch nicht viel her. Die meisten fahren auf Motorrädern vorbei und halten erst gar nicht an.

Die Trekkingtouren passieren unser Dorf gar nicht mehr. Ein Guide hat mir gesagt, die Touristen wollen originale *Hilltribe*-Dörfer sehen, wo die Bewohner noch ihre traditionelle Tracht tragen. Dörfer, die an einer Straße liegen, eine Kirche haben und wo die Frauen in T-Shirts und Jeans herumrennen, die würden den Touristen nicht gefallen.

Früher, als wir noch nicht so „entwickelt" waren, kamen häufiger Gruppen vorbei. Ich konnte die Fremden aber nicht leiden. Sie haben immer gegafft und wollten nur fotografieren.

Auch fingerten sie alles an, sogar unser Tor. Und wenn wir sie in unsere Hütte auf einen Schluck Wasser einluden, wie es unsere Sitte verlangt, sind sie meistens weitergelaufen. Andere spazierten einfach herein mit ihren dreckigen Stiefeln, hatten nicht mal so viel Anstand, die Schuhe auszuziehen, und manche haben das Wasser, das wir ihnen anboten, einfach weggeleert. Ja, Benehmen hatten sie nicht, aber Geld. Die Thai-Touristen sind noch schlimmer, richtig arrogant. Die behandeln uns wie minderbemittelte Kinder.

Manche unserer Frauen ziehen sich nur noch traditionell an, wenn sie in die Stadt gehen, nach Chiang

Rai, um dort ihre Handarbeiten auf dem Nachtmarkt zu verkaufen. Was sie sonst noch verkaufen, darüber will ich lieber nicht reden. Der Pastor sagt, dass es Sünde sei. Das ist das Problem beim Christentum, das mit der Sünde. Aber diese Religion ist halt billiger. Nicht nur, dass die teuren Ahnenfeiern wegfallen, man bekommt auch Kleider geschenkt. Naja, so schön sind die nicht, aber meine Frau trägt die traditionellen Kleider sowieso nicht mehr.

Meine Mutter, die hat sich noch gut gekleidet. Allein der Kopfputz war faszinierend. Jetzt tragen die Frauen nur noch einen Abklatsch davon. Original war er gemacht aus Silberknöpfen, Silberkugeln, Münzen, gefärbten Hühnerfedern und Affenhaar, aus bunten Perlen, roten Wollquasten und Wollbommeln. Er umrahmte das ganze Gesicht, hing bis auf die Brust und wurde von einer silbernen, zirka 20 Zentimeter hohen Platte am Hinterkopf gekrönt. Das Silber meiner Mutter haben wir schon längst verscherbelt, damals, als mein Großvater starb und wir Geld für die Bestattungsfeier brauchten.

Die schwarz-blauen Miniröckchen, die unterhalb des Bauchansatzes getragen werden, fand ich immer attraktiv. Setzte sich die Frau hin, bedeckte sie ihre Oberschenkel mit einer Schärpe, die mit Knöpfen, Münzen und Perlen bestickt ist. Aber oft blitzte doch noch etwas Haut durch. Die aus bunten Stoffen applizierten Beinstulpen zieht meine Frau auch nicht mehr gerne an. Sie hat jetzt Stulpen aus knallgelber Nylonwolle vom Markt und oben trägt sie ein T-Shirt von der Mission. Aber die Bambuspfeife, die mag sie immer noch.

Meine Mutter hat das Garn noch selbst gesponnen und gewebt. Der alte Tretwebstuhl steht heute noch unter unserer Hütte. Ich denke gerne daran, wie schön sie aussah, wenn sie zum Neujahrsfest neue Kleidung und all ihren Schmuck trug!

Ich ziehe meistens eine weite, schwarze Hose an, wie die meisten Männer. Die ist sehr bequem. Auch die kurze Jacke trage ich gerne. Manchmal bringt mir meine Frau ein buntes Hemd von der Mission mit – das gefällt mir recht gut.

Wir *Akhas* waschen uns jeden Tag zwei Mal. Die Frauen am Frauenwaschplatz, die Männer am Männerwaschplatz. Manche baden direkt vor ihrem Haus, wenn die Leitung, die der DED ihnen dorthin gelegt hat, noch funktioniert. Auch die Kinder werden regelmäßig abgeschrubbt. Alle benutzen reichlich Seife und Shampoo: Das riecht so gut. Die Frauen brauchen sehr lange beim Waschen, weil sie so viel tratschen. „Selbst vor dem Pastor macht der Tratsch keinen halt", erzählt meine Frau. Niemand weiß genau, wo er herkommt, aber die Frauen beobachten ihn genau. Sie sagen, dass er nie baden würde, und fragen uns Männer, ob wir ihn schon jemals am Männerbade-platz gesehen hätten. Dort war er noch nie. Die Frauen sagen auch, dass er rieche wie – nein, das sage ich lieber nicht. Jedenfalls anders als wir. Kein Wunder, wenn er nie badet!

Meine Frau, die ist schon Christin geworden und geht regelmäßig in die Kirche. Da muss sie sich nicht schön anziehen, der Pastor sagt, die Miniröckchen seien „un-züchtig". Was das ist, weiß meine Frau nicht, aber sie glaubt, es habe etwas mit Sünde zu tun. Aber sie trage die kostenlosen Hosen und T-Shirts lieber, sagt sie.
In die Kirche geht sie wirklich gerne. Da singen sie so schön, und die Lieder hat sie schnell gelernt. Manchmal singt sie mir die Melodien zuhause vor. Der Pastor erzählt immer schöne Geschichten. Auch das Haus gefällt ihr gut. Dieses Haus gehört allen, die zum Gottesdienst kommen. Das haben die amerikanischen Freunde, von denen auch

die Kleider sind, ihnen geschenkt. Die müssen ganz schön reich sein, die Amerikaner! Schenken uns ein so schönes, großes Haus, wo sie uns doch gar nicht kennen! Meine Frau ist richtig glücklich, wenn sie in die Kirche darf. Jeden Sonntag geht sie dort hin. Da trifft sie auch viele ihrer Freundinnen. Am Ende des Gottesdienstes, so nennen sie das Singen und Geschichten erzählen, gibt es reichlich zu essen, und es wird ausführlich geschwatzt.

Christ zu werden, ist ganz einfach. Man muss etwas nachsagen, was der Pastor vorsagt. Was – daran kann sich meine Frau nicht mehr erinnern. Danach bekommt man Wasser über den Kopf geleert: Und schon ist man Christ. Sobald mein Vater gestorben ist, werde ich mir auch Wasser über den Kopf leeren lassen. So werde ich all die Probleme mit der Ahnenverehrung los und kann ein billigeres und vielleicht glücklicheres Leben führen.

Auswandererfamilie Baumgartner

Nach seinem Herzinfarkt wurde es dem Österreicher Alexander klar, dass er sein Leben ändern muss. Er wanderte mit seiner siebenköpfigen Familie nach Thailand aus.

Die zwei letzten Jahre in Vorarlberg waren eine harte Zeit. Ich hatte eine kleine Fabrik von meinem Vater übernommen. Sie warf zwar gut Geld ab, aber ich hatte auch eine Menge Ärger. Die Konkurrenz wurde immer frecher, die Arbeiter aufmüpfiger, die Gewerkschaften fordernder. Import und Export liefen nicht mehr so, wie ich mir das vorstellte, doch am schlimmsten waren die Behörden. Ärger, nichts als Ärger, und keine Zeit für die Familie! Erst nachdem ich einen Herzinfarkt hatte und nur knapp dem Tod von der Schippe gesprungen war, wurde mir klar, dass etwas anders werden musste in meinem Leben. So konnte und wollte ich nicht weiterleben!

Meine Frau Katharina kümmerte sich um Haus und Familie. Obwohl sie eigentlich ein fröhliches Gemüt besitzt, war sie unzufrieden mit dem Leben in Bludenz. Die langen Winter und die fehlende Sonne machten ihr zu schaffen, manchmal klagte sie über Depressionen wegen mangelnden Lichts. Sie schimpfte über das Schulsystem, über das Versicherungssystem, über das Gesundheitssystem. Am meisten störte sie, dass sie ihre kranke Mutter nicht zuhause selbst pflegen konnte, sondern sie in einem Heim wildfremden Menschen anvertrauen musste. Auch ihren Hobbys konnte sie in Österreich nicht nachgehen. Sie wollte Tiere züchten, vor allem Pferde und Papageien. Für die Pferde war unser Grundstück in

Vorarlberg viel zu klein und wegen der Papageien gab es Ärger mit Nachbarn und Behörden. Auch gegen ihre geliebten Dobermänner wurden immer neue Gesetze verabschiedet. Kurzum, sie hatte genug von Österreich und wollte nichts als weg.

Zum Glück hatte mein Vater nichts dagegen, dass ich die Fabrik nach meinem schweren Herzinfarkt verkaufen wollte. Seitdem er selbst nicht mehr arbeitet, ist er viel verständnisvoller geworden. Aber dass er mich sogar in meinem Vorhaben unterstützen würde, hätte ich nicht erwartet. Er nahm wieder Kontakt auf zu verschiedensten Geschäftspartnern und ließ seine Beziehungen spielen. Sein früherer Juniorpartner, der sich vor etlichen Jahren selbständig gemacht hatte, und der sich mit Produktion und Vertrieb bestens auskannte, hatte Interesse an der Fabrik und wir wurden handelseinig.

Als ich die Fabrik verkauft hatte, machte ich zuerst einmal mit meiner Frau Urlaub in Thailand. Beide verliebten wir uns auf Anhieb in dieses Land. Katharina hätte am liebsten sofort Kind und Kegel geschnappt und in einen Container gepackt. Sie ist eine hübsche, zierliche Frau, trotzdem ist sie an Tatkraft kaum zu überbieten.
Zurück in Österreich, drängte sie mich immer mehr, den Sprung nach Thailand zu wagen. In ihrer Begeisterung fing sie bereits an, übers Internet Thai zu lernen. Und wie Mütter so sind, hatte Katharina die Kinder so sehr mit ihrem Pioniergeist angesteckt, dass ich immer wieder hörte: „Wann ziehen wir endlich nach Thailand?" – „Darf ich meine Katze mitnehmen?" – „Gibt es dort auch Schnee?" – „Darf ich einen kleinen Elefanten halten?" – „Werden wir einen Swimmingpool haben?" – „Kann ich in Thailand Informatik studieren?" – „Sind die jungen Burschen dort auch süß und sexy?"

Auch mir gefiel der Gedanke nach Thailand auszuwandern. Aber ich gehe rationaler an solche Entscheidungen heran, war ja mein Leben lang ein Geschäftsmann. Für mich war es wichtig, dass wir das Land erst einmal richtig kennen lernen und uns gründlich informieren.

So flog ich mit Katharina noch fünfmal nach Thailand, zweimal nahmen wir die Kinder mit. Wir reisten in den verschiedenen Jahreszeiten und besuchten die unterschiedlichsten Provinzen. Wir sprachen mit Ausländern in Pattaya, Phuket, Ko Samui und Chiang Mai, wir schauten uns Schulen und Krankenhäuser an, lasen Bücher über das Land und informierten uns bei Rechtsanwälten. Wir merkten beide, dass uns die kleinen Orte viel besser gefielen als die Touristenmetropolen. Wir träumten davon, irgendwo weit weg von aller westlichen Zivilisation, inmitten einer schönen Landschaft und unter traditionellen Thais zu leben.

Wir liebäugelten mit dem Norden Thailands, vor allem die Gegend zwischen Pai und Mae Hong Son hat uns besonders gefallen. Als wir aber einmal im April dort waren, konnten wir kaum atmen, so voller Rauch war die Luft und die Hitze war kaum auszuhalten. Zu dieser Zeit brennen die Wälder und der Rauch hält sich danach wohl einige Monate in der Luft, bis der erste Regen fällt. Das wollten wir uns nicht antun: Das wäre nicht nur eine Qual für unseren Ältesten, der Asthma hat, sondern die ganze Familie würde darunter leiden. Waren wir nicht auf der Suche nach einer besseren Lebensqualität?

Einmal, es war in einem Juli, als wir von Hua Hin nach Khao Lak fahren wollten, wählten wir bei der Querung von der Ost- zur Westküste das kleine Sträßchen zwischen Lang Suan und Ratchakrut. Es ist eine wunderschöne Strecke, mitten durch die üppig bewachsene Bergwelt, mit herrlichen Ausblicken und vielen Wasserfällen. Die gut ausgebaute Straße war kaum befahren und führte durch Kaffee- und Palmölplantagen, Dschungel und Bambushaine. Es war gerade *Durian*-Ernte, und an Straßenständen wurden diese Stinkfrüchte billig angeboten. Ich stehe nicht so darauf, aber Katharina liebt diese Früchte und verzehrte genüsslich gleich zwei an Ort und Stelle. Als wir eine Hochzeitsgesellschaft passierten, hielten wir an, um ein paar Fotos zu knipsen. Prompt wurden wir zum Festmahl eingeladen. Nachdem das erste Eis gebrochen war, versuchten einige Gäste, mit uns ins Gespräch zu kommen. Viele Touristen kommen hier nicht vorbei, und wir waren die Attraktion.

Mit ihrem Charme und ihren paar Brocken Thai hatte meine Frau schnell die Herzen der Menschen für sich gewonnen. Wir hatten bei dieser Reise nur unseren Kleinsten dabei, unseren Kevin. Jeder wollte ihn berühren, über seine blonden Locken streicheln, ihn auf den Arm nehmen oder herumtragen. Ich war selbst überrascht, wie er alles mit sich machen ließ, offensichtlich die Zuwendung von so vielen Menschen sogar genoss. Ich fürchtete fast, dass Kevin der Braut die Schau stehlen würde, weil plötzlich er im Mittelpunkt stand und nicht mehr sie. Doch die Braut war ein kluges Mädchen: Sie schnappte sich Kevin und nahm ihn mit auf die Bühne, wo der Thron der Frischvermählten aufgebaut war. Unser Kleinster saß auf ihrem Schoß, und sie freuten sich offensichtlich gemeinsam an der Bewunderung der Gäste. Jeder musste ein Foto von ihnen schießen, auch wenn es nur mit dem Handy war. Der Bräutigam, ein junger, unbeholfen wirkender Bursche, saß etwas schüchtern daneben und ließ alles geduldig über sich ergehen.

Es blieb nicht aus, dass man uns bat, auch noch am Abend hier zu bleiben, mit ihnen zu feiern und zu trinken. Im Haus des Bürgermeisters könnten wir übernachten. Nach einigem Zögern stimmten wir zu, unser Reiseplan war flexibel.

Noch in der gleichen Nacht machte uns der Bürgermeister – der glücklicherweise verständlich Englisch sprach – das Angebot, von ihm zu einem unglaublich günstigen Preis Land zu *leasen* und darauf zu bauen. Wir hielten das in dieser Nacht nur für eine Schnapsidee, die am nächsten Morgen vergessen sein würde. Aber nein, noch vor dem Frühstück führte er uns in ein atemberaubend schönes Tal und zeigte uns sein Land. Bis zur Bergspitze hinauf gehörte es ihm.

Und plötzlich hatten wir es gefunden, unser Paradies! In einer ganz anderen Gegend, als wir bisher gesucht hatten, im Süden Thailands, in einer abgelegenen, bergigen Landschaft.

In diesen Bergen leben wir jetzt. Einfach war es nicht, vor allem am Anfang. Schon während der Bauzeit lebten fast alle Familienmitglieder hier. Ich wollte sie nicht alleine in Österreich lassen. Zuerst haben wir in einem Resort in Ranong zwei Bungalows bewohnt. Aber wegen unserer Papageien und der Dobermänner gab es Probleme. Als unser Container ankam, mieteten wir drei Monate lang ein Haus in der Stadt. Neben unserer Baustelle in den Bergen ließ ich mir eine kleine Bambushütte errichten, wo ich immer wieder wohnte, um den Bau im Auge zu behalten. Aber für meine Frau und Kinder war es besser und komfortabler in Ranong zu bleiben.

Jetzt ist unser Haus fertig und fast so geworden, wie wir es uns vorgestellt haben –
vielleicht etwas zu groß und zu europäisch. Aber die Bedürfnisse passen sich erst nach einer gewissen Zeit den lokalen Umständen an. Die Lage ist einmalig, einfach traumhaft. Das Haus steht an einem Hang mit Blick übers Tal. Fast ebenerdig können wir auf einem kleinen Pfad in fünfzehn Minuten einen Wasserfall erreichen. Den Weg dorthin habe ich aus dem Dschungel schlagen lassen und

sorge dafür, dass er unterhalten wird. Meine Eltern, die immer wieder zu Besuch kommen, lieben ihren frühmorgendlichen Spaziergang und die Massage unterm erfrischenden Wasserfall besonders. Über steile Treppen gelangt man zum Talboden, wo ein liebliches Flüsschen fließt. Wir haben es ein wenig gestaut und somit unseren natürlichen Swimmingpool geschaffen, tief genug zum Schwimmen, immer mit frischem Quellwasser – völlig ohne Chemie. Ein kleines bisschen oberhalb stürzt der Bach über Felsen und hat eine glatte Rinne ausgewaschen. Die Kinder können sich keine herrlichere Rutschbahn vorstellen! Selbst meine Mutter hat schon einmal der Übermut gepackt, und sie ließ sich von ihrem Enkel Benjamin zu der Rutschpartie überreden. Ganz so groß war der Spaß für sie wohl dann doch nicht, denn meines Wissens hat sie ihn nicht wiederholt. Die Oma zieht weiterhin ihren Wasserfall vor.

Gerne hätten wir das Haus aus Naturmaterialien gebaut. Zum Glück haben wir rechtzeitig erfahren, welche Probleme das mit sich bringt, wie schnell Holz verwittert und wie sehr es die Termiten mögen. Nur mit viel Chemie kann man ein solches Haus erhalten. Teakholz, wie es hier früher verwandt wurde, ist termitenresistent, darf aber heutzutage in Thailand nicht mehr geschlagen werden. Da wir etwas „grün angehaucht" sind, wollten wir auch nicht zum Abholzen der Urwälder in Burma beitragen. So haben wir uns zu modernen Baumaterialien durchgerungen und lokale Elemente integriert. Im nächsten Ort wohnt ein Burmese, der es vortrefflich versteht, aus Beton Holzimitationen herzustellen. Die Betonsäulen, die unser Haus zum Tal hin abstützen, hat er so verkleidet, dass man erst auf den dritten Blick erkennt, dass es gar kein Holz ist. Auch Treppen hat er uns auf diese Art gefertigt.

Unser Leben spielt sich die meiste Zeit im Freien ab. Wir haben große Terrassen rings ums Haus und mehrere *Salas,* überdachte Ruheplätze. Gegessen, gespielt, gelernt und gelesen wird normalerweise draußen. Doch zum Schlafen hat jedes Familienmitglied sein eigenes Zimmer. Auch der Computerraum ist im Inneren des Hauses untergebracht. Die Oma bewohnt einen eigenen Bungalow, der von Katharinas Schlafzimmer in ein paar Schritten zu erreichen ist. Darüberhinaus haben wir noch zwei Gästebungalows, die gelegentlich von Freunden bewohnt werden.

Unsere Familie ist ungewöhnlich groß. Da ist zuerst einmal meine Frau Katharina, ohne deren Unterstützung und Tatkraft die Auswanderung nicht möglich gewesen wäre. Meine älteste Tochter Lena, 18 Jahre alt, hat sich erst entschieden bei uns zu leben, als der Hausbau abgeschlossen war. In Österreich, bei den Großeltern, gefiel es ihr auch recht gut und ich hätte nichts dagegen gehabt, wenn sie dort ihre Matura gemacht hätte. Doch jetzt findet sie das Leben hier viel aufregender und will nicht mehr zurück. In Ranong hat sie einen Tauchkurs belegt und sich gleich in den französischen Tauchlehrer verliebt. Jedoch merkte sie bald, dass der mehr auf Thai-Mädchen stand. Trotzdem hielt sie nichts davon ab, immer wieder nach Ranong zu fahren. Zuerst mit dem Bus, jetzt zwitschert sie sogar oft mit dem Motorrad dorthin. Mir macht es etwas Angst, wenn ich sehe, wie *buamnarrisch* unsere Lena ist. Aber soll ich sie anbinden? Es ist ja schön zu beobachten, wie sie sich ganz zwanglos in ihrer Thai-Clique bewegt. Und seit neuestem nennt sie einen jungen, hübschen Künstler mit langen Rastahaaren ihren *Boyfriend.*

Maximilian, der älteste Sohn, 16 Jahre alt, ein ruhiger, verschlossener Junge, lernt selbstständig und fleißig und kann sich gut alleine beschäftigen. Trotzdem mache ich mir um ihn am meisten Sorgen. Er war schon immer ein Einzelgänger, hasste jede Art von Mannschaftssport und Gruppenarbeit. Obwohl er gerne lernte, hatte er eine starke Abneigung gegen die Schule. Aus dem Grund war er auch so leicht für Thailand zu begeistern. Als er hörte, dass er hier alleine für sich lernen könne, ließ er sich zu Gefühlsausbrüchen hinreißen, die wir sonst gar nicht bei ihm kannten. Der einzige Sport, den er in Österreich ausübte, war Schwimmen. Am liebsten ging er alleine ins Hallenbad in Bludenz und schwamm Bahn um Bahn. Deshalb half er mir gerne beim Stauen des Baches, wo er jetzt jeden Nachmittag stur vor sich hinschwimmt. Mit dem Essen, das die thailändische Angestellte zubereitete, war er immer etwas heikel. Aber seitdem meine Frau wieder selbst kocht – auch seine Lieblingsgerichte, wie Semmelknödel mit Krautsalat oder Palatschinken – gibt es kaum mehr Probleme. Was mir wirklich nicht gefällt, ist, dass er keinerlei sozialen Kontakt hat. Er hilft mir im Garten und mit den Tieren, seinen Leguan versorgt er mit Hingabe – aber er hat keine Freunde.

Für meinen Liebling Benjamin, sechs Jahre alt, habe ich jetzt endlich die Zeit, um ihn zu fördern, mit ihm zu lernen und ihm ein guter Vater zu sein. Für ihn laden wir immer wieder Thai-Kinder ein. Und es macht allen Spaß, gemeinsam im Bach herumzutollen, im großen Garten zu spielen oder auf der Terrasse zu malen.

Unser Nesthäkchen, Kevin, vier Jahre alt, wird nicht nur von der Familie geliebt. Die Einheimischen scheinen einen richtigen Narren an ihm gefressen zu haben. Mit seinem blonden Lockenschopf, seiner Kontaktfreudigkeit und seinem sonnigen Wesen gewinnt er schnell die Menschen für sich. Wie damals, bei der thailändischen Hochzeit!

Auch die Oma haben wir mitgebracht, die Mutter meiner Frau. Sie ist hundertprozentig pflegebedürftig – doch über sie werde ich später erzählen.

Und dann bin da natürlich noch ich, der Alexander. Ich bin groß, kräftig und ein richtiger Familienmensch. Ich schätze es, hier meine ganze Familie viele Stunden des Tages um mich zu haben. Ich lerne gerne – und was ich in Thailand schon alles gelernt habe! Natürlich habe ich Fehler gemacht, aber aus Fehlern kann man ja bekanntlich lernen. Nicht immer ist es einfach, die thailändische Denkweise zu verstehen. Diesen Anspruch habe ich gar nicht mehr. Ich muss nicht alles verstehen, ich muss nicht alles besser wissen. Ich akzeptiere und respektiere die Thais und ihre Tradition, ich habe unter ihnen gute Freunde gewonnen und schätze ihre Toleranz, Großzügigkeit und Hilfsbereitschaft.

Zur Familie gehören noch die beiden Dobermänner, die wir aus Österreich mitgebracht haben, und der winzige Nipi, ein Hündchen, nicht größer als ein Eichhörnchen. Auch leben die zwei großen bunten Papageien schon lange bei uns. Es war zwar schwierig, sie nach Thailand einzuführen und mit ihnen im Hotel zu wohnen. Doch Katharina hat die Ratschläge des Bürgermeisters beherzigt und die Probleme auf landestypische Art und mit ihrem freundlichen Wesen geschickt gelöst. Jetzt haben die Vögel eine große Voliere und Gesellschaft von zwei anderen Pärchen, die wir in Bangkok gefunden haben. Außerdem wohnt Legi hier, ein grüner Leguan, der besondere Freund von Maximilian. Ach ja, 36 Goldfische gehören auch noch zu uns und drei Pferde. Wahrlich – eine große Familie! Und wenn im österreichischen *Jänner* die Temperaturen unter null Grad purzeln, kommen meine Eltern zu Besuch. Sie schätzen nicht nur die Nähe ihrer Enkelkinder, den Wasserfall und die warme Luft, sie lassen sich auch sehr gerne in Ranong in den heißen Quellen verwöhnen.

Jeden Morgen ist Unterricht angesagt. Die zwei Großen lernen ziemlich selbstständig ihr Programm aus dem Internet. Lena spricht fließend zwei Sprachen, Englisch und Deutsch. Mittlerweile versteht sie auch schon ziemlich gut Thai und kann sich ganz nett unterhalten. Sie lernt es von ihrer Clique und ihrem thailändischen *Boyfriend*. Schulisch bereitet sie sich gerade aufs Abitur vor.

Maximilian paukt den Stoff der elften Klasse. Gleichzeitig kann er schon Informatik übers Internet studieren, wird also seinen Altersgenossen in Österreich zwei Jahre voraus sein.

Einmal im Jahr müssen die beiden nach Bangkok, um in der Botschaft Prüfungen abzulegen. Aber das haben sie bisher problemlos geschafft!

Um Benjamin muss ich mich noch viel kümmern. Die Kulturtechniken, wie Lesen, Schreiben und Rechnen, brauchen ein gutes Fundament. Es macht mir Spaß, mit ihm zu lernen und seine täglichen Fortschritte zu beobachten und ich bin mächtig stolz, wie schön er schon schreiben kann.

Und der Kleinste, unser Kevin – der wird es einmal in Thailand am einfachsten haben. Er geht seit ein paar Wochen in den thailändischen Kindergarten. Bald wird er Freunde haben und die Sprache spielend lernen.

Ja, die Sprache, die ist ein Problem. Ich spreche ganz passables Englisch. Katharina spricht Deutsch und Französisch und versucht, Thai zu lernen. Auch ich bemühe mich darum. Aber das ist nicht so einfach. Hier auf dem Land finden wir keinen Lehrer. Vor unserer Auswanderung dachte ich mir, Katharina solle Thai lernen, ich mein Englisch verbessern, dann wären wir ein gutes Team. Aber das Leben wäre für uns einfacher, wenn wir beide gut Englisch und passabel Thai könnten! Vor allem für Katharina ist das Thai lernen auch eine Zeitfrage. Sie bewältigt den ganzen Haushalt alleine. Sie kocht, wäscht, putzt, pflegt ihre Mutter, versorgt die

Papageien, kümmert sich um die Pferde und stellt Käse her. Eine wirklich fleißige Frau – und immer hübsch und gepflegt!

Dass Katharina ihre Mutter nicht allein im Pflegeheim in Österreich zurücklassen wollte, habe ich voll unterstützt. Die Oma ist zwar bettlägerig und an manchen Tagen bekommt sie nicht mehr viel mit. Aber sie kann hier in der Familie leben und wird nicht einsam sterben müssen. Wir haben ihr einen separaten Bungalow gebaut, mit großer Glasfront. Der ist stets auf die Temperatur heruntergekühlt, die sie von Österreich gewohnt ist. Von ihrem Bett aus kann sie uns auf der Terrasse beobachten, die Kinder beim Spielen sehen und den Papageien zuschauen. Wenn es nicht zu heiß ist, schieben wir ihr Bett auf die Terrasse, so dass sie noch näher bei uns ist. Keines der Kinder geht abends ins Bett, ohne der Oma einen Gutenachtkuss gegeben zu haben. Sie mögen noch so müde sein: Das ist ihnen ein Bedürfnis.

Die Oma kann nichts mehr schlucken, deshalb müssen wir sie künstlich ernähren. Die Magensonde hat Dr. Somchai gelegt, ein Arzt aus dem staatlichen Krankenhaus in Ranong. Das Ernährungskonzentrat wird wöchentlich von Bangkok an das Krankenhaus geliefert, deshalb fahren wir jede Woche in die Stadt. Das Waschen und Betten machen meine Frau und ich gemeinsam. Wenn Katharina nicht da ist, kann ich die Oma auch mal alleine versorgen. Als Hobby machte ich früher Bodybuilding und ich bin immer noch ziemlich stark. Seit neuestem haben wir ein verstellbares Krankenbett, das erleichtert das Betten erheblich.

Problematisch war es mit der Aufenthaltsgenehmigung für die Oma. Sie hat ein Rentnervisum und sollte, laut Gesetz, alle drei Monate beim *Immigration*-Büro vorstellig werden. Zu Anfang haben wir diese Tortur regelmäßig auf uns genommen. Jetzt wird ihr beim Autofahren immer übel, sie muss erbrechen und droht am Erbrochenen zu ersticken. Deshalb muss alle drei Monate Dr. Somchai aus dem Krankenhaus kommen und ihr eine Nicht-Beförderungsfähigkeits-Bescheinigung ausstellen. Bei dieser Gelegenheit lassen wir Dr. Somchai die Oma gleich gründlich untersuchen. Der ortsansässige Arzt kommt auch im Akutfall – doch meint er immer, wir würden uns besser mit der medizinischen Versorgung auskennen als er. Bevor wir die Oma aus dem Pflegeheim geholt haben, hat meine Frau zwei Wochen dort zugebracht, um alles Notwendige zu lernen, was man für die Pflege wissen muss.

Eigentlich hatten wir geplant, in Thailand Personal einzustellen, vor allem eine Pflegerin für die Oma, sowie eine Frau für den Haushalt und einen Thailehrer. Finanziell wäre das kein Problem für uns. Aber irgendwie können wir die Angestellten nicht halten: Kaum sind sie angelernt, verlassen sie uns wieder. Wir bezahlen sie gut, behandeln sie freundlich und sehen über manches hinweg. Seit Kurzem glauben wir zu wissen, was die Ursachen dafür sind. Die Pflegerinnen, immer gut ausgebildete Krankenschwestern, scheuen sich nicht vor der Arbeit. Nein, sie haben Angst, etwas falsch zu machen, oder einfach Angst, dass die Oma während ihrer Pflege stirbt. Die Hausangestellten fürchten sich vor den Papageien und den Dobermännern. In den großen Vögeln sehen sie Geister, und die Hunde schlagen tatsächlich immer an, wenn eine thailändische Frau das Haus betritt. Einen Thailehrer, der unseren Vorstellungen entspricht und der Erfahrung im Lehren hat, den haben wir leider auch noch nicht gefunden.

Der *Phuyaiban*, der Bürgermeister des Ortes, ist längst mein Freund geworden. Mit ihm habe ich eine Baufirma gegründet. Wir haben 300 Rai seines Landes erschlossen, darauf will er Häuschen bauen und an Europäer verkaufen oder vermieten. Das wird auch uns zugutekommen, denn so sehr wir die Abgeschiedenheit genießen, für die Kinder wäre es sicher gut, ein paar europäische Freunde in der Nähe zu haben.

Fast könnte man meinen, wir lebten im Paradies. Aber – wie jedes irdische Paradies – hat auch das unsrige seine Plagegeister: Moskitos, Ameisen, Ratten, Schlangen, Hitze, Missverständnisse, Sprachprobleme, Unzuverlässigkeit der Arbeiter, Ärger mit der Bürokratie, und so weiter und so fort. Wir jammern nicht, wir sind uns bewusst, dass das Positive bei Weitem überwiegt. Durch die Kinder habe ich gelernt, wie schnell schlechte Laune verfliegen kann: Man muss sie nur ablenken, und schon weichen die Tränen einem Lachen. Mir selbst habe ich das antrainiert – wenn ich anfange Trübsal zu blasen, denke ich bewusst an etwas Schönes. Meine Frau ist darin eine Meisterin. Sie behauptet, man könne keine zwei Gedanken gleichzeitig denken, und sie ersetzt schnell den negativen Gedanken durch einen positiven. Das färbt natürlich auf die Kinder ab. Und wenn die Ältesten ein mürrisches Gesicht ziehen und anfangen wollen zu meckern, sagt meine Frau: „Klick – umschalten". Alle müssen lachen, und der Groll ist schnell verflogen.

Naja, immer funktioniert das auch nicht, aber wir arbeiten daran. Jedenfalls ist es für mich beglückend und schön, ganz für meine Familie da zu sein, mich um alles zu kümmern und ihnen meine ganze Liebe und Zeit schenken zu können.

Zu sehen, wie ich die Ideen, die in meinem Kopf herumspuken, realisieren kann, ist einfach toll. Es gefällt mir, mich in neue Wissensgebiete einzuarbeiten und sie gleich praktisch anzuwenden. Ob es sich um eine biologische

Kläranlage, tropengerechte Architektur oder chemiefreie Schädlingsbekämpfung handelt, stets kann ich das Erlernte sofort in die Praxis umsetzen. Und heutzutage ist es ja – dank Internet – einfach, etwas Neues zu lernen. Die Menschen sind großzügig, ihr Wissen weiterzugeben. Auch über Kindererziehung, Konfliktmanagement und Familienrat habe ich mich informiert. Jedes neue Sachgebiet begeistert mich, und die Familie zieht mit.

Sicher ist diese Welt, die wir uns in Thailand schaffen keine heile Welt. Wir hatten mit vielen Schwierigkeiten zu kämpfen – und kämpfen noch immer. Doch bisher haben wir die meisten Probleme, die auf uns zukamen, gemeinsam gemeistert und sind daran gewachsen. Hier können wir kreativ sein, Neues ausprobieren und uns als Schöpfer fühlen. Wäre diese Befriedigung in Österreich jemals möglich gewesen? Nie im Leben!

Mein Garten – mein Paradies

Porn, ein gebildeter Thai aus dem Norden Thailands, lehrt an einer Universität in Chiang Rai Politologie und Philosophie. Seine Freizeit verbringt er am liebsten in seinem großen Garten.

Ich bin ein Thai, aber einer mit einer anderen Arbeitsmoral als andere Thais. Wenn man einen „normalen" Thai fragt, wie er sich sein Paradies vorstelle, würde er schwärmen von ausgedehnten Trinkgelagen und üppigem Essen, von stundenlangen Unterhaltungen mit Freunden – und natürlich von schönen Frauen. Körperlich arbeiten – das gibt es für diesen „normalen" Thai im Paradies nicht.

Mein Paradies sieht ganz anders aus. Mein Paradies ist mein Garten, und ich schaffe es mir selbst – mit körperlicher Arbeit. Allein im Garten zu sein und körperlich zu arbeiten, das habe ich mir immer gewünscht. Ich habe einen genauen Plan für den Garten, ich verwirkliche ihn jeden Tag, langsam, Stück für Stück, durch meine Arbeit. Ich liebe die körperliche Arbeit unter freiem Himmel, in der Sonne oder im Regen. Den Regen habe ich am liebsten, denn wenn es regnet, da freuen sich die Pflanzen am meisten. Das kann ich richtig spüren.
Um mein Paradies, meine Oase, mein Königreich, steht eine Mauer von zirka 800 Metern Länge. Darin gibt es alles, was mir wichtig ist. Ich habe meinen Urwald, in dem meine Tiere leben können. Kaninchen und Gänse sind überall, an manchen Stellen leben Enten, Hühner und Truthähne. Die Hühner sind eine ganz besondere Züchtung, veredelte Wildhühner, sie legen nur kleine Eier, aber sie sind sehr resistent gegen Krankheiten. Die Hähne sind

mein ganzer Stolz. Wenn einmal Reporter kommen werden und mich fotografieren wollen, möchte ich ein Foto mit einem Hahn auf dem Schoß. So ließ sich auch der ehrwürdige Ajahn Buddhadasa Bhikkhu gerne ablichten, der große buddhistische Reformer, in dessen Kloster ich mehrere Monate als Novize verbrachte.

In den Teichen schwimmen meine Fische. Im Hauptpool habe ich Kois und viele andere Lieblingsfische. Wenn ich das Futter in den Teich werfe, kommen alle herbeigeschwommen und schnappen nach den Kügelchen. Sie veranstalten einen richtigen Tumult, liegen unter- und übereinander, das Wasser schäumt: Das pralle Leben! Inzwischen wohnen auch zwanzig Schildkröten in einem Gehege. Schildkröten stehen für Weisheit und langes Leben. Wenn ich ihnen zuschaue, ihre langsamen, gemächlichen Bewegungen beobachte, ist das für mich fast wie Meditation. Und ich wünsche mir, auch lange zu leben und gesund zu sterben. Ich versuche, 120 Jahre alt zu werden. Ich träume auch davon, Strauße, Ponys und einen Wasserbüffel zu haben. Wasserbüffel gefallen mir sehr, trotz ihrer massigen, starken Gestalt sind es friedliebende Tiere. Ist es nicht herrlich, wenn sie sich im Schlamm wälzen oder wenn die weißen Reiher auf ihnen sitzen? Für Strauße, Ponys und Wasserbüffel müsste ich das Nachbarland dazukaufen. Das ist Steppe, fast ohne Bäume, da hätten diese Tiere Auslaufmöglichkeit.

Ganz wichtig für mich ist auch meine Musik. Bis in den hintersten Winkel des Gartens kann ich europäische Opern hören. Besonders liebe ich *Die Zauberflöte* von Wolfgang Amadeus Mozart. Die Verstärker leisten gute Arbeit. Unser Wohnhaus in der Stadt darf ich nie so beschallen. Aber im Garten, da bin ich der Herr, der König.

Im Gartenhaus habe ich Tausende von Büchern gelagert. Noch habe ich nicht viel Zeit zum Lesen, aber die Zeit wird kommen.

Wann immer ich unterwegs bin, bringe ich junge Bäume mit. Häufig bekomme ich sie geschenkt, die meisten habe ich aber gekauft. Zu jedem Baum habe ich einen Bezug. Ich habe ihn eigenhändig gepflanzt, ihn gewässert und ihm beim Wachsen zugesehen. Oft spreche ich mit den Bäumen. Manchmal kommt es mir sogar so vor, als ob ich sie wachsen höre. So kenne ich die Geschichte eines jeden und nehme an dessen Leben teil.

Um die jungen Bäume muss ich immer einen kleinen Zaun bauen, sonst fressen meine Kaninchen die zarten Pflänzchen. Das ist viel Arbeit. Manchmal werden die Bäume krank. Jetzt gerade grassiert unter den Bananenstauden eine Krankheit. Sie müssen alle raus, sonst stecken sie andere Bäume an. Das ist zwar ein bedauerlicher, aber nicht sehr großer Verlust. Doch es erfordert viel Arbeit.

Zurzeit bin ich verrückt nach Papayastauden. Sie wachsen schnell und haben wohlschmeckende Früchte. Aber um jede Papayapflanze muss auch ein Zaun, denn die Hasen sind genauso verrückt nach Papayas wie ich. Ständige Änderungen, ständiges Arbeiten! An heißen Tagen Wasser geben, bei starken Monsunregen Abflusskanäle graben. Im Moment funktionieren die alten Sprinkler nicht richtig. Deswegen muss ich alle erneuern, oder ich muss die kleinen Pflanzen persönlich mit der Gießkanne bewässern. Das ist bei der Größe des Grundstücks nicht zu leisten.

Ich werde ein völlig neues Bewässerungssystem installieren müssen. Das kostet zwar eine Stange Geld, aber alle Bäume auf dem Grundstück sollen Wasser, das lebenswichtigste Element, erhalten. Ich habe das Herz eines Gärtners und bin glücklich, wenn das Wasser überall läuft, wenn sich die Pflanzen freuen und es mir in ein paar Tagen danken werden, dass ich ihnen Lebenskraft geschenkt habe, indem sie mich wieder kraftvoll, saftig und grün „anlachen".

Der Garten ist über 17.000 Quadratmeter groß, zirka 50 Meter breit und über 350 Meter lang. Wenn ich etwas im Gartenhaus oder im Auto vergessen habe, muss ich immer einen langen Weg zurücklegen. So kommen jeden Tag einige Kilometer zusammen. Es ist ein schöner Langlauf im Schatten der Bäume und an den Tieren vorbei.
Diese Arbeiten kann ich nicht alle alleine verrichten. Viele Jahre hatte ich ein Gärtnerehepaar angestellt, das auch hier wohnte, zurzeit beschäftige ich einige Arbeiterinnen, die mir vor allem mit der Installation des neuen Wassersystems helfen.
Natürlich kostet das alles eine Menge Geld: die Arbeiter, das Futter für die Tiere, die Elektrizität, das Baumaterial, die täglichen Spritkosten. Jeden Tag muss ich 40 Kilometer in eine Richtung fahren. Aber das ist es mir wert. Oft habe ich es satt, mit dem Kopf zu arbeiten und unter Menschen zu sein. Im Garten kann ich tief und frei atmen, hier bin ich der Natur nahe, gehe ganz in ihr auf, bin ein Teil der Natur.

Leider habe ich noch Verpflichtungen in der Stadt. Viel zu viele! Ein Leben voller Termine: Vorlesungen, Besprechungen, Vorbereitungen, Prüfungen, Familie, Verwandte und Freunde. Oft fliehe ich in meinen Garten, in mein Paradies. Manchmal wird mir diese Doppelbelastung zu viel, aber ich schaffe es schon, ich habe es immer geschafft. Dazu brauche ich hohe Konzentration. Die erreiche ich durch Meditation. Mein Leben ist für mich die Meditation. Alles mache ich der Reihenfolge nach. „Langsam in der Hektik. Wenig in der Vielfalt"; das ist meine Lebensphilosophie. Und wenn ich es mit einem

Menschen zu tun habe, merkt er nichts von meiner Hektik. Ich schenke ihm die volle Aufmerksamkeit, nehme ihn ganz wahr, als gäbe es nur ihn. Die Kraft dazu hole ich mir im Garten. Mein Garten ist nicht nur mein Paradies, sondern auch mein Energiezentrum.

Mit dem Kauf des Grundstücks vor etlichen Jahren wollte ich mir einen persönlichen Entfaltungsraum schaffen, einen Platz, an dem ich mich verwirklichen kann. Ich habe eine Menge Träume, Visionen und Wünsche, die ich nach und nach realisieren werde. Manche Ideen arbeite ich in exakten Plänen aus, viele setze ich auch spontan um – aber immer im Rahmen meines Vorhabens, ein eigenes Reich auf dem Grundstück zu schaffen.
Ein Pool zum Schwimmen war immer mein großer Traum, jetzt habe ich ihn. Ich schwimme in meinem Wasserreservoir. Zwar teile ich es mit den Enten – und das Wasser entspricht vielleicht nicht europäischen Vorstellungen und schon gar nicht dem deutschen Reinheitsgebot – aber ich kann schon 30 Minuten am Stück schwimmen, ohne anzuhalten. Das tut mir gut, dieser Sport hält mich fit und gesund.
Oft habe ich den Computer dabei, weil ich denke der Garten wäre auch ein geeigneter, ruhiger Ort zum Arbeiten. Doch noch nie habe ich den Laptop ausgepackt – als hätte ich eine Scheu davor. Immer ist etwas anderes zu tun. Es klingt vielleicht übertrieben, aber irgendwie würde ich mit der Arbeit am Computer den heiligen Ort des Gartens entweihen.

Paradiese fallen einem in dieser Welt nicht einfach zu, man muss dafür arbeiten und Opfer bringen. Hart arbeiten, das mache ich ja gerne, aber die Finanzierung, die erfordert viele Opfer. Doch ich glaube, wenn ich mich mit jeder Faser meines Wesens für den Garten engagiere, wenn ich mein Bestes gebe, meine Kreativität und Schöpferkraft bündele, werde ich genug Energie haben, um die Hindernisse zu überwinden.

Für mich ist es wichtig, im Hier und Jetzt zu leben. Und das kann ich in meinem Garten. Ich muss nicht an die Vergangenheit und nicht an die Zukunft denken, meistens kann ich alles ringsum vergessen. Aber nicht immer. Manchmal kommen mir die Geschichten der einzelnen Pflanzen in den Sinn und gerne schwelge ich auch in Visionen, was einmal aus dem Garten werden könnte.

Wenn ich einmal neunzig Jahre und noch gesund und schon etwas weiser bin, werde ich mit schneeweißen Haaren in meinem Garten sitzen, umgeben von meinen Tieren. Dann habe ich keine Sorgen mehr, alle Schulden sind bezahlt, ich arbeite täglich ein paar Stunden, lese ein paar Stunden, schreibe ein paar Stunden, schwimme eine Stunde. Abends besuchen mich gute Freunde, wir trinken zusammen ein Gläschen Rotwein und plaudern. Jeder, der mich hier besucht, wird begeistert sein von diesem Ort und Energie und Zufriedenheit tanken.

Manchmal sehe ich den Garten als Ort der Inspiration. In kleinen Häuschen, die überall verstreut sind, leben Künstler und Schriftsteller, tagsüber geht jeder seiner Aufgabe nach. Abends genießen wir gemeinsam den Sonnenuntergang auf der Dachterrasse des Haupthauses, tauschen Ideen aus und inspirieren uns gegenseitig.

Und nicht zu vergessen: die „Kulturseite" des Gartenlebens. Darauf wird großer Wert gelegt. Bücher lesen, interessante Gespräche führen, gute Musik hören.

Einmal im Monat wird der Garten offen sein für jedermann, da wird Theater gespielt, ein Konzert gegeben, oder es werden Gemälde und Skulpturen nationaler oder internationaler Künstler zu bewundern sein.

Die Idee, aus dem Garten ein Lernzentrum für die jüngere Generation zu machen, gefällt mir ebenfalls recht gut. Da wird es Kurse geben in traditioneller Thai-Medizin, in Yoga und Tai Chi. Die Blätter, Blüten, Rinden und Wurzeln meiner Pflanzen werden zum Heilen genutzt. Und meine Tausende von Büchern werden ordentlich katalogisiert in einer luftigen Bibliothek allen zur Verfügung stehen.

Eine schöne Vision ist auch der Garten als Oase zur körperlichen und geistigen Gesundheit. Auserwählte Menschen jeden Alters leben hier zeitweise oder auf Dauer. Sie können die gute Luft genießen, die von den Bäumen gefiltert wird. In einem großen Spa-Bereich werden ganzheitliche Behandlungen angeboten, die Körper und Seele gut tun. Man muss nicht mit beengender Kleidung herumlaufen, auch die Haut soll in den Genuss der frischen Luft kommen, an der gesunden Luft teilhaben. Heiler, die auf den verschiedensten Ebenen Fähigkeiten haben, werden sich in dieser Oase ansiedeln oder Kurse abhalten. Es wird nur gesundes Essen gereicht, das Gemüse wird auf dem Nachbargelände in einem Partnerprojekt biologisch angebaut. Auch Heilkräuter zur Herstellung traditioneller Thai-Medizin werden dort wachsen.

Meine Lieblingsvision, der Garten der Glückseligkeit, hat viel mit Spiritualität zu tun. Wie dieser Paradiesgarten aussehen könnte – das ist noch mein Geheimnis, das möchte ich noch nicht verraten.

Auf die Einstellung kommt es an

Gottfried, der früher Lehrer in Basel war, 71 Jahre alt, groß, schlank und schon etwas gebückt, wohnt mit seiner thailändischen Lebensgefährtin in einem kleinen Dorf im Isan, im Nordosten Thailands.

Fast jeden Tag besuche ich vor dem Abendessen das Lokal *Farang* in unserem Dorf. Es wird von einem deutschen Wirt betrieben, er bietet Bratwürste und Schnitzel an, hauptsächlich verkauft er jedoch Bier. Er nennt seine Kneipe „*Farang*", weil dort fast nur wir *Farangs* verkehren. „*Farangs*" nennen uns die Thais und meinen damit Ausländer mit weißer Hautfarbe. Es ist ein neutraler Begriff, kein Schimpfwort. Ein oder zwei Bierchen trinke ich hier und treffe Pit, Marc und die anderen *Expats*, die in unserem Dorf wohnen. „*Expat*" nennen wir uns oft selbst. Das ist eine Abkürzung für einen „*Expatriate*", also einen, der in der Fremde lebt, aber seiner Heimat verbunden bleibt. Zugegeben, es geht fast immer um die gleichen Themen – Frauen, Visa und Geld. Gerne wird auch über die Abwesenden hergezogen. Aber ich brauche den sozialen Kontakt zu anderen Ausländern und habe gelernt, mich anzupassen. Die meisten Europäer, die hier leben, haben keine akademische Ausbildung, aber viele sind praktisch begabt. Und wenn man einen handwerklichen Rat oder Hilfe braucht, sind sie zur Stelle. Ich gebe mit meinem Wissen nicht an, trotzdem wissen alle, dass ich viel weiß. Und manchmal will jemand eine Information, vor allem, wenn er Besuch aus Europa bekommt. Dann lassen sie sich erzählen, welche touristischen Sehenswürdigkeiten es in der Umgebung gibt, wann Busse fahren oder was es mit den Khmer-Ruinen auf sich hat.

Manche der *Farangs* schimpfen über alles oder jeden, aber die meisten sind mit ihrem Leben in Thailand zufrieden. Wenn sie ihr Leben vergleichen mit dem ihrer ehemaligen Kollegen in der Heimat, die mit ihrer kleinen Rente vor sich hinvegetieren, werden sie sich bewusst, wie königlich sie hier leben.

Richtige Probleme haben eigentlich nur die, die viel Geld besitzen. Die werden von den Thai-Frauen gnadenlos ausgenommen. Wie Jeff.
Sein Vater ist Millionär, er stellte ihm im Nachbardorf nicht nur eine tolle Villa mit luxuriöser Ausstattung hin, sondern überweist ihm monatlich eine ansehnliche Rente. Der Vater ist froh, dass Jeff so weit weg ist, denn in England machte er Probleme, und der Millionär musste etliche Male seinen ganzen Einfluss geltend machen, um seinen Sohn vor dem Gefängnis zu bewahren. Viele beneiden Jeff, aber er kann sich hier seines Geldes wirklich nicht erfreuen. Immer wieder hat er neue Freundinnen – und *alle* haben nur im Sinn, seinen Reichtum gerecht unter ihrer Familie zu verteilen.
Wer ein gut gehendes Business betreibt, kann ebenfalls Ärger bekommen. Denn Neid und Missgunst sind unter den Thais weit verbreitet.

Jeden Montag findet ein großer Markt in unserem Dorf statt. Den besuchen alle *Expats* aus der näheren und weiteren Umgebung. Während ihre Thai-Frauen einkaufen, treffen sich die Männer in der Kneipe. Schon morgens wird gebechert, und es geht recht lustig zu.

Am liebsten ist mir aber der Dienstag. Da kommt Peter, um sein selbstgebackenes Brot zu verkaufen. Nicht nur, dass ich sein Brot mag, mit Peter kann ich auch richtig reden: über Politik, Wirtschaft oder Religion. Etwas anspruchsvollere Themen eben. Und Peter bringt immer den Michael mit, der war Fliesenleger und hat einen herzerfrischenden Humor.

Vor zwanzig Jahren kam ich zum ersten Mal in diese Gegend. Ich hatte in der Schweiz eine schmerzhafte Trennung hinter mir und wollte in Thailand etwas Abstand bekommen. In Pattaya lernte ich Nit kennen, die als Verkäuferin in einem Schuhgeschäft arbeitete. Sie war ganz anders als die Barmädchen, etwas unbeholfen, nicht gerade besonders hübsch, aber sehr liebenswürdig. Und wie es halt so geht – wir wurden ein Paar und heirateten sechs Monate später.

Geld hatten wir nicht viel, aber um im Isan, der Heimat von Nit zu leben, reichte es. Ich kaufte meiner Frau ein Stück Land, auf dem sie ihre Familie Gemüse anbauen ließ. Nit machte in unserem Dorf ihr eigenes Schuhgeschäft auf und verkaufte, neben den Schuhen, noch einige Haushaltsgegenstände und Trockenfisch. Ich fuhr jede Woche für drei Tage nach Bangkok, um dort Englisch zu unterrichten, ich bin nämlich Lehrer. Es mutet vielleicht seltsam an, dass sie mich, einen Schweizer, einem Engländer oder Amerikaner als Englischlehrer vorziehen. Doch die Thais verstehen mich besser, da ich langsamer und deutlicher spreche.
Unsere beiden Kinder gingen zwar auf eine Thai-Schule, aber sie lernten von mir perfekt Deutsch und Englisch zu sprechen, zu lesen und zu schreiben. Auch meine Frau nahm an dem Unterricht teil, sprach zwar nicht so gut wie die Kinder, aber ihr Deutsch wurde recht passabel, so dass wir uns ausgezeichnet unterhalten konnten. Natürlich lernte ich auch Thai, aber nur das Sprechen.
So führten wir ein zufriedenes Familienleben mit allen Höhen und Tiefen.

Um in der Schweiz Rente zu beziehen, musste ich noch drei Jahre in meiner Heimat arbeiten. Und auf die Rente wollte ich natürlich nicht verzichten. Das war eine riesige Umstellung, zurück in Basel! Ich hatte größte Schwierigkeiten, mich wieder in die Gesellschaft einzugliedern, und – ehrlich gesagt – dieses Leben gefiel mir überhaupt nicht. Aber meine Frau und meine Kinder schätzten die dortigen Annehmlichkeiten. Sie wollten gar nicht mehr weg von der Schweiz. Nach vier Jahren hielt ich es nicht mehr aus, mich zog es nach Thailand, in die Wärme. Ich sehnte mich nach dem ruhigen, entspannten Leben im Isan. Doch meine Frau und die Kinder konnte ich nicht überzeugen, wieder nach Thailand zu ziehen, da sie in der Schweiz Sozialhilfe, freie Krankenverpflegung und beste Schulausbildung bekommen.

So kam ich alleine hierher zurück, in die Heimat meiner Frau. Von dem, was wir zurückgelassen hatten, war nicht viel übrig. Das Haus war von Termiten zerfressen, die Bücher verschimmelt und die Wertgegenstände von der Familie meiner Frau „übernommen". Ich musste wieder von vorne anfangen. Mit dem Haus, in dem ich jetzt lebe, hatte ich Glück. Für 250 Baht im Monat konnte ich es mieten. Große Küche, Wohnzimmer und Bad im Erdgeschoss, drei Schlafzimmer im Obergeschoss, und alles in ordentlichem Zustand. Es hat einen großen Garten, liegt ruhig und doch nicht weit vom Dorfkern entfernt. Was will ich mehr?

Nachdem ich ein halbes Jahr in dem neuen Haus alleine gelebt hatte, wurde ich von den Nachbarn zu einer Totenfeier eingeladen. Der Opa war gestorben. Totenfeiern dauern auf dem Land zwischen drei und neun Tagen, je nach finanzieller Lage und sozialer Stellung der Familie. Vor dem Haus des Toten wurde ein großes Zelt aufgebaut, eine Unmenge an Stühlen und Tischen angekarrt. Jeden Tag kamen viele Verwandte und Nachbarn. Wie es sich gehört, übergab auch ich den Angehörigen einen Umschlag mit meinem Namen und einem meinem Status angemessenen Geldbetrag für die Kosten der Trauerfeier. Der hölzerne Sarg mit dem verstorbenen Opa, kunstvoll mit silbernen Mustern verziert, stand auf einem Podest mit vielen Blumen und bunt blinkenden Lichterketten. Ein großes Foto erinnerte daran, wie stattlich der Opa in früheren Jahren ausgesehen hatte. Neben dem Sarg war ein Altar mit einer Buddhastatue aufgebaut. Sowohl vor dem Sarg als auch vor der Buddhafigur stand eine Schale mit glimmenden Räucherstäbchen.

Wie jeder Gast nahm ich drei Räucherstäbchen und verbeugte mich vor Buddha. Mit einem Räucherstäbchen zwischen den zusammengelegten Händen kniete ich auf dem Teppich nieder, um dem Verstorbenen Respekt zu erweisen. Da ich in früheren Jahren unter der Assistenz meiner Frau schon oft solche Zeremonien mitgemacht hatte, brachte ich dieses Ritual recht ungezwungen hinter mich. Die Stimmung bei dieser Trauerfeier war wie immer locker und entspannt, alle plauderten, manche lachten. Um 19 Uhr 30 trafen vier Mönche ein, die den religiösen Teil der Zeremonie durchführten. Es wurde jeden Tag eine Stunde lang gebetet, *gechantet* und aus religiösen Texten rezitiert.

Bei uns in der Schweiz muss ein Leichnam nach ein bis zwei Tagen beerdigt werden. Früher wunderte ich mich, wie sie hier, trotz der großen Hitze, ihre Toten so lange im Haus ruhen lassen können, ohne dass Verwesungsgeruch zu bemerken ist. Aber das scheint ganz einfach zu sein: Die Leichen werden mit Formalin behandelt.

Ich kam jeden Tag zum Leichenschmaus, nicht nur, weil das Essen kostenlos war. Nein, das gehört sich einfach für einen Nachbarn. Som, die Nichte des Verstorbenen, bediente mich sehr aufmerksam und schob mir immer die besten Bissen zu – sechs Tage lang, ohne etwas zu reden. Am siebten Tag, dem Tag der Verbrennung, fragte sie mich, wer für mich koche, wer für mich wasche, wer für mich putze, wer für mich sorge, wenn ich krank sei. Sie bot sich an, das alles für mich zu tun, wenn sie mit ihren drei Töchtern bei mir wohnen könne. Mein Haus sei groß genug. Das war es in der Tat, und so zog Som bei mir ein.

Ich habe früh genug gelernt, Abstriche zu machen und mich anzupassen. So lasse ich Som putzen, wie sie will, ich bin da nicht kleinlich. Ich esse, was sie kocht, ohne zu meckern, und wenn es besonders gut schmeckt, lobe ich sie. Es macht mir noch nicht einmal etwas aus, bei hellem Licht zu schlafen. Som hat nämlich Angst vor Geistern in der Dunkelheit. Sie nennen sich hier zwar „Buddhisten", aber in Wirklichkeit sind sie mehr Animisten, die an Geister glauben. Ich respektiere das, jeder soll nach seiner Fasson selig werden. Wie Som ihre Kinder erzieht, ist mir allerdings oft ein Dorn im Auge. Als Lehrer hat man da besondere Vorstellungen. Aber ich habe mir vorgenommen, mich gar nicht in die Erziehung einzumischen. Ich habe es sogar aufgegeben, ihren Kindern Englisch beizubringen. Für Nahrung, Kleidung und das, was sie sonst noch brauchen, zahle ich natürlich und ansonsten überlasse ich sie ihrer Mutter.

Manchmal ärgere ich mich, vor allem, wenn Som mit elektrischen Geräten unsachgemäß umgeht, obwohl ich ihr die Handhabung genau erklärt habe. Als sie Essen in einem Styroporbehälter in die Mikrowelle stellte, war das Essen zwar futsch, aber das Gerät konnte ich retten. Ich weiß, durch Fehler lernt man. Aber dieses Lernen kommt mich teuer zu stehen. Som hat tatsächlich aus eigener Anschauung gelernt, dass die Mikrowelle kein Styropor in ihrem Inneren mag. Aber warum soll sie Alufolie nicht mögen? Ihr Bruder hat Fische in Alufolie sogar auf den Grill gelegt. Auch diese Lektion, dass die dumme Mikrowelle keine Alufolie mag, hat Som gelernt. Nur, das Gerät ist jetzt total ausgebrannt! Außerdem ging noch der Mixer kaputt, weil sie ihn mit gefrorener Suppe heiß laufen ließ. Ich sage, ohne mit den Zähnen zu knirschen: *„Mai pen rai* – macht nichts."

Vielleicht muss ja ich etwas lernen. Nämlich, dass Som mit meinen elektrischen Geräten einfach überfordert ist. Dass ich ihr die Handhabung zwar erklärt habe, aber wahrscheinlich auf eine Art, die sie nicht verstehen konnte. Dass ich ihr viel zu viel auf einmal zugemutet habe. Habe ich als Lehrer nicht schon einmal etwas vom „Prinzip der kleinen Schritte" gehört? Sollte ich mich nicht besser in sie einfühlen, um nachvollziehen zu können, wie viel sie lernen kann? Ich hatte mir also vorgenommen, Som in Zukunft bewusster und langsamer mit Neuem zu konfrontieren. Ich habe mir keinen neuen Mixer angeschafft, Som kann alles gut im Mörser pürieren. Aber auf eine Mikrowelle wollte ich nicht verzichten. Ich benötige sie fast täglich, um das Essen aufzuwärmen, das Som oft schon morgens kocht. Lauwarmes Essen mag ich einfach nicht. Und die „No-nos" für die Mikrowelle hat sie ja schon gelernt.

Als aber meine Hündin krank wurde, meine geliebte Penny, weil Som ihr verdorbenen Fisch gefüttert hatte, da war es aus mit meiner *Mai-pen-rai*-Einstellung, da wurde ich richtig wütend. Penny musste erbrechen, hatte Durchfall und wälzte sich vor Schmerzen. Eindeutig Fischvergiftung! Normalerweise frisst Penny nichts Verdorbenes. Aber zu Som hatte sie Vertrauen und der Fisch war vielleicht so stark gewürzt, dass die Hündin es nicht merkte. Ich befürchtete, Penny werde sterben. In der nächsten Kleinstadt, etwa 30 Kilometer entfernt, wohnt ein Tierarzt. Ich packte eine von Soms Töchtern auf meinen fahrbaren Untersatz, damit sie die Hündin während der Fahrt halten konnte und fuhr so schnell wie möglich in die Stadt. Der Arzt musste ihr einige Infusionen geben und sie ein paar Tage behalten, doch zum Glück konnte er meine Penny retten.

Ganz hoch rechne ich es Som dagegen an, dass sie mich im Krankenhaus versorgte, als ich krank war. Wie ich ins Krankenhaus kam, weiß ich nicht – ich bin plötzlich ohnmächtig geworden. Als ich aufwachte, lag ich in einem fremden, sauberen Bett, und Som stand neben mir. Zehn Tage zuvor hatte ich mit dem Rauchen aufgehört und bekam daraufhin eine schwere Lungenentzündung. Ich fand heraus, dass ich im Provinzkrankenhaus lag. Die Ärzte schienen mir sehr kompetent und das übrige Personal gut ausgebildet. Im gleichen Zimmer wie ich lagen neun weitere Männer. Alle hatten ihre Frauen und mehrere andere Familienangehörige dabei, die neben den Betten auf Bodenmatten schliefen. Som fütterte mich, half mir mit der Toilette, wusch mich und tupfte mir den Speichel von den Lippen. Wenn man so versorgt wird, wird man früher gesund. Die Frauen freundeten sich schnell untereinander an, und wenn sie nicht mit der Pflege ihres Mannes beschäftigt waren, quatschten sie miteinander und hatten Spaß. Langweilig war das keineswegs für sie. Diese Versorgung ziehe ich jedem Privatkrankenhaus mit Einzelzimmer vor.

Ich erwarte von Som nicht mehr, als ich erhalten kann. Und ich gebe ihr nicht mehr, als ich geben will. Das ist meine Lebensphilosophie.
Intellektuellen Input bekomme ich weder von Som noch von den Bargesprächen, den ziehe ich mir aus dem Internet. Jeden Tag lese ich fünf verschiedene Zeitungen

online und bin so über alles bestens informiert. Und noch auf eine andere Art hole ich mir die Welt ins Haus. Ich bin Mitglied von Servas. Das ist ein Gastfreundschafts-netzwerk für Friede und Völkerverbindung. Ich biete kostenlose Übernachtungen für Mitglieder an und bekomme immer wieder Besucher aus der ganzen Welt. Sehr interessante Leute sind darunter! Mit manchen kann man richtig gute Gespräche führen. Und natürlich sind alle am traditionellen Dorfleben im Isan interessiert, sonst würden sie nicht hierher kommen. Diese Besucher fahre ich mit meinem *I-Tan*-Truck durch die Gegend. Alle lieben diese abenteuerlichen Fahrten.

Mein *Rod-I-Tan* ist ein Allzweckfahrzeug, wie es für das ländliche Thailand typisch ist – einzylindrig, ohne Front-scheibe, eher ein Traktor als ein Lastwagen, urig, gewöhnungsbedürftig und sehr praktisch. Auf der Fahrerbank bringe ich locker vier Leute unter, und auf die Ladefläche passen mindestens vierzig. Sein einziger Nachteil ist, dass der Motor so laut ist, dass man sich während der Fahrt kaum unterhalten kann.

Zuerst führe ich meine Gäste auf den Markt und setze sie an einem Essensstand mit lokalen Gerichten ab. Die Hauptnahrung im Isan ist der überall angebaute Kleber-eis: *Khao Niau*. Der wird in Bambuskörbchen mit Deckel-chen serviert und mit den Fingern gegessen. Schmeckt eigentlich jedem. Oft wird dazu *Som Tam* serviert, eine Art scharfer Salat aus unreifen Papayas, angemacht mit saurem Limettensaft, salziger Fischsoße, süßem Palmzu-cker und scharfem Chili. Abgerundet wird der Salat durch fermentierte Krabben, Krebse oder Fische. Die Gerichte werden im Isan extrem scharf gewürzt. Ich mag das, aber für die Gäste bestelle ich immer eine mildere Ausfüh-rung. Vielen schmeckt der *Som Tam*, für manche wird er sogar das Lieblingsgericht. Aber das Grünzeug, das dazu serviert wird – Blätter, Gräser, Kräuter – betrachten die meisten etwas skeptisch. Mit Vergnügen beobachte ich ihre Reaktion, wenn ich die lokalen Leckerbissen, wie fette Larven, geröstete Heuschrecken, Ameiseneier oder Wasserkäfer, auftischen lasse. Manche schütteln sich vor Ekel, andere probieren ganz vorsichtig – eher aus Höflichkeit – und einige wenige sind so begeistert davon, dass ich nachbestellen muss. Wie verschieden die Menschen sind!

Es liegt mir am Herzen, dass meine Gäste etwas über das Leben im Isan lernen. Deshalb doziere ich gerne über den Reisanbau. Denn wer gerne Reis isst, sollte auch wissen, welch mühsame Arbeitsabläufe erforderlich sind, bevor er auf dem Tisch landet.

Zunächst muss das Saatgut vorbereitet werden. Man lässt die Reiskörner drei Tage im Wasser quellen, und danach bleiben sie auf der warmen Erde zugedeckt liegen, bis sie Keime treiben. In speziellen Saatbeeten wachsen sie drei Wochen, bis sie stark genug zum Umpflanzen sind. Das saftige Grün dieses jungen Reises ist eine Augenweide – die schönste Farbe, die ich kenne. Die Felder, in die die Jungpflanzen gesteckt werden, wurden von Büffeln oder mit einfachen Maschinen gepflügt. Das Stecken in die gefluteten Felder ist die härteste Arbeit, und die hübschesten Mädchen bekommen davon hässliche Füße. Während der fünfmonatigen Wachstumsphase müssen die Pflanzen auf Schädlinge untersucht und der Wasserstand kontrolliert werden.

Bei der Ernte helfen alle mit. Da kommen sogar die Familienmitglieder angereist, die in anderen Landesteilen in allen möglichen Berufen ihr Brot verdienen. Das Wasser wird von den Feldern abgelassen, und der Reis wird büschelweise mit der Handsense geschnitten. Unsereiner würde sich bei diesen Temperaturen so wenig wie möglich bekleiden, doch die Isan-Frauen vermummen sich bei der Feldarbeit. Sie wissen besser als wir, dass man seine Haut vor der sengenden Sonne schützen muss.

Im Isan ist wegen des geringen Niederschlags nur eine Reisernte pro Jahr möglich. Und meistens reicht der Reis gerade mal für den Eigenbedarf. Nur in Gebieten mit Stauseen kann zweimal im Jahr geerntet werden.
Außer Reis wird auch Maniok, Zuckerrohr, Mais und Eukalyptus angebaut. Der blausäurehaltige Maniok wird in Thailand allerdings nicht gegessen wie in Südamerika oder Afrika, sondern die länglichen Wurzelknollen werden für die Tierfutterindustrie in der EU produziert.
Eukalyptus wächst zwar schnell, und das Holz ist nicht schlecht, aber die Blätter vergiften durch ihre ätherischen Öle den Boden. Seit einigen Jahren hat die Regierung den Anbau von Gummibäumen propagiert und fördert ihn durch Subventionen. Das ist im Vergleich zum Reisanbau eine viel leichtere Arbeit und bringt wesentlich mehr ein. Auch können die Rohgummimatten problemlos zur Weiterverarbeitung in den Süden transportiert werden. Der Gummianbau hat nicht nur das Landschaftsbild total verändert, sondern einigen Bauern auch zu einem gewissen Wohlstand verholfen.

Viele Touristen kennen die Frauen aus dem Isan nur als Prostituierte in Pattaya oder Phuket. Es ist mir wichtig, dass meine Besucher verstehen, dass hier Prostitution keinerlei negativen Beigeschmack hat, die Frauen sind keineswegs gebrandmarkt. Es ist keine Schande, diesem Gewerbe nachzugehen. Die Mädchen können jederzeit zurückkommen, heiraten und werden sogar besonders geachtet, weil sie durch ihre Arbeit nicht nur als dankbare Töchter zum Unterhalt der Familie beitragen, sondern durch ihre Spenden für den Dorftempel dem ganzen Dorf zu höherem Ansehen verhelfen.

Immer wieder fragen mich Gäste, ob man in Thailand, speziell im Isan, glücklich werden kann.

Um hier glücklich leben zu können, braucht man die richtige Einstellung zum Leben. Man muss die Thais leben lassen, wie sie wollen, man darf ihnen nicht ihren Willen brechen. Man darf sie noch nicht einmal belehren oder ihnen einen Rat geben, selbst wenn man glaubt, es besser zu wissen.

Das ist mir früher nicht leicht gefallen, denn als Lehrer hat man automatisch einen Hang zum Belehren.

Man muss über vieles hinwegsehen, weghören, ja sogar „wegriechen" können. Ich darf nur dann jemandem einen Rat geben, wenn ich darum gebeten werde, und darf nicht beleidigt sein, wenn der Rat nicht in die Praxis umgesetzt wird. In meinem Heimatland ist es vielleicht meine Aufgabe, hinzuschauen, Missstände anzuprangern und zu ändern. In Thailand ist das Leben für mich viel einfacher. Hier bin ich Gast und darf wegsehen. Mit meinen Kumpels gehe ich ähnlich um. Wenn sie schimpfen, höre ich weg, wenn sie mich um mein Wissen bitten, helfe ich ihnen gerne, aber dränge es nie auf.

Und wenn trotzdem einmal ein dunkler Gedanke über mich kommt, lasse ich nicht zu, dass er sich einnistet. Ich denke daran, welch schlechten Sommer sie in der Schweiz hatten, wie kalt der Winter war und wie armselig ich dort mit meiner kleinen Rente mein Leben fristen müsste. Dann stellt sich ganz schnell die Zufriedenheit wieder ein, und ich bin froh und dankbar, hier in der Wärme leben zu dürfen, von Som versorgt zu werden, mit meinen Kumpels ein Bierchen trinken zu können, aus dem Internet meinen intellektuellen Input zu bekommen und hin und wieder nette Gäste zu empfangen.

Meine Gebete wurden erhört

Mu, die keine Kinder bekommen kann, kümmert sich nun um den alten Hessen Waldemar.

Als ich ganz einsam und traurig war, bin ich jeden Tag in den Tempel gegangen und habe zu Buddha gebetet, dass er mir einen alten Mann schicke – einen Mann, der keine Kinder mehr von mir haben will, für den ich sorgen kann und der für mich sorgt.

Früher war ich verheiratet mit Somporn. Er war kein schlechter Mann, aber auch kein guter Mann. Wir hatten ein kleines Apartment mit zwei Zimmern in einem Reihenhaus in einem kleinen Ort auf Phuket. Das Schlafzimmer war ohne Fenster und vom Wohnzimmer aus zugänglich. Auch das Wohnzimmer war recht dunkel, nur neben der Eingangstür war ein Fenster. Wir hatten einen Ventilator, der für Luftbewegung sorgte. Viele Möbel brauchten wir nicht: ein großes Bett mit dicker Matratze, eine Stange für die Kleider, zwei Plastikregale und einen niedrigen Tisch zum Essen. Stühle gab es nicht, wir saßen immer auf dem Boden. Gleich neben dem Eingang hatte ich meinen kleinen Schrein mit Bildern von Buddha und einem Mönch, zu dem ich gerne betete.
Unser Bad war zwar sehr klein, aber modern. Wir hatten eine Dusche und eine Sitztoilette, allerdings ohne Spülung. Nach dem Duschen stand immer der ganze Boden unter Wasser, da der Abfluss nicht an der niedrigsten Stelle angebracht war. Doch das störte mich nicht. Die Küche war hinten im Hof. Auf einem Gaskocher, der auf dem Boden stand, kochte ich. Es gab keine Spüle, nur einen Wasserhahn in der Wand.

Natürlich war diese Wohnung sehr hellhörig. Wenn man wollte, konnte man alles verstehen, was die Nachbarn sprachen. Schon als Kinder hatten wir gelernt, tolerant zu sein, etwas, was uns nichts anging, zu ignorieren. So fühlte ich mich durch die Nachbarn nie gestört.

Als Fahrer eines *Songthaews – eines Pickup-Geländewagens mit überdachten Sitzbänken –* hat Somporn nicht besonders viel verdient. Deshalb musste ich auch arbeiten. Ich war Friseuse und hatte außerdem eine Ausbildung für Maniküre und Pediküre. Besonders begabt war ich im Bemalen der Fingernägel. Mit einem ganz feinen Pinsel konnte ich winzige Bildchen auf die Nägel malen: Blumen, Schmetterlinge oder sogar Hunde. Da der Salon, in dem ich arbeitete, in einer guten Gegend lag, verdiente ich nicht schlecht. Wir konnten uns alles leisten, was für uns wichtig war: zwei Mopeds, zwei Handys, einen Fernseher und sogar etwas Schmuck. Unser großes Problem war, dass wir keine Kinder bekamen. Mein Mann wollte unbedingt Kinder. Er sagte, das liege an mir – ich sagte, vielleicht auch an ihm.

Ich tat alles, was man so tut, um Kinder zu bekommen. Ich kroch unter einem Elefanten durch. Ich trank Wasser in einer heiligen Höhle, welches von der Decke in eine muschiförmige Vertiefung tropfte. Und natürlich aß ich die verschiedensten Kräuter und Wurzeln, die mir die Schwiegermutter gab. – Doch all das nutzte nichts.
Wir machten sogar eine Wallfahrt nach Bangkok zum Chao Mae Thapthim-Schrein. Das ist ein sehr alter Schrein und wir hatten Mühe, ihn zu finden. Er liegt auf dem Gelände des Swisshotel in der Wireless Road. Wir trauten uns zuerst nicht, durch den Hotelgarten zu gehen, aber dann kam eine freundliche Frau, die uns den Weg zeigte. Der Schrein liegt direkt neben einem Kanal, den

man zwar nicht sieht, aber hört und riecht. Die Göttin Chao Mae Thapthim hilft Frauen, die schwanger werden wollen. Schon vor mir haben tausende Frauen große und kleine hölzerne *Lingams* aufgestellt. Mein Mann hatte eigenhändig einen großen Penis geschnitzt und mit greller roter Farbe angemalt. Den platzierte ich an einer guten Stelle, stellte eine brennende kleine Kerze und Räucherstäbchen dazu. Gemeinsam sprachen wir ein Gebet zur Göttin Thapthim und baten um Fruchtbarkeit.

Gleich danach gingen wir in ein billiges Hotel und schliefen miteinander, um die Kraft der Göttin praktisch an Ort und Stelle zu nutzen. Aber die Göttin half mir nicht.

Ich sagte meinem Mann, er könne es mit einer anderen probieren. Wenn die schwanger würde, könne er sich scheiden lassen. – Und die andere wurde schwanger.

Anfangs war ich richtig froh, dass ich meinen Mann los war. Endlich keinen Sex mehr! Ich hatte die Schnauze voll von Sex. Wenn man es nur noch tut, um schwanger zu werden, und es dann doch nicht klappt, vergeht einem die Lust. Doch schließlich wurde ich einsam. Meine Eltern leben im Nordosten, weit weg von hier. Eine Schwester wohnt noch in Phuket und hat hier Familie. Aber ihr wollte ich durch meine täglichen Besuche auch nicht immer zur Last fallen. Ich spielte schon mit dem Gedanken, zurück nach Khon Kaen zu meinen Eltern zu ziehen. Dabei liebte ich Südthailand, und speziell Phuket so sehr.

Im Wat Chalong schüttelte ich die Stäbchen, die einem die Zukunft voraussagen. Ich schüttelte die Nummer 14 und auf dem dazugehörigen Zettel stand, dass ich Glück haben würde in der Liebe, aber selbst etwas dazu tun müsse. Da bat ich Buddha, mir zu sagen, was ich dazu tun solle. Und wie ein Blitz fuhr es mir durch den Kopf: Du musst Englisch lernen. So blieb ich auf Phuket und belegte einen Englischkurs.

Doch es dauerte noch zwei Jahre, bis meine Gebete erhört wurden. An einem regnerischen Tag kam ein älterer Herr in den Salon, in dem ich arbeitete, und ließ sich die Nägel schneiden. Ich durfte ihn bedienen, weil ich etwas Englisch sprach. Viele Leute erzählen in den paar Minuten bei der Behandlung ihr halbes Leben. So auch Waldemar. Er war verbittert, weil seine Ex-Frau, die nie arbeiten musste, bei der Scheidung viel mehr bekam als er. Er sagte, dass die Scheidungsgesetze in Deutschland damals nur für die Frauen gut waren und die Männer total benachteiligt wurden. Er hatte sein ganzes Leben lang gearbeitet und das Geld für Haus und Familie verdient. Seine Frau hatte nichts zu tun, als sich um das gemeinsame Kind zu kümmern. Nachdem er einen Autounfall hatte und ein halbes Jahr im Krankenhaus liegen musste, hat sie sich nicht um ihn gekümmert, sondern sich einen anderen angelacht. Dass eine Frau so etwas tun kann – wenn der Mann krank ist und ihre Hilfe braucht! Das kann ich nicht verstehen. Jedenfalls war Waldemar sehr alleine, sehr traurig und sehr einsam. Ich dachte, das sei der Mann, den mir Buddha schickt, und sagte zu ihm: „Wenn du willst, kann ich für dich sorgen."

Waldemar war damals 74 Jahre alt, ich war 38.

Noch in der gleichen Woche kaufte er ein *Condo* in Phuket Town, und ich zog zu ihm. Als Erstes versuchte er mir beizubringen, seinen Namen korrekt auszusprechen. Doch das war sehr, sehr schwierig für mich. Meistens nannte ich ihn „Wa". Aber wenn ich ihn zum Lachen bringen wollte, sagte ich „Waldemar". Damals war Waldemar noch recht fit: Zwar hatte er Probleme beim Treppensteigen, aber er konnte recht schnell laufen, schneller als ich. Er hat Eisen in seinem Bein, seit der Operation nach dem Unfall, wo er ein halbes Jahr im Krankenhaus liegen musste.

Das *Condo* ist eine Eigentumswohnung mit drei Zimmern, im siebten Stock eines Hochhauses. Waldemar war froh, dass er mich kennen gelernt hatte, denn ich konnte ihm bei den Formalitäten mit dem Kauf helfen. Auf den Ämtern, wo sie kein Englisch sprachen, konnte ich übersetzen. Auch beim Aussuchen der Möbel konnte er mich brauchen. Männer können das nicht so gut wie Frauen. Waldemar hatte kein Gespür, was in die Wohnung passt. Doch ich habe dafür einen sicheren Blick. Und ich konnte die Preise kräftig herunterhandeln. Ausländer müssen meistens mehr bezahlen. In manchen Läden bekam ich sogar Kommission, weil ich ihn herführte. Beim ersten Mal hatte ich ein unheimlich schlechtes Gewissen und ich gestand ihm, dass ich Kommission kassierte und wollte sie ihm geben. Aber Waldemar ist großzügig. Er sagte, dass ich die Kommission behalten dürfe, ich habe sie mir redlich verdient.

Wir haben die Wohnung richtig hübsch eingerichtet, mit rosa Vorhängen und schweren, dunklen Möbeln. Für das Schlafzimmer habe ich zwei einzelne Betten herausgesucht, mit hohen Beinen. Wunderschöne Bettwäsche mit rosa Blumen und Rüschen habe ich gefunden und dazu warme Bettdecken. Mit der Klimaanlage können wir das Schlafzimmer so herunterkühlen, dass es eine Schlaftemperatur hat, wie es Waldemar von Deutschland gewöhnt ist. Und mir gefällt es, mich in die warmen Decken einzukuscheln.

In einem Zimmer durfte ich mir sogar einen kleinen Schrein einrichten. Hier zünde ich jeden Tag Räucherstäbchen an und danke Buddha.

Es hat richtig Spaß gemacht, mit Waldemar shoppen zu gehen. Er hat den gleichen Geschmack wie ich: Was ich heraussuchte, hat ihm gefallen und er hat es gerne für uns gekauft. Das Einzige, was er nicht wollte, war ein

Bodenteppich. Ich habe Bilder von Teppichen in deutschen Zeitschriften gesehen und fand sie beeindruckend. Besonders die roten haben mir gefallen. Ich habe einen Laden in Phuket ausgekundschaftet, wo man Teppiche kaufen konnte. Aber Waldemar sagte, in den Tropen seien Teppiche nicht sauber zu halten, bei der Luftfeuchtigkeit würden sie zu leicht schimmeln. Ich glaube, da hat er Recht.

Er war ein lieber Mann, der Waldemar, und ist es noch immer – so dankbar! Ob ich ihn massiere oder für ihn koche, ob ich ihm helfe, in den Swimmingpool zu steigen oder sich anzuziehen, immer ist er dankbar. Es ist mir fast schon peinlich, so oft bedankt er sich.

Er hat es sehr gerne, wenn ich ihn berühre, ihn massiere oder streichele. Und er kann total zärtlich sein. Zum Glück will er keinen Sex mehr. Denn, wie gesagt, davon habe ich die Schnauze voll.

Alles, was er von mir verlangte, war, dass ich den Autoführerschein machte. Ich konnte ja schon ein bisschen fahren: Ein Freund meines Bruders hatte es mir beigebracht, als ich noch in Khon Kaen wohnte. Aber vor dem Führerschein hatte ich Schiss! Doch Waldemar bestand darauf. Er wollte ein Auto haben, konnte es aber nicht selbst fahren, weil er nicht mehr gut sah und es ihm oft schwindlig war. Er brauchte mich, um ihn herumzufahren. Immer Taxi, das gefiel ihm nicht. Er versprach mir, wenn ich den Führerschein bestehe, würde er mir ein Auto kaufen. Es war gar nicht schwer, den Führerschein zu machen. Meine Chefin ließ mich mit ihrem Auto üben und bei der Prüfung fahren. Die Theorie war auch ganz einfach: Nur im Computer an die richtigen Stellen ein Häkchen machen.

Jetzt habe ich mein eigenes Auto, einen schicken, kleinen Honda Jazz mit Automatik, in goldener Farbe. Natürlich kutschiere ich Waldemar hin, wo immer er will. Einmal in der Woche fahren wir an den Strand, an den Kamala Beach. Am liebsten schwimmt mein Mann am nördlichen Ende der Bucht. Dort gibt es auch schöne Schattenbäume, das ist wichtig für Waldemar. Wenn wir bei seinen deutschen Bekannten in Chalong eingeladen sind, machen wir immer einen Abstecher zum Big Buddha auf dem Berg. Waldemar liebt die Aussicht von oben auf all die vielen Strände und Buchten in alle Richtungen.

Oft muss ich ihn auch ins Krankenhaus zu Untersuchungen oder ambulanten Behandlungen fahren. Alle sechs Monate lässt er einen Gesundheits-Check machen, das kostet nur 15.000 Baht im Sonderangebot. Mir scheint das zwar teuer, aber Waldemar sagt, es sei viel billiger als in Deutschland, und seine Versicherung bezahle es.

Es macht mir Spaß, Waldemar herumzufahren und für ihn zu sorgen. Jetzt sind wir schon sechs Jahre zusammen, und ich mag ihn wirklich, meinen Wa. Den Kosenamen Wa habe ich ihm gegeben, es ist einfach die Abkürzung für Waldemar. Wenn ich ihn liebevoll Wa nenne, schmilzt er sichtlich dahin.

Nicht, dass ich jemals in ihn verliebt gewesen wäre oder ihn lieben würde. Den Glauben, dass es Liebe gibt, hat mir mein erster Mann ausgetrieben. Es ist etwas anderes mit Wa. Das gibt es bei Thai-Männern nicht, soviel ich weiß. Wie soll ich es sagen? Es ist der Respekt, die Dankbarkeit, die Anerkennung.

Manchmal redet mein Mann von seinem Tod und was dann aus mir wird.
Es ist ihm sehr wichtig, dass ich auch gut versorgt bin, wenn er einmal nicht mehr ist. Ich muss ihn um gar nichts bitten, er gibt mir alles von sich aus. Jeden Tag sagt er mir, wie sehr er mich liebe. Wer sorgt nicht gern für einen

Mann, der so dankbar ist und einen so sehr liebt? Ich bin glücklich, dass mir Buddha Waldemar geschickt hat.

Jeden Tag bete ich, dass er noch lange lebt. Zwar hat er für mich gesorgt, dass es mir auch später an nichts mangeln wird, aber ich hoffe, es geht noch lange so weiter wie im Moment.

Es macht mich glücklich für Waldemar zu sorgen, zu spüren, dass er mich braucht und dass ich für etwas nützlich bin.

Maiers auf Ko Pha Ngan

Herr und Frau Maier leben in Potsdam und freuen sich das ganze Jahr auf ihren Urlaub in Thailand.

Mein Mann und ich haben immer davon geträumt, in ein Land zu reisen, wo die Bananen wachsen. Ein Land, wo es Palmen, ein warmes Meer und weiße Strände gibt. Jetzt können wir uns diesen Traum erfüllen – jedes Jahr!
Als wir noch jünger waren, reisten wir zwar auch viel und erlebten tolle Abenteuer, aber der Radius war recht begrenzt. Denn vor dem Mauerfall standen uns leider nur die osteuropäischen Länder offen. Natürlich haben wir immer schöne Urlaube gemacht: an der polnischen Ostseeküste oder an den Masurischen Seen. Selbst in Kiew und auf der Krim waren wir mit unserem Gespann aus *Lada* und Camptourist. Auch erkundeten wir die damals touristisch noch wenig erschlossenen Naturschönheiten Rumäniens und Bulgariens sowie Ungarns Hauptstadt Budapest mit seiner nahegelegenen „Badewanne", dem Plattensee. Die beste Erinnerung habe ich an das Riesengebirge im Winter, mit seinen herrlichen Skipisten, und an die Tschechoslowakei, wo wir in der Hohen Tatra abenteuerliche Bergtouren unternahmen.

Wir leben in Potsdam, und seit der Wiedervereinigung waren wir schon neunmal in Thailand. Zwar haben wir jedes Jahr nur drei Wochen im Sommer Zeit, aber diese Tage genießen wir in vollen Zügen – darauf freuen wir uns das ganze Jahr.
Mit Air Berlin können wir direkt von Berlin Tegel über Abu Dhabi nach Bangkok fliegen. Für meinen Mann sind die Sitze zwar etwas eng, doch er beklagt sich nie. Der

Preis ist günstig, das ist wichtiger. Im Sommer ist an der Golfküste das beste Klima, deshalb reisen wir gern auf eine der Inseln dort. Ko Samui ist uns zu touristisch geworden, auf Ko Tao trifft man fast nur Taucher. Aber in Ko Pha Ngan – da fühlen wir uns noch immer wohl!

Unseren ersten Trip in dieses exotische Land haben wir pauschal gebucht, eine Woche Rundreise und eine Woche Badeaufenthalt auf Ko Samui. Es war alles so aufregend für uns, obwohl die Reise gut organisiert war. In das Land haben wir uns gleich verliebt, und es war uns klar, dass das nicht unsere letzte Reise nach Thailand sein würde. Aber in einer Gruppe unterwegs zu sein, ist nicht unser Ding. Damals haben uns die anderen Deutschen auch immer so komisch angeschaut, weil wir aus dem Osten kamen. Manche mitleidig, manche gönnerhaft, manche arrogant. Wir hatten noch nicht das ausreichende Selbstbewusstsein. Auch haben wir über alles gestaunt, was die anderen schon kannten.
Mittlerweile sind wir routinierte *Traveller*, reisen mit dem Rucksack und organisieren alles selbst. Organisieren und improvisieren, das liegt uns, das haben wir in unserer guten, alten DDR gelernt.

In Bangkok steigen wir immer im Princess ab. Das buchen wir günstig übers Internet. Und mit dem neuen *Airport Link* des *Sky Trains* kommen wir schnell und billig in die Stadt. Da wir mit Rucksäcken unterwegs sind, ist auch das Umsteigen kein Problem. Mir gefällt dieses Hotel mit etwas Komfort, einem Pool im siebten Stock und den Märkten ringsum. Den Obstmarkt besuche ich jedes Jahr. All die exotischen, sonnengereiften Früchte, und so schön arrangiert! Der aromatische, exotische Duft begeistert mich immer wieder aufs Neue. Obwohl man heutzutage auch in allen deutschen Supermärkten Papayas und Mangos kaufen kann, ist ein Obstmarkt in Thailand immer ein besonderes Erlebnis für mich.

Da wir auf unseren Reisen bereits alle wichtigen Sehenswürdigkeiten in Bangkok besichtigt haben, können wir ohne „Kulturzwang" gleich am nächsten Tag weiterfahren. Wir nehmen den Nachtzug von Bangkok nach Surat Thani, immer *Second Class Sleeper* mit Klimaanlage. Wenn wir abends gegen 19 Uhr abfahren, kommen wir am frühen Morgen an. Zwar schlafe ich im Zug nicht besonders gut, aber ich genieße die Fahrt. Ich nehme immer das untere Bett. In keinem anderen Land der Welt sind die Betten im Schlafwagen so angeordnet wie in Thailand, nämlich parallel zur Fahrtrichtung. So kann ich am Abend bequem auf meinem Bett sitzen und, die dicken Kissen im Rücken, einen Schlummertrunk in der Hand, dem Mondaufgang zuschauen. Ich liebe es, wenn die Landschaft schemenhaft an mir vorbeigleitet und nur die Lichter daran erinnern, wo ein Dorf sein muss.
Wir kaufen immer ein Kombiticket, wo der Transfer und das Boot schon dabei sind. Meistens klappt alles wie am Schnürchen. Falls es mal Verzögerungen und Wartezeiten gibt, macht uns das auch nichts aus. Irgendwie kommen wir immer ans Ziel.

Wenn ich auf dem Boot an der Reling stehe, rings um mich das türkisblaue Meer, wenn das Festland immer kleiner wird und im Dunst verschwindet und am Horizont verschiedenste Inseln auftauchen – dann fällt aller Stress von mir ab, dann vergesse ich die Probleme mit meiner Familie und der Arbeit, dann weiß ich, ein paar glückliche Tage liegen vor mir.
Die Fähre legt in Thong Sala, dem Hauptort der Insel, an. Von dort fahren wir mit einem *Songthaew,* das ist ein Pickup-Geländewagen mit überdachten Sitzbänken, nach

Chalok Lam. Obwohl der Tourismus auch vor diesem Ort nicht Halt gemacht hat, gefällt uns das nach wie vor malerische Fischerdorf noch immer. Es konnte viel von seinem ursprünglichen Charme bewahren. In der Bucht ankern zahlreiche Fischerboote. Gefangen werden hauptsächlich Tintenfische, die die Frauen gleich am Strand zum Trocknen auslegen.

Jedes zweite Jahr wohnen wir zwei Wochen im Coconut Beach. Diese Bungalowanlage liegt ganz am Ende der Bucht im Nordosten, am Khom Beach. Sie wird noch als ein echter Familienbetrieb geführt. Wenn wir von der ganzen Familie mit einem strahlenden Lächeln begrüßt werden, wenn die Mutter uns herzlich umarmt und der Hund Leki freudig mit dem Schwanz wedelt, fühle ich mich, als würde ich nach Hause kommen. Wir wissen: Hier sind wir willkommen, und alle freuen sich, dass wir wieder da sind. Natürlich haben wir auch kleine Geschenke für die Kinder dabei. Es ist so schön, wie sie sich darüber freuen! Den Opa habe ich besonders lieb gewonnen. Wenn wir uns auch nicht mit ihm unterhalten können, fühle ich mich ihm, durch sein gutmütiges Wesen, doch sehr nahe. Die ganze Familie redet uns mit „Mama" und „Papa" an, da wird mir immer ganz warm ums Herz.

Unser Bungalow liegt direkt am Strand. Wir müssen nur über den weißen Sand laufen, und schon sind wir im Meer. Jeden Morgen, noch vor dem Frühstück, ist eine Runde Schwimmen angesagt. Schnorcheln kommt erst später dran, bei höherem Sonnenstand. Wenn ich noch jünger wäre, würde ich richtig tauchen lernen, aber das Schnorcheln eröffnet mir genügend Einblicke in die Unterwasserwelt. Wir haben Ko Pha Ngans schönstes Korallenriff direkt vor der Haustür, und nichts ist entspannender für mich, als im klaren Wasser zu liegen und den bunten Fischen zuzuschauen.

Natürlich mussten wir auch Lehrgeld bezahlen. Als wir zum ersten Mal hier waren und so im Wasser lagen, um Fische zu beobachten, haben wir die Zeit ganz vergessen, und vor allem die Sonne. Wir spürten die Strahlen nicht beim Schnorcheln. Doch gegen Abend kam der Sonnenbrand so richtig raus. Nicht nur die Schultern waren knallrot, sondern auch die Oberschenkel. Drei Tage konnten wir nicht richtig sitzen und nur noch auf dem Bauch schlafen. So etwas passiert uns nicht mehr! Zum Schnorcheln ziehe ich jetzt immer brav ein T-Shirt und Leggings an.

Manchmal wandern wir auch gerne. Dann gehen wir schon frühmorgens los, wenn es noch nicht so heiß ist. Direkt hinter unserem Bungalow beginnt der Pfad zum Bottle Beach. In einer Stunde sind wir dort, frühstücken gemütlich, und bei ruhigem Seegang fahren wir mit dem Taxiboot zurück. Auch einen Wasserfall gibt es in der Umgebung, er ist zwar nicht spektakulär, aber ganz nett. Ins Dorf brauchen wir nur zehn Minuten zu Fuß. Dort kann man heutzutage alles für den täglichen Bedarf bekommen. Es gibt nicht nur Restaurants, Bars und Supermärkte, sondern auch Internet-Shops, Massagesalons, ein Fitnesscenter, einen Geldautomaten und einen Motorradverleih. Motorradfahren – das gehört bei uns zum Urlaub in Thailand dazu. Wir mieten immer zwei kleine Hondas, die leicht zu bedienen sind, denn ich liebe es, selbst zu fahren. In Thailand herrscht Linksverkehr, und ich staune selbst, wie schnell wir uns jedes Jahr wieder daran gewöhnt haben.
Als wir zum ersten Mal auf Ko Pha Ngan waren, wurde uns bereits erzählt, dass eine Ringstraße im Bau sei. Aber

die scheint noch immer nicht fertig zu sein. Einige Teile sind sogar schon wieder abgerutscht. Am liebsten fahre ich auf der Betonstraße quer durch die Insel nach Thong Sala. Diese Strecke ist relativ gut ausgebaut und meist recht einsam. Wenn wir auf dem Rückweg die Route an der Westküste entlang nehmen, muss man etwas besser aufpassen. Hier ist wesentlich mehr Verkehr, und vor allem die Stichstraßen zu den Stränden im Nordwesten sind gefährlich. Vorsicht ist geboten auf den Sandpisten, welche vom Regen oft ausgewaschen sind. Am liebsten fahren wir ohne Helm und in Badeschlappen, das gibt uns das herrliche Gefühl der Freiheit. Wir wissen zwar, dass man zur eigenen Sicherheit, trotz der Hitze, immer feste Schuhe und einen Helm beim Fahren tragen sollte. Ein Helm ist auch in Thailand Vorschrift, und *ohne* erwischt zu werden, könnte 300 Baht Strafe kosten. Aber Kontrollen haben wir noch nie erlebt.

Wenn wir Richtung Haad Rin düsen, weiß ich schon, dass ich beim ersten steilen Anstieg, dem sogenannten *Hill of Tears,* besonders vorsichtig und im unteren Gang fahren muss. Man sieht hier ja recht viele junge Leute mit Verbrennungen, Schürfwunden und eingegipsten Beinen. Viele trauen sich mehr zu, als sie können. Besonders die jungen Männer wollen oft beweisen, was für tolle Hechte sie sind. Auch nächtliche Fahrten, besonders nach Alkoholgenuss, führen auf Ko Pha Ngan häufig zu Unfällen.

Was ich mir bei keinem Urlaub entgehen lasse, ist eine Thai-Massage. In fast jeder Straße in Chalok Lam ist ein Massagesalon anzutreffen. Am liebsten gehe ich zu der Wilai Massage in der Moo 7. Die Masseusen sind im Wat Po in Bangkok ausgebildet und verstehen ihr Handwerk phantastisch. Nach einer solchen Behandlung fühle ich mich total entspannt, fast wie neu geboren.

Ko Pha Ngan ist weit über die Landesgrenzen hinaus berühmt für seine *Full Moon Party*. Jeden Monat findet am Haad Rin Beach dieses Megaspektakel statt. Letztes Jahr waren wir gerade zu Vollmond auf der Insel. Man muss zwar nicht alles mitgemacht haben, aber diese weltberühmte Party wollten wir uns wenigstens einmal ansehen. Wir kamen etwa um 21 Uhr an, und der Strand war schon gerammelt voll. Von Minute zu Minute wurde es voller. Alle Restaurants und Discos am Strand haben riesige Lautsprecher aufgestellt, und auf dem feinen Sand liegen Reisstrohmatten mit kleinen Tischchen und bunten Lämpchen. Tausende von jungen Menschen bewegen sich zu dröhnenden Techno-Rhythmen im hellen Vollmondlicht. Wir kamen uns etwas deplatziert vor, wie Oma und Opa, aber außer uns schien das niemanden zu stören. Wir kauften uns Neon-Leuchtringe, die überall angeboten werden, und ein Mädchen machte sich den Spaß, „Opas" Gesicht mit fluoreszierender Farbe zu bemalen. Das sah irre aus bei dem Schwarzlicht! Einige Talentierte, häufig Israelis, unterhalten mit *Fireshows*. Sie springen über brennende Seile, jonglieren mit brennenden Ringen oder spucken Feuer.

Eine Stunde später kann man kaum mehr gehen. Entweder muss man über liegende Körper steigen, meist Alkoholleichen, oder sich durch die Tanzenden kämpfen. Der Sand schien zu beben – wir waren uns nicht einig, ob durch die tanzenden Massen oder die Bässe der riesigen Lautsprecher. Alkohol ist günstig und in unüberschaubaren Mengen vorhanden. Er wird aus kleinen Plastikeimern mit Strohhalmen getrunken. Auch wir kauften uns einen Eimer für 170 Baht mit einer kleinen Flasche Thai-Whiskey und Cola. Ein junger Bursche machte eine einladende Handbewegung, und wir durften uns zu ihm auf die Matte setzen. All seine Freunde tanzten. Wenn man dieses Gesöff mit Strohhalmen trinkt, wie es alle tun, merkt man die Wirkung schnell. Eigentlich haben wir erwartet, dass uns Rauschgift angeboten wird, aber dem war nicht so. Jedenfalls konnten wir nichts Entsprechendes beobachten. Vielleicht schlugen die Dealer einen Bogen um uns.

Kurz nach Mitternacht machten wir uns auf den Rückweg. Mit diesem Technogedröhne muss man groß geworden sein, um es bis in die frühen Morgenstunden auszuhalten. Auch die Kakophonie der Musikstücke aus den verschiedensten Lautsprechern muss man gewöhnt sein. Aber gefallen hat es uns, dieses für uns ungewohnte Mega-Event!

Gar zu schnell vergehen die erholsamen und erlebnisreichen Urlaubstage auf Ko Pha Ngan. Aber jedes Mal sind wir dankbar und beglückt, dass wir sie erleben dürfen. Und jedes Mal sind wir uns sicher, dass wir in ein oder zwei Jahren wieder kommen werden.

Meine Liebe gehört den Elefanten

Seit sechs Jahren leitet die 32 Jahre alte Thip ein Elefantencamp im Süden Thailands.

Es ist schön, eine große Familie zu haben und mit der Familie zusammenzuleben. Für uns Thais ist die Familie sehr wichtig. Zu meiner Familie gehören meine Eltern, mein Mann und bald wird das erste Baby dazukommen. Aber auch sieben Elefanten und sieben *Mahouts* gehören zu meiner Familie. Wir alle wohnen zusammen im Camp, am Rande des Dschungels.

Seit Generationen lebt und arbeitet meine Familie mit Elefanten. Mein Vater ist mit Elefanten groß geworden. Meine Großeltern besaßen 18 Elefanten, die sie in den Wäldern bei Ranong arbeiten ließen. Sie unterhielten eines der wenigen Elefantencamps im Süden Thailands. Auch mein Vater stieg in dieses *Business* ein. Früher gab es in Thailand viele Edelhölzer, die im Dschungel gefällt wurden. Nur die Elefanten waren in der Lage, die riesigen Stämme aus den Wäldern herauszuziehen. Vor allem im Norden des Landes kamen die Dickhäuter zum Einsatz. Solange das Holz nur für den einheimischen Bedarf gefällt wurde, reichte es aus. Doch immer mehr europäische Länder und auch Japan fanden Gefallen an unserem Holz und bezahlten viel Geld dafür. Natürlich holten wir Thais die wertvollen Bäume gerne aus den Wäldern. Diese Arbeit war im Augenblick sehr einträglich. An die Zukunft dachten wir nicht.

Aus reiner Profitgier wurden unsere Wälder gnadenlos abgeholzt, bis die Regierung dem einen Riegel vorschob.

Das war 1989. Durch dieses Holzfällverbot konnte eine weitere Reduktion des Waldbestandes verhindert werden. Doch für die Elefanten war das eine Katastrophe: Sie wurden arbeitslos. Manchen Elefantenbesitzern fiel nichts anderes ein, als mit ihren Tieren in den Straßen Bangkoks betteln zu gehen. Viele der bis dahin hoch geachteten Tiere, die in der thailändischen Mythologie und Geschichte eine herausragende Rolle spielen, fristeten ab dieser Zeit ein trauriges Dasein.

Die Touristen waren ihre einzige Rettung. Deshalb hat sich auch mein Vater auf das Geschäft mit den Touristen umgestellt. Weil er schon im Süden Thailands lebte, bot es sich an, mitsamt seinen Tieren von Ranong aus an der Andamenküste entlang noch weiter südwärts zu ziehen in die Nähe der Strände, wo die Touristen Urlaub machen.

In Südthailand haben wir das Glück, dass auf Privatland, in der Nähe neu gebauter Straßen, oft neue Plantagen angelegt werden. Da darf gerodet werden, und es gibt immer mal wieder „richtige" Arbeit für die Elefanten, vor allem in der Regenzeit. Sie bewegen sich sehr geschickt im Schlamm und können problemlos durch Sümpfe waten, in denen jede Maschine stecken bleibt. Trotz ihrer Größe haben sie einen unglaublich sicheren Tritt und können auch an steilen Hängen eingesetzt werden. Das ist eine viel härtere Arbeit als leichte Asiaten oder schwere Europäer durch den Dschungel zu schaukeln. Diese harte Arbeit lässt mein Vater nur Elefanten verrichten, die kräftig und im besten Alter sind. Als Reitelefanten kann er schon die Jüngeren ab zehn Jahren verwenden. Auch diejenigen, welche kurz vor der Rente stehen, also zwischen 55 und 60 Jahre alt sind, können noch im Touristenbusiness arbeiten.

Mein besonderer Liebling ist der Moragot, das bedeutet „Smaragd". Ich bekam ihn von meinem Vater geschenkt, als ich einen hervorragenden *High-School*-Abschluss machte. Moragot hat das Geld für mein Studium verdient. Jetzt ist er 63 Jahre alt und muss nicht mehr arbeiten. Ihm bin ich täglich dankbar, füttere ihn voller Liebe und verwöhne ihn mit Leckerbissen. Mir ist es ganz wichtig, dass mein Moragot hier in Würde altern kann.

Ich habe in Bangkok Betriebswirtschaft studiert und anschließend sechs Jahre in der Hauptstadt in einer internationalen Firma gearbeitet. Aber Bangkok hat mir nicht wirklich gefallen: Ich liebe die Natur, ich brauche gute Luft zum Atmen und ich brauche meine Familie und die Elefanten. Deshalb war ich hocherfreut, als mein Vater mich bat, ihn bei der Leitung des Elefantencamps zu unterstützen. Mein Vater ist zum Glück immer noch da, er ist der Experte und von ihm kann ich alles lernen, was ich über Elefanten wissen muss. Aber für die Vermarktung bei den Hotels und im Umgang mit Touristen kann er mich gebrauchen. Ich habe ja studiert und spreche gut Englisch.

Seit sechs Jahren betreue ich schon die Elefanten. Niemals würde ich zulassen, dass die Tiere ausgebeutet werden. Sie müssen nie mehr als vier Touren pro Tag gehen. Eine Tour zum Wasserfall und wieder zurück dauert eine Stunde, also vier Arbeitsstunden jeden Tag. Meistens müssen sie nur zwei Leute tragen, manchmal sitzt noch ein Kind dazwischen. Die Gäste reiten auf einer Art Holzbank, einer sogenannten *Khayaeng*, die auf dem Rücken des Elefanten mit Lederriemen festgeschnallt ist. Damit es den Elefanten nicht scheuert, haben wir besonders weiche Gurte.

Die meiste Zeit verbringen die Elefanten mit Fressen. Sie fressen fast immer, auch während der Arbeit. Sie fressen gerne Ananasblätter, Kokospalmwedel, Bananenpflanzen und alle Blätter und Äste, die sie ins Maul bekommen. Die Giganten müssen am Tag rund 200 Kilogramm vertilgen. Mein Vater sagt, sie seien Dauerfresser. Nur während des Schlafes, da fressen sie nicht.

Sie kommen mit weniger als vier Stunden Schlaf pro Nacht aus. Manchmal legen sie sich hin, kurz darauf stehen sie wieder auf. Nachts ist es hier nie ruhig. Ich glaube, sie liegen nicht bequem, weil sie so schwer sind. Obwohl wir ihnen viel Stroh geben. Sie müssen sich immer bewegen, von einer Seite auf die andere wälzen oder aufstehen. Oft stöhnen sie im Schlaf, die meisten schnarchen auch. An diese nächtlichen Geräusche habe ich mich längst gewöhnt. Wenn es ganz ruhig wäre, könnte ich gar nicht schlafen. Aber bei gar zu großer Unruhe stehe ich auf und schaue, ob alles in Ordnung ist. Ganz selten schlafen alle Elefanten gleichzeitig. Fast immer sehe ich mindestens einen, der auf den Beinen ist und vor sich hin döst. Wenn die empfindsamen Tiere unbekannte Geräusche hören, wie Feuerwerk an Neujahr oder die chinesischen Kracher bei Hauseinweihungen oder Geistervertreibungen, ist es mit der Ruhe für diese Nacht ganz vorbei.

Zu jedem Elefanten gehört ein *Mahout*. Wir haben *Mahouts* angestellt und wünschen, dass sie ihr ganzes Leben mit dem Elefanten verbringen. Zwei *Mahouts* kamen auch mit ihren eigenen Elefanten zu uns.

In den meisten Elefantencamps arbeiten burmesische *Mahouts*. Burmesen gehen oft nicht gut mit den Tieren um. Wenn die Tiere nicht spuren, werden sie mit Fleischerhaken und Messern malträtiert. Deshalb lege ich Wert darauf, dass bei uns nur Thais arbeiten, Männer, die ihre riesigen Tiere lieben und sie wie Partner behandeln. Meinen Elefanten soll es gut gehen.

Der *Mahout* sitzt direkt hinter dem Schädel des Tieres. Von dort dirigiert er mit seinen Füßen oder durch Gewichtsverlagerung die Bewegungen. Je nachdem, wie er den Elefanten mit seinen Zehen hinter den Ohren kitzelt, drückt oder rammt, weiß dieser, wohin er gehen muss. Auch mit kurzen Zurufen und Ziehen an den Ohren dirigiert er das Tier. Ein guter *Mahout* muss mit dem Treiberstöckchen nur leicht schlagen, er hat Geduld mit dem Dickhäuter, verlangt aber auch Respekt.

Es ist nicht einfach, domestizierte Elefanten zu züchten. Wir haben zwei Bullen, aber in den letzten drei Jahren gab es nur ein Baby. Das geht nicht wie bei Hunden, dass das Männchen irgendein läufiges Weibchen bespringt. Elefanten müssen lange zusammen sein und eine innige Freundschaft aufbauen, bevor sie Sex haben. Früher, als die Elefanten noch in den großen Wäldern arbeiteten, haben sie sich leichter gepaart. Sie sind nämlich sehr schamhaft, sie lassen sich nicht gerne beim Sex zuschauen. Damals konnten sie unbeobachtet im Wald verschwinden, heutzutage müssen wir sie im Camp unter Aufsicht halten.

Zum Glück hat mich mein Vater über das Sexualverhalten der Elefanten aufgeklärt, ich wusste bald mehr darüber, als über das bei Menschen.
Da ich jetzt selbst schwanger bin, habe ich mich ganz besonders damit beschäftigt, wie das bei Elefanten so läuft. Eine Elefantenkuh hat ihre Periode nur alle vier Monate. Das klingt für uns Frauen zunächst einmal gut. Aber das bedeutet, dass sie nur drei Mal pro Jahr empfängnisbereit ist. Die Bullen merken das. Sie machen also nur Sex, wenn die Frau bereit ist, nicht wenn der Mann zu viele Hormone produziert.
Die Schwangerschaft dauert rund 22 Monate. Eine wahnsinnig lange Zeit, da bin ich doch lieber eine Menschen-

frau! Ein Kalb wiegt bei der Geburt 100 Kilogramm und kann schon kurz danach stehen und gehen. Es saugt direkt mit dem Maul, nicht etwa mit dem Rüssel. Sechs Monate wird es gesäugt, dann kann es schon fressen, saugt aber bis ins zweite Lebensjahr nur noch gelegentlich bei der Mutter.

Ein großes Problem bei Elefantenbullen ist die *Musth*. Bevor ich zum Studium nach Bangkok ging, hatte ich natürlich schon von der *Musth* gehört. Ich dachte immer, ein *Musth*-Bulle sei in der Brunft, und wunderte mich, warum er dann gerade in dieser Zeit nicht mit der Kuh zusammen sein durfte. Aber als ich von Bangkok zurück kam, hat mir mein Vater alles über die *Musth* erklärt. *Musth* hat mit Brunft nichts zu tun. Die Elefantenbullen kennen keine Brunftzeit. Während der *Musth*, sagte mein Vater, gerate etwas im Hormonhaushalt des Tieres außer Kontrolle. Das passiere einmal im Jahr. Warum das so sei, wisse kein Mensch. Jedenfalls produziere der Bulle viel zu viel Testosteron, was sein Verhalten total ändere. Er ist nicht mehr ansprechbar und bekommt Wutausbrüche, wenn er gestört wird. Besonders bei Lärm reagiert er aggressiv. Es kann auch vorkommen, dass er vertraute Artgenossen oder seinen *Mahout* angreift, manchmal lässt er seine Wut auch an Bäumen aus.
Sobald der *Mahout* körperliche Veränderungen an seinem Bullen wahrnimmt – wie geschwollene Schläfen oder einen verdickten Rüsselansatz – muss er auf der Hut sein. Wenn unterhalb der Ohren ein stark riechendes, bitteres Sekret aus einer Drüse tritt, das ihm bis ins Maul läuft, wird es höchste Zeit, diesen Elefanten zu separieren. In dieser Zeit kann er auch seine Blase nicht kontrollieren, und ständig tröpfelt ihm Urin das Hinterbein herunter. Schon bei den ersten Anzeichen der *Musth* muss der *Mahout* das Tier weit weg vom Camp bringen. Ich habe noch

nie gesehen, was die *Mahouts* mit einem Elefanten in dieser Zeit machen, sie sagen, es sei zu gefährlich für mich. Mein Vater hat mir erzählt, dass der Bulle an zwei starken Bäumen festgebunden und erst wieder von den Fesseln befreit werde, wenn die *Musth* nach fünf bis zwanzig Tagen vorbei ist. In dieser Zeit bekomme er wenig Nahrung und Trinkwasser. Immer wieder liest man in einer Zeitung „Elefant läuft Amok" oder „Wild gewordener Elefant tötet Touristen". Dass diese Elefanten in der *Musth* waren und aus Profitgier nicht separiert wurden, das wird selten geschrieben.

Die Elefanten sehen zwar robust aus, es sind aber besonders empfindliche Tiere. Mein Vater passt sehr auf, dass sie gesund bleiben. Um jedes Krankheitszeichen sofort zu erkennen, untersucht er regelmäßig ihre Exkremente. Aus der Farbe, Konsistenz und dem Inhaltsstoff kann er auf verschiedene Krankheiten schließen.

Wenn es einem Elefanten nicht so gut geht, merke auch ich das sofort. Hat er keine Lust zum Fressen, deutet das auf Magen- oder Darmprobleme hin, und wir müssen ihn besonders im Auge behalten. Kaut ein Elefant auf seinem Rüssel, weiß ich, dass er gestresst ist. Dann gönne ich ihm einen Tag Ruhe oder lasse ihn nur eine kurze Tour pro Tag gehen. Wenn er seinen Kopf langsam schüttelt, ist er nervös. Dann muss ich ernsthaft mit dem *Mahout* reden und herausbekommen, ob er ihn gut behandelt hat, oder ob es an Touristen lag, die ihn ärgerten. Bei einem nervösen Elefanten muss man ganz besonders aufpassen, dass ihm kein Tourist zu nahe kommt, wenn der *Mahout* nicht in der Nähe ist. Wird er zum Beispiel mit Blitzlicht direkt aus der Nähe fotografiert, könnte er ausrasten. Manchmal leiden die Elefanten unter Blähungen, manchmal haben sie leichten Durchfall oder Verstopfung, je nachdem, was sie gefressen haben. Wenn die Krankheitssymptome nicht innerhalb von zwei Tagen von alleine verschwinden, bekommt der Elefant Medizin. Die Medizin wird in Bananenbrei versteckt, aber oft merkt es der Elefant doch und will sie nicht fressen, weil sie bitter schmeckt. Medizin, die am häufigsten benötigt wird, haben wir immer vorrätig.

Aber wenn ein Elefant richtig krank ist, holen wir den Tierarzt aus Takua Pa. Meistens liegt es an infizierten Wunden, verursacht durch abgeknickten Bambus, die nicht heilen.

Bevor die Elefanten bei uns in den Dschungel gehen, müssen sie ein kurzes Stück durch eine Gummiplantage. Leider benutzen die Plantagenbesitzer alle sechs Monate giftige Chemikalien auf ihrem Land, um das Unkraut zu vernichten. In dieser Zeit müssen die *Mahouts* besonders achtsam sein, dass kein Elefant auch nur ein Kräutchen dort frisst. Einmal ist es dennoch passiert und der Elefant litt unter Durchfall, musste erbrechen und es ging ihm sehr übel. Zum Glück kam der Veterinär ganz schnell, stellte eine Vergiftung fest und konnte den Elefanten mit einer Infusion retten. Der war schon so schwach, dass er sich ohne jegliche Gegenwehr die Infusion anlegen ließ.

Die Elefanten haben sehr empfindliche Augen. Sie vertragen kein helles Licht. Deshalb habe ich unsere Touren so ausgearbeitet, dass die Elefanten die meiste Zeit im Schatten gehen. Viele Camps achten nicht darauf, und ihre Elefanten leiden aufgrund starker Sonnenstrahlung unter entzündeten Augen. Manche erblinden sogar. Das passiert bei uns nie. Aber dass ein Tourist Blitzlicht benutzt, können wir nicht immer verhindern. Viele machen es nicht mit Absicht, sondern haben ihre Kamera auf Automatik gestellt. Im Dschungel kann es so dunkel sein, dass automatisch der Blitz eingeschaltet wird. Das macht einige Elefanten sehr nervös. Besonders Nora, ein sonst gutmütiges Tier, reagiert darauf unberechenbar.

Zur regelmäßigen Untersuchung kommt der Tierarzt zweimal im Jahr, und bei akuten Krankheiten kommt er sofort. Es ist auch schon vorgekommen, dass der Veterinär von Takua Pa nicht mehr helfen konnte und den Elefanten ins Krankenhaus überweisen musste.

Das Elefantenkrankenhaus liegt in Lampang, rund 100 Kilometer südlich von Chiang Mai im Norden Thailands. Es ist das älteste Elefantenkrankenhaus der Welt!

Der Elefant muss auf einem Lastwagen hingebracht werden. Aber wir können nur langsam fahren und müssen viele Pausen machen, um den Elefanten nicht zu überanstrengen. Für die zirka 1500 Kilometer weite Fahrt benötigen wir drei Tage. Seit ich die Leitung des Camps übernommen habe, ist das zum Glück erst einmal passiert. Die Elefantenkuh Sissi hatte ein Magengeschwür und musste operiert werden. Die Behandlung im Elefantenkrankenhaus kostet glücklicherweise nichts. Es wird ganz aus Spenden finanziert. Die hohen Transportkosten und den Verdienstausfall haben wir gerne in Kauf genommen, um unsere Sissi von den Schmerzen zu befreien.

Wir mussten mit unserem Elefantencamp schon oft umziehen. Zuerst waren wir zu nahe am Touristenort. Da kamen die Touristen jeden Tag. Sie gingen zu dicht an die Tiere heran, haben mit Blitzlicht fotografiert oder die Elefanten berührt, ohne dass ein *Mahout* dabei war. Das hat die Elefanten sehr gestört. Sie brauchen Ruhe.

Auf dem nächsten Gelände hat der Landbesitzer die Pacht von Jahr zu Jahr verdoppelt, so dass wir nicht mehr zahlen konnten. Jetzt haben wir riesiges Glück! Das Land ist weit genug weg, so dass die Touristen nicht einfach hereinschneien, aber nah genug, dass angemeldete Gruppen in Minibussen zum Reiten leicht hergefahren werden können. Und vor allem unser *Landlord* ist ein Schatz: Er hat ein Herz für Elefanten! Oft bringt er ihnen eine ganze

Pickup-Ladung mit Zuckerrohr vorbei und verwöhnt sie damit. Das ist ihre Lieblingsspeise, wie für Menschen etwa Schokolade.

Bevor die Touristen die Elefanten besteigen, kläre ich sie auf, wie sie sich verhalten müssen: „Machen Sie keine abrupten Bewegungen und schreien Sie bitte nicht, das könnte den Elefanten erschrecken. Also rufen Sie Ihren Freunden, die auf einem anderen Elefanten reiten nichts zu! Langen Sie dem Elefanten nicht ins Maul und fassen Sie ihn nicht an der Rüsselspitze an. Wenn der Elefant zu dicht unter Bäumen durchzieht, schieben Sie selbst die Äste weg, damit Sie sich nicht das Gesicht zerkratzen. Vor allem passen Sie auf die Hände auf. Halten Sie sich nicht ganz außen am Sitz fest, denn es geht oft nur knapp an den Baumstämmen vorbei." Und mindestens zweimal ermahne ich sie: „Bitte, verwenden Sie kein Blitzlicht, das ist die wichtigste Regel! Die Augen der Elefanten sind sehr empfindlich."
Es amüsiert mich jedes Mal aufs Neue, wenn ich die Touristen beobachte. Besonders den Männern schaue ich gerne zu. Die meisten sind ängstlich, wenn sie die großen Kolosse von der Nähe sehen. Und wenn sie die steile Treppe zur Plattform hochsteigen und dort oben – auf vier Metern Höhe – auf ihr Reittier warten, zittern so manchem starken Mann die Knie. Sie versuchen, ihre Angst zu überspielen, indem sie dumme Sprüche klopfen oder Witze reißen. Manchen scheint die Angst in den Bauch zu rutschen, denn relativ häufig rennt einer, kaum ist er oben auf der Plattform angekommen, wieder hinunter und zur Toilette. Da sie aber nicht alleine sind, sondern immer mit einer Partnerin und meistens mit einer Gruppe kommen, überwinden sie sich doch und steigen tapfer auf den Elefanten. Wenn sie dann im Sattel sitzen, halten sie sich krampfhaft fest. Aber nach den ersten paar Schritten werden sie lockerer und genießen den Ritt.

Frauen und vor allem Kinder gehen da entspannter ran. Sie haben viel mehr Vertrauen in den *Mahout*, der ja vor ihnen auf dem Nacken des Elefanten sitzt und die Verantwortung trägt.

Am schönsten ist es, wenn eine Gruppe nach einstündigem Ritt wieder zurückkommt. Wie verwandelt erscheinen mir die Leute, vor allem die Männer! Selbstbewusst und aufrecht sitzen die meisten auf „ihrem" Tier, ihre Augen strahlen und sie sehen sehr stolz aus. Sie schwärmen mir vor von dem tollen Abenteuer, wie sie in ihrem Sattel hin- und herschwankten und wie sie die Steilhänge glücklich gemeistert haben. Die Frauen erzählen, wie ihnen das Schaukeln richtig Spaß machte und wie schön es war, von oben, ohne Anstrengung, die freie Natur zu genießen.

Für besonders Abenteuerlustige bieten wir Ritte auf dem Nacken des Elefanten mit anschließendem Baden an. Vielen Touristen gefällt es, die Elefanten abzuschrubben, und es macht ihnen Spaß, wenn sie dabei selbst nass gespritzt werden. Die Hautpflege ist notwendig, um die Elefanten von Parasiten zu befreien, die sich in den dicken Borsten festsetzen. Und das Bad hält die zähe Haut geschmeidig. Außerdem ist es eine gute Gelegenheit für die Tiere, den Großteil des gewaltigen Wasserbedarfs zu stillen. Etwa 70 Liter benötigt ein ausgewachsener Elefant pro Tag.

Alle Touristen kaufen nach dem Ritt Bananen für „ihren" Elefanten. Es ist nochmals ein prickelndes Erlebnis für sie, wenn sie den rauhen Rüssel des Tieres in der Hand spüren. Richtig rührend empfinde ich es immer wieder, wenn sie die Bananen schälen, bevor sie diese vorsichtig der großen, feuchten Rüsselspitze entgegenstrecken.

Viele Touristen sagen mir, dass der Elefantenritt der Höhepunkt ihres Thailandurlaubs sei und dass sie im nächsten Jahr wieder nach Thailand kommen werden, nur um auf einem Elefanten zu reiten. Einem Deutschen ist die

Elefantenkuh Nora so ans Herz gewachsen, dass er sie gleich fürs nächste Jahr buchen wollte.

Ich habe meine Hängematte tagsüber häufig ganz in der Nähe der Elefanten aufgehängt. Ihr gleichmäßiges Kaugeräusch liebe ich besonders. Es wirkt sehr beruhigend auf mich, gerade jetzt während der Schwangerschaft. Auch ihr Geruch ist angenehm für mich. Zu beobachten, wie sie mit ihrem großen Rüssel die feinsten Dinge aufheben können, erstaunt mich jedes Mal aufs Neue. Und diese rosa herzförmige Rüsselspitze mit dem kleinen Finger sieht einfach süß aus!
Ich mag sie alle, meine Elefanten, aber der alte Moragot ist und bleibt mein größter Liebling. Jeden Tag bete ich darum, dass es ihm gut gehe und er noch lange lebe. Ihm stecke ich immer wieder ein besonders süßes Stück Zuckerrohr zu. Und wenn ich ihn beim Namen rufe und er rüsselwedelnd auf mich zukommt, weiß ich, dass auch er mich mag. Das macht mich richtig glücklich.

Es kommt, wie es kommt

Bevor sie ins Berufsleben einstieg, wollte Annette aus der Schweiz die tropische Natur kennenlernen. Weit ist sie nicht gekommen. In Thailand blieb sie hängen.

Am liebsten sitze ich in der freien Natur vor meiner Staffelei und male. Malen, das erfüllt mich, Malen, das gibt mir Kraft. Zu sehen, wie aus einzelnen Pinselstrichen ein Kunstwerk entsteht, ständig an diesem schöpferischen Akt teilzunehmen – ja, der Schöpfer zu sein, das ist bei jedem Bild ein neues, fast mystisches Erlebnis. Dass ich durch diese Bilder auch meinen Lebensunterhalt verdiene, ist der positive Nebeneffekt der Malerei.

Schon als Schülerin war Malen mein Hobby, doch ich hatte ganz andere Lebenspläne. Nachdem ich mit der Schule fertig war, machte ich eine Ausbildung zur Behindertenfachfrau. In dieser Zeit bin ich gereift und glaubte, dass ich es mir und der Welt schuldig sei, mich sozial zu betätigen. Anschließend holte ich den Abschluss in der Berufsmittelschule nach und studierte Sozialpädagogik. Bevor ich aber zu arbeiten anfing, wollte ich erst einmal etwas von der Welt kennenlernen. Tropen, Dschungel, wilde Tiere, exotische Pflanzen, Nationalparks – das waren für mich magische Wörter. So etwas gibt es ja alles nicht in der Schweiz. Einen Nationalpark haben wir zwar auch in Graubünden. Aber dort sieht es aus wie überall in den Alpen, nur dass der Mensch nicht eingreifen darf. Nicht, dass ich die Alpen nicht liebte, aber ich hatte sie jeden Tag vor der Haustür.

Nein, endlich wollte ich einmal exotische Natur sehen. Deshalb plante ich in meine Reiseroute viele Nationalparks ein. Ich flog nach Malaysia und besuchte den Taman Negara. Für mich, die ich noch nie Dschungel erlebt hatte, war dieser Park mit seinen ausgeschilderten Pfaden ein fantastischer Einstieg. Er gefiel mir so gut, dass ich fünf Tage blieb. Danach reiste ich weiter nach Thailand und machte zuerst im Khao Sok Nationalpark halt. Ich wollte die *Rafflesia* sehen, die größte Blume der Welt. Einen sehr steilen Berghang musste ich hochklettern, eine Stunde lang – dann war sie vor mir, diese sattrote, topfförmige Blüte mit dem gelborangen Blütenstand. Auf 80 Zentimeter schätzte ich den Durchmesser. Dass es so große Blüten gibt, hätte ich nie für möglich gehalten! Gestunken hat sie. Und dass sie richtig schön war, könnte ich auch nicht behaupten – aber durch ihre Größe war sie wahnsinnig beeindruckend.

Mein größter Wunsch war es, wilde Elefanten zu sehen, von denen es zwar noch eine Menge in Thailand geben sollte, die aber nicht leicht zu finden waren. Im Khao Yai Nationalpark, erfuhr ich, hätte man eine gute Chance, sie zu sichten. Also machte ich mich auf den Weg nach Bangkok und, ohne mich um andere Sehenswürdigkeiten zu kümmern, fuhr ich gleich mit dem Zug weiter nach Pak Chong. Von dort war es nur noch ein Katzensprung mit dem Lokalbus nach Khao Yai. Dieser Park gehörte zwar damals noch nicht zum UNESCO Weltkulturerbe, war aber schon recht bekannt.

Ich fand ein kleines, nettes Gästehaus außerhalb des Parks sowie einen Führer, der einen guten Eindruck auf mich machte. Er war bereit, mir meinen größten Wunsch zu erfüllen, und versprach, mich zu wilden Elefanten zu führen, wenn ich genügend Zeit mitbrächte. Zeit hatte ich genügend, und mir gefielen die Landschaft, das angenehme Klima und die Natur dieser Gegend sehr gut.

Schon bei der ersten Nachtsafari zeigte mir Ban Wildschweine, Rehe und eine Zibetkatze. Für den Bruchteil einer Sekunde konnte ich sogar einen Elefanten sehen. Doch sofort war er wieder von den Büschen verschluckt. Während ich tagsüber alleine auf den Trails wanderte, buchte ich Ban gleich wieder für die nächste Nacht. Und dieses Mal erspähten wir eine ganze Elefantenherde! Ich war total aufgeregt und konnte mein Glück kaum fassen. Es blieb nicht nur bei den beiden Nachtexkursionen, Ban zeigte mir noch viele andere Tierarten in der Gegend: Gibbons und Nashornvögel, Riesenspinnen und Schlangen, die an Bäumen hingen. An einem Abend nahm er mich mit zu einer Fledermaushöhle. Sie wird von zirka drei Millionen Fledermäusen bewohnt, die vor Sonnenuntergang auf Futtersuche gehen. Wir beobachteten den schier endlosen Schwarm, der sich aus der Höhle ergoss, wie ein breites, schwarzes Band mäanderte, sich in grotesken Formationen teilte und wieder fand, Loopings schlug, um sich schließlich wie eine Rauchschwade in der Ferne aufzulösen. Ban erklärte mir, dass diese recht kleinen Hufeisennasen-Fledermäuse ganz wichtig für den Dschungel seien. Nicht nur, dass sie die für uns unangenehmen Insekten fressen, sie bestäuben auch viel Pflanzen und verbreiten deren Samen. Ohne sie würde der tropische Regenwald vielleicht aussterben. Fast eine Stunde lang bestaunten wir dieses Spektakel, das im ersten Zwielicht begann, bei fantastischer Sonnenuntergangsbeleuchtung seinen Höhepunkt erreichte und in der absoluten Dunkelheit endete – weil nichts mehr zu erkennen war.

Natürlich ließ ich mich gerne zu einer mehrtägigen Tour überreden, bei der wir im Zelt übernachten mussten. An einem Nachmittag baute Ban sogar ein Biwak in einem Baum, weil es am Boden wegen wilder Tiere zu gefährlich war. Wenn wir abends schweigend nebeneinander saßen und dem Gesang der Gibbons lauschten, fühlte ich mich in eine andere Welt versetzt. Bei dieser Tour lernte ich nicht nur den Khao Yai Nationalpark mit seinem immergrünen Monsunwald, den grasbewachsenen Steppen, den vielen kleinen Seen und erfrischenden Wasserfällen richtig kennen, sondern auch meinen Guide schätzen. Ja, von beidem war ich so angetan, dass ich gar nicht weiterreisen wollte. Ich blieb sozusagen in Khao Yai hängen.

Ban war ein ganz besonderer Mann, der attraktivste Thai, den man sich vorstellen kann: groß gewachsen, breitschultrig, muskulös, kräftig. Obwohl er sich überwiegend im Freien aufhielt, war seine bronzefarbene Haut samtweich, seine Gesichtszüge ebenmäßig; der Blick aus seinen braunen Augen brachte mein Herz zum Schmelzen. Ja, er war wirklich ein bildschöner Mann, und da Ästhetik für mich etwas Wichtiges ist, beeindruckte er mich schon einmal rein äußerlich.

Aber nicht nur sein Äußeres mochte ich sehr. Er war an allem interessiert, wollte wissen, wie Schweizer denken und fühlen, er war aufmerksam und einfühlsam. Und wie sehr er die Natur liebte, wie er sich in der Wildnis bewegte, was er alles sah! Er zeigte mir Affen und Nashornvögel, die ich alleine nie entdeckt hätte, und machte mich auf die kleinsten Schönheiten aufmerksam, an denen ich achtlos vorbeigegangen wäre: ein Tautropfen auf einer Spinnwebe, der wie eine Perle schimmerte, ein rotes Blatt auf dem Boden, das farblich mit meiner Bluse harmonierte, eine Gottesanbeterin, die unbeweglich an einem Ast verharrte, ein Schmetterling, der durch seine Tarnfarbe kaum von einem Blatt zu unterscheiden war. Aus Bambus konnte er Tassen schneiden, aus denen wir Wasser tranken, oder Behälter, in denen er Reis kochte. Aus Blättern zauberte er einen lustigen Hut für mich, und er zeigte mir, wie man auf einer Liane schaukelt. Das alles machte er mit einer solchen Begeisterung, einer Freude, die ansteckend war.

Ich hatte damals noch nicht viel Erfahrung mit Männern, konnte also auch keine Vergleiche anstellen. Aber von Tag zu Tag wurde ich mir sicherer – das ist der Mann, mit dem ich zusammenleben will.

Ban war überdies ein guter Lehrer. Er hatte seine ganz eigene Methode zu lehren. Jeden Satz, den er zu mir auf Englisch sagte, wiederholte er auf Thai, so ganz nebenbei, es war fast wie eine Marotte. Er erwartete zu Anfang nicht, dass ich etwas nachsprach und mir merkte. Mit der Zeit ließ er bei manchen Sätzen, die häufiger vorkamen, das Englisch weg und war beglückt, wenn ich verstand. So lernte ich relativ schnell seine Sprache verstehen. Bis ich allerdings wagte, selbst zu sprechen, hat es noch lange gedauert. Ich kam mir dabei wie eine Behinderte vor. Aber nachdem ich die Scheu verloren hatte und merkte, dass weder Ban noch sonst jemand mich auslachte, habe ich immer mehr gesprochen. Heute kann ich sagen, dass ich Thai recht gut beherrsche.

Wir haben in der Schweiz geheiratet und sind etwas in meiner Heimat herumgereist, damit Ban mein Land kennenlernt. Obwohl wir meistens bei Verwandten oder Freunden übernachtet haben, ging das Geld, das mir meine Eltern zur Hochzeit geschenkt hatten, schnell zur Neige. Damit stellte sich die Frage, ob wir in der Schweiz bleiben und arbeiten wollten oder nach Thailand zurückkehren und uns dort eine Existenz aufbauen sollten. Wir versuchten es mit Jobben im Restaurantgewerbe der Schweiz. Aber ich merkte bald, dass der Naturbursche Ban in einer Schweizer Großstadt dahinwelkte, seinen Charme verlor wie eine Blume, die man aus ihrer Muttererde herausreißt und in die Wüste pflanzt.

So beschlossen wir, wieder nach Thailand zu ziehen und in der Gegend von Khao Yai ein kleines Gästehaus aufzumachen und Touren anzubieten. Zum Glück hatte ich einen wohlhabenden Onkel, dem die Idee gefiel und der für die Investitionen aufkam. Für ihn wäre das nicht viel, sagte er, nicht mehr, als ihn eine Garage in der Schweiz kosten würde.

Das war eine glückliche Zeit damals in Khao Yai! Ganz im Einklang mit der Natur! Wir zogen in ein einfaches Häuschen aus Naturmaterialien, die Möbel stellte Ban selbst aus Bambus oder Wurzelholz her. Ich kochte draußen, aber unter Dach, und die Schöpfdusche mit frischem, kühlem Quellwasser war unter freiem Himmel. Oft duschten wir auch unter einem kleinen Wasserfall. Unser *Hüsli* war am Anfang noch nicht ans öffentliche Stromnetz angeschlossen, hatte aber einen kleinen Generator, den wir vom Sonnenuntergang bis 22 Uhr laufen ließen. Häufig verbrachten wir die Abende aber auch bei Kerzenschein.

In dieser heilen Welt wurde mein erster Sohn, Yai, geboren. Er verbrachte seine ersten Lebensjahre unbeschwert mit seinen jungen Eltern in der herrlichen Natur.

Ban brachte genügend Geld als Führer nach Hause, auch das kleine Gästehaus warf etwas Geld ab. Ab und zu verdiente ich ein Zubrot durch Englischunterricht. Und in dieser Zeit entdeckte ich mein Talent zum Malen wieder. Einige Bilder konnte ich sogar an Touristen verkaufen.

Es war an Yais viertem Geburtstag, als das Unglück geschah. Ich sehe sie noch genau vor mir, die schwarze Wand, die sich mit einer Affengeschwindigkeit auf den Khao Yai zuwälzte. Obwohl es früher Nachmittag war, wurde es ganz dunkel, eine unheimliche Weltuntergangsstimmung lastete plötzlich über uns. Als der Sturm losbrach, rannte Ban ins Freie, um die Polster, die ich schon für die Geburtstagsfeier auf die Stühle gelegt hatte, vor dem Regen zu retten.

Ich habe zugeschaut, wie – nein, ich möchte nicht weiter darüber erzählen, ich kann es immer noch nicht, ohne zu heulen – Ban wurde vom Blitz getroffen und starb auf der Stelle.

Drei Monate war ich gefühlstot, agierte nur noch wie eine Maschine. Ich lebte stumpfsinnig vor mich hin, nur auf die Grundbedürfnisse beschränkt. Essen, schlafen, essen, schlafen. Ich fing das Rauchen wieder an, und wenn mir Alkohol zwischen die Finger kam, trank ich ihn – zügellos. Zum Glück kümmerte sich eine Thai-Freundin liebevoll um Yai. Ich wollte niemanden sehen, auch meine Freunde nicht. Doch sie brachten mir Essen und versuchten mit viel Geduld, mich wieder in ein normales Leben zurückzuführen. Es dauerte lange, bis ich der Natur, die mir so Schreckliches angetan hatte, verzeihen konnte. Es wurde mir klar, dass die Natur weder schlecht noch gut ist, dass wir Menschen die Natur nicht im Griff haben, dass wir sie zwar fürchten müssen, aber auch nutzen können. Im Khao Yai, total umgeben von Natur, nutzte ich ihre positive Kraft, um mich zu heilen.

Irgendwann fühlte ich mich plötzlich mutiger und entschlossener denn je. Ich wollte nicht den Kopf im Sand stecken lassen, ich zog ihn heraus und war bereit für eine neue Lebensphase. Ich beschloss wieder das zu tun, wozu ich Talent habe und was mich erfüllt – malen.

Durch die Hilfe von Freunden fand ich einen Galeristen in Bangkok, dem meine Bilder sehr gefielen und der sie für mich vermarktete. Ich nahm auch Aufträge an, um Bilder bekannter Künstler zu kopieren oder Portraits nach fotografischer Vorlage herzustellen. Jeden Monat fuhr ich für einige Tage nach Bangkok, um die Gemälde selbst abzugeben. Jedes Mal war ich froh, wenn ich dem „Groß-stadtdschungel" wieder entfliehen konnte und nach Hause in den echten Dschungel kam.

Meine Freunde in Bangkok führten mich abends aus und machten mich dabei mit verschiedenen Männern bekannt. Sie meinten, Yai bräuchte unbedingt wieder einen Vater. Das war aber nicht so einfach.

Die meisten alleinreisenden Europäer oder *Expats*, die man hier trifft, schauen sich nach thailändischen Frauen um. Die einfachen Frauen vom Dorf mit wenig Bildung sind besonders begehrt. Emanzipierte Frauen können sie auch zuhause finden. Für mich ist es wichtig, von einem Mann als Partnerin behandelt zu werden, mit der man von gleich zu gleich reden kann. Für viele *Farang*-Männer hier scheint es ein Vorteil zu sein, mit ihrer Freundin keine gemeinsame Sprache zu haben und deshalb erst gar nicht reden zu müssen.

Natürlich gibt es auch Ausnahmen, und eine solche Aus-nahme habe ich getroffen: Einen österreichischen Ento-mologen, der das Sexualverhalten der verschiedensten Mottenarten in Khao Yai studierte und darüber eine wissenschaftliche Abhandlung schrieb. Er war sehr nett, konnte sich in meinen Kummer einfühlen und hat mich moralisch unterstützt. Mit seiner Hilfe gelang es mir, das Vergangene aufzuarbeiten, einen Schlussstrich zu zie-hen und eine neue Lebensphase zu beginnen. Zu diesem Zeitpunkt war dieser Freund sehr wichtig für mich. Aus dieser Beziehung ging mein zweiter Sohn hervor, Seppi. Und immer wieder, wenn ich diesen süßen Blondschopf anschaue, bin ich dem Schicksal dankbar – auch wenn mit seinem Vater nicht alles so lief wie damals erwartet. Seine Insekten waren ihm wichtiger als meine Kinder. Er reiste an seine Uni nach Österreich zurück, und ich habe ihn nie wieder gesehen.

Wieder einmal habe ich erfahren, wie vergänglich alles ist und dass es nichts nutzt, sich an jemanden festkrallen zu wollen. Doch mein neuer Lebensmut blieb mir erhalten. Ich vertraute einfach dem Schicksal und machte das, was mir in den Sinn kam und wie ich es für richtig und vernünftig hielt. Objektiv gesehen war es natürlich nicht immer vernünftig, was ich tat. Aber für mich ist der Augenblick wichtig, ich möchte mein Leben leben, ohne an die Vergangenheit und ohne an die Zukunft zu denken.

Das Gästehaus habe ich längst verpachtet, aber ich wohne weiterhin in unserem ersten Haus, das ich allerdings schon mehrmals umgebaut und renoviert habe. Immer wieder setze ich mich im Restaurant mit den Travellern zusammen und mache hier nettere Bekanntschaften als in Bangkok. Doch mit Europäern bin ich vorsichtig geworden. Manchmal unterliege ich zwar dem Charme eines romantischen Franzosen oder dem Werben eines reichen Schweden. Aber für die meisten bin ich mit meinem schwarzen und mit meinem weißen Kind in dem gemütlichen *Hüsli* im Dschungel, zwischen all meinen Bildern, ein exotischer Tupfer auf ihrer Reise – zwar ganz anders als die Thai-Frauen, aber auch nicht mehr als ein Urlaubsflirt.

Da sind mir die Thai-Männer lieber. Für sie bin ich zwar auch ein Exot. Aber Thai-Männer, die sich fürs Exotische, Fremdländische interessieren, die wollen etwas lernen, die respektieren meine Gedanken und Gefühle, mit denen kann ich viel besser umgehen. Jetzt lebe ich wieder mit einem Thai zusammen, einem etwas ausgeflippten Typen, einem Künstler wie ich, der mit Kennerblick meine Bilder bewundert, meine Liebe zur Malerei teilt, das Leben in der Natur schätzt und meinen Kindern ein echter Vater ist. Und einen Vater brauchen die Jungen, ich glaube, das ist ganz wichtig.

Ich habe in meinem jungen Leben schon einige Krisen überstanden, aus jeder bin ich stärker hervorgegangen. Ja, ich kann sagen: „Ich bin daran gewachsen." Das Leben geht weiter, alles ist im Wandel. Ich sehe der Zukunft mit Zuversicht entgegen. Solange ich meine Kinder, die Malerei und die Natur um mich habe, bin ich zufrieden.

In der tropischen Natur beobachte ich das extrem schnelle Wachsen. Wenn ich heute einen Stock in die Erde stecke, schlägt er nächste Woche aus und ist im nächsten Jahr ein Baum. Die Geckos schlüpfen aus ihrem kugelrunden Ei, fressen, werden groß, begatten sich, legen Eier und sterben. Alles ist ständige Veränderung. Wenn ich male, erlebe ich jeden Augenblick etwas Neues, jeder Pinselstrich, jeder neue Farbauftrag verändert das Bild. Es ist ein ständiger Prozess, etwas ganz Lebendiges, das, was ich schaffe. Ganz ähnlich ist es, wenn ich meine Kinder betrachte, wie sie wachsen, jeden Tag etwas Neues lernen, immer neue Fragen stellen, neugierig sind, wie sich ihr Wortschatz erweitert, sowohl in Deutsch und Englisch als auch in Thai – auch das ist ein ständiger Prozess, niemals Stillstand.

So erlebe ich das Glück in verschiedensten Momenten, mal mehr, mal weniger. Ich suche nicht danach. Es kommt, wie es kommt.

Mister Ali

Mister Ali ist Lehrer in einem muslimischen Fischerdorf an der Andamanensee.

Schon drei Jahre unterrichte ich in dieser Schule. Gleich nach dem Studium kam ich hierher auf diese abgelegene Insel. Ich bin in Hat Yai groß geworden und habe in der Prince of Songkla University im Pattani Campus Pädagogik studiert. Schon in meiner Schulzeit lernte ich sehr gutes Englisch. Früher gab es junge Amerikaner, die als Kriegsdienstverweigerer in Thailand ihren Ersatzdienst ableisten und als Englischlehrer arbeiten konnten. Mr. Alex ist aus jener Zeit hängengeblieben. Er unterrichtete meine Klasse, und ich war sein Lieblingsschüler. Um ihm Freude zu machen, lernte ich besonders eifrig. Er war ganz anders als die Thailehrer, er schlug uns nie, im Gegenteil, er verteilte kleine Geschenke, wenn wir gut waren. Er gab uns Punkte, die nannte er „Tokens", und wer zehn Tokens hatte, bekam ein Bonbon.
Ich durfte ihm auch privat helfen, für ihn kleine Besorgungen erledigen, und jedes Mal schenkte er mir eine Kleinigkeit dafür. Vor allem lernte ich aber durch den Kontakt mit ihm gutes Englisch.
Es war immer mein Traum, ein so guter Lehrer wie Mr. Alex zu werden.

Nach dem Studium werden die Junglehrer in Thailand irgendwo weit weg in die Provinz geschickt. Für mich war es ein riesiger Kontrast, von der großen Stadt Hat Yai zu dieser Inselschule. Dennoch habe ich mich gefreut, das einfache, ursprüngliche Leben kennenzulernen.

In der Zwischenzeit habe ich mich gut eingewöhnt. Die Menschen hier sprechen einen ähnlichen Dialekt, wie ich ihn von zuhause kenne.

Die Schule liegt sehr idyllisch im Grasland, direkt an einer Lagune. Der einzige Weg, das Dorf zu erreichen, ist mit dem Boot, aber die Fahrt dauert nur zwanzig Minuten. Unsere Schule ist eine islamische Schule, in der die Schüler vier Stunden pro Tag etwas über unsere Religion lernen und vier Stunden normalen Unterricht haben. Die Schule wird vom Staat unterhalten und die nicht religiösen Lehrer bekommen ein Regierungsgehalt.

Seit ein paar Jahren müssen die Schüler kein Schulgeld mehr bezahlen, aber die Kosten für Schuluniform und die Bücher kommen noch immer auf die Eltern zu. Das ist zwar nicht viel, etwa 600 Baht pro Schüler und Jahr, dennoch können es sich manche Eltern kaum leisten. Hier haben die Familien nämlich viele Kinder. Vier bis fünf sind die Regel, manche haben sogar sieben oder acht Kinder. Unsere Religion verbietet Familienplanung. Ich habe gehört, dass das bei Katholiken ähnlich ist. Ihr Oberhaupt, der Papst, hat auch die Pille und Kondome verboten. Wie sie es machen, dass sie trotzdem nicht so viele Kinder bekommen, hat mir noch keiner verraten.

Da unsere Schule im Tsunami-Gebiet liegt, wurde sie besonders gefördert. Die Schüler nehmen an einem speziellen Englischprogramm teil, deshalb bin ich hier, und einige Organisationen unterstützen bedürftige Familien.

In unsere Schule gehen Mädchen und Jungen, aber in den Klassenzimmern werden sie getrennt unterrichtet. Die Mädchen tragen alle eine Kopfbedeckung – wie es sich geziemt, auch die Lehrerinnen.

Unsere Schüler müssen ein großes Pensum bewältigen. Bei ihren Religionslehrern lernen sie Arabisch und Malaiisch, im normalen Unterricht Thai und Englisch. Arabisch ist eigentlich die ursprüngliche Sprache unseres Korans. Aber die Kinder müssen nicht die arabische Schrift lernen, das wäre zu viel verlangt. Sie sollen nur die wichtigsten Glaubenssätze auswendig können. Das Malaiische benutzt das lateinische Alphabet und ist deshalb viel leichter zu erlernen. Vielleicht hat es sich deshalb in Südostasien als Hauptsprache des Islam durchgesetzt.

Wie in jeder staatlichen Schule besteht unser Curriculum aus fünf Grundpfeilern:

1. *Grundfertigkeiten in der Thai-Sprache und in Mathematik*
2. *Lebenserfahrung, einschließlich Sozialkunde, Naturwissenschaften, Gesundheitserziehung und Bürgerpflichten*
3. *Charakterentwicklung, einschließlich Sport, Musik, darstellende Kunst und Kunsterziehung*
4. *Spezielle Erfahrungen, wie englische Sprache oder Vorbereitung auf Beruf und Leben*
5. *Erweitertes Thai-Studium*

Jeden Morgen vor Unterrichtsbeginn ist Fahnenappell. Wir sind genauso patriotisch wie die Buddhisten und wir lieben unseren König. Schon kurz vor acht versammeln sich alle Schüler im Schulhof um den Fahnenmast. Sie sitzen klassenweise auf dem Boden, in Reih und Glied. Um acht Uhr stehen alle Schüler auf und singen die Nationalhymne, während die Fahne gehisst wird. Muhammed, unser bester Sänger, singt durchs Mikrofon, so fällt es nicht so auf, wenn die anderen den Text nicht kennen oder falsch singen. Der Rektor hält eine kleine Ansprache und belehrt die Schüler, und dann strömen alle in ihr Klassenzimmer.

Schüler, die die zwölfte Klasse der Islamschule erfolgreich bewältigt haben, könnten sich auf einer staatlichen

Universität einschreiben. Aber deren Eltern versuchen das zu verhindern. Sie haben Angst, dass ihre Kinder dann vom Glauben abfallen würden. Wenn sie studieren dürfen, nur auf einer muslimischen Universität. Davon gibt es zwei in Thailand, eine in Bangkok und eine im Süden, die Yala Islamic University.

Wir Muslime in Thailand leiden darunter, dass die Extremisten im tiefsten Süden, also im Grenzgebiet zu Malaysia, immer wieder für Schlagzeilen sorgen. Ich bin der Meinung, dass es sich nicht um einen religiösen Konflikt, sondern um einen ethnischen handelt. Die Terroristen versuchen, den Terror religiös zu verbrämen, das ist das Schlimme daran. In unserem Dorf leben die *Muslims*, ethnische Thais, friedlich mit ihren buddhistischen Nachbarn zusammen. Auch im Norden des Landes wohnen *Muslims*. Aber sie sind ganz anderen Ursprungs, meist sind sie aus Yunan in China eingewandert.
In der Politik gibt es keine Diskriminierung. Auch ein *Muslim* kann Bürgermeister oder gar Parlamentsabgeordneter werden. Dass in unserem Personalausweis die Religionszugehörigkeit steht, finde ich zwar nicht gut, aber persönlich habe ich deshalb noch keine Benachteiligung gespürt. Und an meinem Namen kann sowieso jeder erkennen, dass ich mich zum Islam bekenne.

Natürlich haben wir andere Sitten und Gebräuche als die Buddhisten, aber wir sind tolerant und dadurch gibt es kaum Probleme. Wir *Muslims* beerdigen unsere Toten, die Buddhisten verbrennen sie. Wir nehmen nur Nahrung zu uns, die *halal* ist und essen kein Schweinefleisch, weil das Schwein ein unreines Tier ist. Ich gebe zu – trotz aller Toleranz : Es ekelt mich manchmal, wenn ich sehe, dass Menschen Fleisch von so einem schmutzigen Tier essen. Wir trinken keinen Alkohol. Das macht unsere Dörfer abends angenehm ruhig – keine Betrunkenen, die herumgrölen. Manche Leute kauen zwar *Betelnüsse* oder *Gaton*-Blätter. Das ist ein bitteres Grünzeug mit einer ähnlich stimulierenden Wirkung wie *Coca. Betel* und *Gaton* sind nicht direkt berauschend, aber ich glaube nicht, dass es im Sinne unseres Propheten gewesen wäre, dieses Zeug zu kauen. Als *Muslims* beten wir fünfmal pro Tag. Freitags ist schulfrei und die meisten Männer gehen in die Moschee. Wir tragen dazu einen weißen *Sarong*, ein weißes Hemd und auf dem Kopf die entsprechende Kappe. Unser *Imam* verlangt nicht, dass Frauen in die Moschee kommen.

Obwohl die Männer auf der Insel alle Fischer sind, hat jede Familie einen kleinen Hausgarten. Doch wird nichts zum Verkauf angebaut, nur Kräuter und Gemüse für den Eigenbedarf. Die Leute sind arm. Und die wenigsten tun etwas, um aus dieser Armut herauszukommen. Sie können jederzeit fischen oder sich eine Kokosnuss vom Baum holen, das reicht ihnen, um satt zu werden. Sie machen sich keine Gedanken, wie sie mehr verdienen könnten. Jedenfalls war das bisher so. Ich kann schwer beurteilen, ob das ein guter oder schlechter Charakterzug ist. Einerseits sind sie mit ihrem auf uns Außenseiter armselig anmutenden Leben zufrieden – sie denken nicht an morgen, sondern freuen sich an jedem Tag. Andererseits sind die meisten Leute total verschuldet und machen sich Sorgen, wie sie die Schulden zurückbezahlen können. Ich muss gestehen, ich habe auch schon eine größere Anschaffung für meine Eltern auf Ratenzahlung gekauft, das machen fast alle Thais. Aber ich kann ausrechnen, wann sie abbezahlt ist, und ich überstrapaziere meinen Kredit nicht. Den Fischern fehlt häufig das Geld, um Sprit für ihr Boot zu kaufen. Wenn der Motor des Bootes kaputtgeht, haben sie noch mehr Probleme. Aber das belastet sie nicht. Hier im Dorf wohnt ein Chinese, der hat einen kleinen Laden und verleiht Geld. Da die Fischer nie das Geld zurückbezahlen können, bekommt er einen entsprechenden Teil von jedem Fang. Er ist sozusagen der Partner der Fischer. Richtig reich wird der Chinese dadurch auch nicht, aber er kann in einem festen Haus leben und sich ein Moped leisten.

Nach dem Tsunami bekamen die Dorfbewohner neue Häuser, die von Hilfsorganisationen gebaut wurden. Leider haben sich die Verantwortlichen nicht die Mühe gemacht, die Kultur der Menschen zu berücksichtigen.
Traditionelle Häuser der *Muslims* hier im Süden sind einstöckig, auf niedrigen Pfosten errichtet, so dass keine Schlangen ins Haus kommen können. Die Küche ist auf der gleichen Ebene hinten im Haus.
Die Hilfsorganisationen hatten ihr eigenes Konzept für den Bau der Häuser. Es sollte wenig Platz beanspruchen, schnell zu bauen und vor allem billig sein. So haben sie zweistöckige Häuser gebaut, die Küche ebenerdig, den Wohn-/Essbereich im Freien und das Schlafzimmer oben. Die Leute wurden nicht nach ihren Bedürfnissen und Traditionen gefragt. Zunächst waren sie einfach dankbar, ein Dach über dem Kopf zu haben. Dann wurden sie unzufrieden. Aber mittlerweile haben sie sich daran gewöhnt, und viele haben ihre Tradition schon vergessen.

An jedem Haus hängt ein Vogelkäfig. Auch ich habe einen Vogel, der wunderschön singt und schon einige Preise gewonnen hat. Immer wieder fahren wir aufs Festland mitsamt unseren Vögeln, wenn ein Vogelsingwettbewerb stattfindet. Diese ehemals malaiische Tradition ist jetzt auch bei uns in Mode gekommen und ein beliebter Zeitvertreib geworden.

Nach dem Tsunami wurden hier nicht nur Häuser gebaut, sondern einige Organisationen fühlten sich auch dazu berufen, das Dorf zu entwickeln. Natürlich, die Menschen sind arm und nicht gerade sehr fleißig. Bisher sind sie aufs Meer gefahren, haben Netze ausgelegt, kamen zurück, haben gedöst, und nach ein paar Stunden sind sie wieder rausgefahren und haben die Fische eingesammelt. Jetzt haben die Hilfsorganisationen Projekte angefangen, um die Wirtschaft hier zu fördern. Es wird den Menschen etwas aufgezwungen, was sie nie wollten und was sie nicht brauchen. Entwicklung muss sein, das ist mir klar, aber um welchen Preis?

Nun gibt es in der Lagune Fischfarmen, da werden Fische gezüchtet, damit die Fischer nicht mehr auf dem Meer fischen müssen. Oder sie fangen bunte Korallenfische und halten sie in dem Lagunenwasser am Leben, bis ein Aufkäufer für Aquarienbedarf kommt. Das Irrste sind die Krebsfarmen. Da werden *Softcrabs* produziert. Für reiche Thais oder Touristen ist es zu mühsam, Krebse aus ihrer Schale zu lösen. Sie stehen auf Krebse, die man mitsamt ihrer weichen Schale verzehren kann. Manche glauben, das sei eine besondere Sorte, aber es sind ganz normale Krebse. Wenn die Krebse wachsen, müssen sie ihren Panzer abstoßen. Es dauert ein paar Tage, bis der neue nachwächst und hart wird. In dieser Zeit werden sie als *Softcrab* vermarktet.

Immer wieder höre ich von meinen Schülern, dass junge *Farangs* zu Besuch sind und versuchen, auf den Farmen mitzuarbeiten. *Volunteers* werden sie genannt. Es gibt extra Organisationen, die daran verdienen, diese jungen Menschen zu vermitteln. Sie meinen es alle gut, die *Farangs*, sie wollen helfen, aber ich als Lehrer merke, wie sie unseren Jugendlichen Flausen in den Kopf setzen. Trotzdem lade ich immer wieder einen jungen *Farang* in meinen Unterricht ein, damit er Englisch mit meinen Schülern spricht.

Wir sind zwar nicht ans öffentliche Stromnetz angeschlossen, doch die Regierung hat uns kleine Solaranlagen spendiert und eine Hilfsorganisation eine große Satellitenschüssel. Seitdem ist Fernsehen die Lieblingsbeschäftigung der Dorfbewohner geworden. Ob Kind oder Greis, wer nicht gerade etwas anderes wichtiges zu tun hat, sitzt auf dem Boden vor der Glotze. Nicht, dass ich etwas gegen die modernen Medien hätte, ich setze oft englische Filme im Unterricht ein. Das Problem ist, dass das Fernsehen die Leute unzufrieden macht. Bisher hat es ihnen gereicht, wenn sie satt wurden, ein Dach über dem Kopf und einen Vogel im Käfig hatten. Jetzt sehen sie ständig die Werbung im Fernsehen und den Wohlstand der Menschen in den täglich gesendeten *Soap Operas*. Da werden Bedürfnisse geweckt, die sie früher nie hatten. Es gibt bereits Leute, die Druck auf ihre Kinder ausüben, mehr zu lernen. Das müsste mir als Lehrer ja gefallen. Aber sie sollen lernen, damit sie später viel Geld verdienen, um den Eltern einen Flachbild-Fernseher kaufen zu können. Und zu beobachten, wie der Materialismus die guten Sitten zerstört, ist nicht so erfreulich für mich. Diese neuen Bedürfnisse treiben die Menschen zwar an, aber dass die Erfüllung der materiellen Wünsche sie glücklicher machen würde, scheint mir ein großer Irrtum zu sein.

Ich mache mir häufig Gedanken darüber, ob es früher, als die Leute von den modernen Errungenschaften keine Ahnung hatten, nicht besser war. Vielleicht kam ich hierher, auf diese abgelegene Insel, mit dem Traum einer heilen Welt. Durch Mr. Alex habe ich viel mitbekommen vom *American Way of Life* – den er übrigens gar nicht für so erstrebenswert hielt. Ich habe aber auch gelernt nachzudenken. Und jetzt wird das Denken oft zu einem Grübeln, denn ich habe hier niemanden, mit dem ich darüber reden könnte. Die religiösen Lehrer lehnen das Moderne kategorisch ab, für sie ist es nur ein Anlass für strengere Vorschriften, striktere Regeln und härtere Strafen. Die staatlichen Lehrer sehnen sich nach den neumodischen Errungenschaften, dem modernen Leben und warten nur darauf, von dieser Insel wegversetzt zu werden. Und die Fischer – die haben kein Interesse daran, Tatsachen intellektuell zu hinterfragen. So stehe ich alleine da, trauere meinem Traum von der heilen Welt nach und will gleichzeitig nicht altmodisch sein. Ich weiß, die Entwicklung lässt sich nicht aufhalten, soviel ich auch darüber nachdenke. Ich kann die Welt nicht ändern, ich kann Thailand nicht ändern. Nicht einmal dieses Dorf kann ich ändern. Nur auf mich selbst, da kann ich Einfluss nehmen.

Deshalb passe ich auf, dass mich die materialistische Gier nicht erfasst. Ich lebe sehr sparsam. Hier auf der Insel gibt es auch wenige Möglichkeiten, Geld auszugeben. Nur einmal im Jahr fahre ich nach Hat Yai, um meine Eltern zu besuchen. Auch am Wochenende, wenn ich aufs Festland fahren könnte, bleibe ich gerne hier. Nur ganz selten, für einen Vogelsingwettbewerb, schließe ich mich den anderen Männern an.

Meistens lese ich. Das ist zwar ungewöhnlich für viele Thais, aber ohne Bücher könnte ich nicht leben. Weil ich so sparsam bin, konnte ich mir nach einem Berufsjahr schon ein paar *Rai* einer Gummiplantage kaufen. Nach dem Tsunami war das Land auf der Insel sehr billig. So habe ich, neben meinem Lehrergehalt, noch die Einkünfte aus der Plantage.

Ich glaube zwar nicht, dass Geld glücklich macht. Aber ich brauche Geld, um glücklich zu werden. Ich habe nämlich ein großes Ziel, worauf ich spare. Nicht, dass ich hier im Augenblick unglücklich wäre. Den Armen zu helfen und Gutes zu tun, von der Dorfbevölkerung anerkannt und um Rat gefragt zu werden, macht mich glücklich. Auch einen Beruf zu haben, in dem ich meine Fähigkeiten einbringen kann und der mich befriedigt, trägt zu meinem Glück bei. Doch mein größter Traum ist es, nach Mekka zu pilgern und ein *Haddschi* zu werden. Ein größeres Glück, glaube ich, kann es auf Erden nicht geben.

Mutterland

Veronika hat die ganze Welt bereist, auf der Suche nach Heimat.

Wie hasse ich mein Mutterland, und wie hasse ich meine Mutter! Wie sehr liebe ich es aber auch, und wie oft zieht es mich nach Thailand zurück! Manchmal träume ich sogar davon, dort zusammen mit meinem Freund ein kleines Gästehaus aufzumachen, mich mit meiner Mutter zu versöhnen und ein glückliches Leben zu führen.

Vor 45 Jahren wurde ich in Thailand geboren. Mein Vater, ein Deutscher, war im diplomatischen Dienst, meine Mutter war seine Geliebte. Ich glaube, mein Vater liebte meine Mutter wirklich und er hätte sie geheiratet, als ich unterwegs war. Aber das wurde damals nicht gerne gesehen und schadete der Karriere, wenn ein Diplomat eine Einheimische ehelichte. Ob meine Mutter ihn geliebt hat? Ich weiß es nicht. Vielleicht, für kurze Zeit. Ziemlich sicher bin ich mir, dass sie mich nur auf die Welt gebracht hat, um mehr Geld aus ihm herauszupressen.

Mein Vater stimmte zu, dass ich im Dorf meiner Mutter im Isan aufwachsen sollte. Er gab ihr viel Geld für eine gute Babyausstattung und unterstützte sie monatlich. Sie versprach ihm, in ihrem Dorf zu bleiben und für mich zu sorgen. Das Geld war mehr als ausreichend. An diese Zeit kann ich mich natürlich nicht erinnern, ich weiß nur, was mir mein Vater darüber erzählte.
Als er uns in dem Dorf besuchte, muss er total schockiert gewesen sein. Es gab keine tolle Babyausstattung, ich hing in einem alten *Sarong* an der Decke und meine Groß-

mutter schaukelte mich ab und zu. Von meiner Mutter war weit und breit nichts zu sehen, und niemand in dem Dorf wollte ihm sagen, wo er sie finden könne. Aber als mein Vater nicht nachgab und zwei Tage lang insistierte, wurde sie verständigt und reiste an. Für sie wäre es viel zu langweilig in dem Dorf und sie meinte, ich sei in der Obhut der Familie gut aufgehoben. Natürlich ließ mein Vater noch mehr Geld da und handelte mit meiner Mutter ein Abkommen aus.

Beim zweiten Besuch meines Vaters sah es nicht viel besser aus, da hatte ich einen schlimmen Ausschlag. Beim dritten Besuch wurde ich gerade von einem Malariaanfall geschüttelt. Meine Mutter war nie anwesend.

Um mich aus diesem Milieu herauszuholen, setzte mein Vater alle Hebel in Bewegung. Er konnte nicht mit ansehen, dass sein Kind so aufwuchs. Auch wusste er, welches Schicksal Eurasierinnen später erwartete. Zwar waren *Luk Khrueng* (Luk = Kind, Khrueng = halb) in Thailand nicht direkt diskriminiert, sie galten sogar als besonders hübsch, aber meistens wurden sie später Edelhuren oder landeten im *Showbusiness*. Er wollte, dass ich als Deutsche in Deutschland aufwuchs, bei liebevollen Eltern. Tatsächlich schaffte er es, dass ich deutsche Adoptiveltern bekam und dass er trotzdem den Kontakt mit mir aufrechterhalten konnte. Wie das im Detail ablief, habe ich mir zwar oft ausgemalt, aber ich habe nie gewagt, danach zu fragen.

Er war in verschiedenen Ländern Diplomat, und jedes Jahr bei seinem Heimaturlaub besuchte er mich. Ich liebte meine Adoptiveltern über alles. Sie waren herzensgute Menschen und sind es noch immer. Sie hatten es nicht leicht mit mir, denn ich war ein schwieriges Kind. Für ihre Geduld und Güte werde ich ihnen ewig dankbar sein.

Meinen leiblichen Vater liebte ich abgöttisch. Ich bewunderte und verehrte ihn, nicht nur wegen der Geschenke, die er mir jedes Mal mitbrachte und den abenteuerlichen Geschichten, die er mir erzählte. Es war einfach eine innige Verbundenheit.

Als ich fünfzehn Jahre alt war, hielt es mein Vater für angebracht, dass ich in den Sommerferien nach Thailand zu meiner leiblichen Mutter reiste. Er sagte, ich habe zwei Wurzeln, eine in Deutschland und eine in Thailand. Jetzt sollte ich meine zweite Wurzel kennenlernen.
Er überwies meiner Mutter viel Geld, damit sie mir ihr Heimatland zeigen konnte. Mich setzte er in eine Maschine von Thai Airways und organisierte, dass ich als alleinreisendes Kind besonders betreut wurde. In Bangkok durfte ich als Erste aussteigen, wurde von einem Minibus zum Terminal gebracht, durch die *Immigration* geschleust, mein Gepäck kam als erstes auf dem Laufband an und die *Ground-Hostess* lieferte mich direkt bei meiner Mutter ab. Tatsächlich war sie am Flughafen und hielt, wie mein Vater es ihr aufgetragen hatte, ein Schild mit meinem Namen in der Hand.

Gütiger Himmel – das also war meine Mutter! Am liebsten hätte ich auf dem Absatz kehrtgemacht. Doch das geht nicht so einfach auf einem Flughafen – wo sollte ich denn hin? Sie trug hautenge Jeans und ein eng anliegendes rosa T-Shirt mit einem in Silberfäden aufgestickten Schmetterling. Und wie sie geschminkt war! Eine dicke Puderschicht und schwarzumrandete Augen! Wollte sie auf Schwester machen anstatt auf Mutter? Ihr Lächeln unter dem dicken Makeup sah gequält aus, aber immerhin – sie lächelte. Sie breitete die Arme aus und sagte: *„ Gut Moing, my doorte, sabai di mai?"* Ich hatte mir gar keine Gedanken gemacht, in welcher Sprache ich mit ihr reden sollte. Irgendwie hatte ich erwartet, dass mein Vater ihr Deutsch beigebracht hatte oder dass sie wenigstens Englisch sprach. Aber mein Vater war ja ein Sprachgenie und konnte sieben Sprachen sprechen, natürlich auch Thai. Ich aber konnte gerade mal das Englisch, das ich in der Schule gelernt hatte, und sie schien noch viel weniger zu können. „Das kann ja heiter werden", sagte ich laut.

Ich wäre gern in ein Hotel gegangen, um auszuschlafen, denn während des Flugs hatte ich kein Auge zugetan, so aufgeregt war ich. Aber meine Mutter bestand darauf, dass ich in ihrem Dorf ausschlafen sollte. Sie nahm ein Taxi und wir fuhren sieben Stunden lang in den Nordosten – mein Vater hatte ihr ja genügend Geld gegeben. Ich war todmüde und habe von der Gegend, durch die wir fuhren, nicht viel mitbekommen. Um nichts sagen zu müssen, stellte ich mich schlafend, auch wenn mir tausend Gedanken durch den Kopf gingen. Immer wieder redete ich mir ein: „Ich war damit einverstanden, nach Thailand zu reisen. Ich wollte dieses Land sehen. Ich wollte meine Mutter kennenlernen. Ich bin stark. Das stehe ich durch." Zehn Minuten vor Ankunft rüttelte mich meine Mutter unsanft und versuchte, mir den thailändischen Gruß beizubringen. Ich musste die Hände falten und immer und immer wieder „Sawatdi kha" sagen, bis sie zufrieden war. Endlich kamen wir in dem Kaff an. Das Taxi hielt vor einem schäbigen, zweistöckigen Holzhaus. Alle Bewohner kamen herausgestürzt und gafften mich an. Meine Mutter stellte mir alle vor: „my mote, my fate, my bude, my sitte" und so weiter, ich musste immer die Hände falten und „Sawatdi kha" sagen, wie sie es mir beigebracht hatte.
Meine Großmutter gab mir zu verstehen, dass ich mich neben sie auf den Boden setzen sollte, und ein Mädchen servierte mir lauwarmes Wasser in einem Plastikbecher.

Auch wurde mir hier, auf dem Boden, das Essen serviert. Alle Verwandten saßen um mich herum und schauten zu. Hunger hatte ich keinen. Ich war nur müde, wollte aufs Klo, unter die Dusche und endlich in mein Zimmer. Man stellte dampfenden Reis und eine Schüssel mit roter Soße vor mich hin. In der Soße schwammen Zwiebelstücke, Gemüse und Hühnerknochen. Sicher erwarteten alle, dass ich mich freudig auf das Essen stürzte. Meine Mutter klärte mich auf: *„Led Cöly – veli gut."* Aber mir war wirklich nicht nach diesem Roten Curry, auch wenn er noch so gut sein sollte. Aus reinem Anstand probierte ich einen Löffel voll. Meine Güte – war das scharf! Es hat mich große Überwindung gekostet, den Bissen nicht wieder auszuspucken. Aber alle starrten mich an, so schluckte ich ihn tapfer hinunter. Mir wurde ganz heiß und die Tränen liefen mir herunter. Meine Zuschauer lachten.

Zum Klo wurde ich über den Hof zu einem Loch geführt, dem nur löchrige Bambusmatten etwas Sichtschutz boten. Toilettenpapier gab es keines, zum Glück hatte ich welches eingesteckt. Dann wurde mir der Waschplatz gezeigt. Mit einem Blechkübel sollte ich das trübe Wasser, das in einer Betonwanne vor sich hingammelte, über mich gießen. Dazu musste ich einen Stoff um mich binden, eine Art altes Tischtuch. Wie man sich unter diesem Tuch waschen und dabei sauber werden sollte, habe ich nicht kapiert. Ich war von allem so schockiert, dass ich die Tränen nur mit Mühe zurückhalten konnte. Ich war sauer auf meinen Vater. Wie konnte er mich diesen Verhältnissen aussetzen, ohne mich darauf vorzubereiten? Erst später sollte ich erfahren, dass er mit meiner Mutter ausgemacht hatte, dass wir in guten Hotels logieren und nur für einen Tagesbesuch in ihr Dorf gehen sollten. Zum Schlafen führte man mich in einen Verschlag ohne Fenster, in dem einige Bambusmatten am Boden lagen.

Meine Großmutter gab mir noch ein muffiges Kissen, dann ließen sie mich allein. Ich weinte mich in den Schlaf.

Am nächsten Morgen stellte ich fest, dass in dem Verschlag noch andere Frauen und Mädchen schliefen. Und Spinnen, riesige Spinnen spazierten ganz gemütlich über mein Kopfkissen! Mein ganzer Körper war zerstochen, Moskitos, Wanzen oder – was weiß ich! In Deutschland war ich in einem schönen, sauberen Haus aufgewachsen, und von einem Tag auf den nächsten fand ich mich in solchen Verhältnissen! Zum Frühstück stellte man eine Schüssel mit einer undefinierbaren Pampe vor mich hin. Jetzt war ich so hungrig, dass ich doch ein paar Löffel voll hinunterschluckte. Es war eine Art Reisschleim, wie man ihn Kranken oder Zahnlosen einflößt. Grauenhaft! Von meiner Mutter war weit und breit nichts zu sehen. Erst gegen Mittag tauchte sie wieder auf, sie hatte in der Stadt in einem klimatisierten Hotel übernachtet. Ich wusste überhaupt nicht, was ich in dem Dorf machen sollte. Es regnete fast den ganzen Tag. Man setzte mich auf den Boden vor den Fernseher. So könne ich am besten Thai lernen. Meine Mutter hatte ihrer Familie einen großen Geldbetrag dagelassen, sie hatte ja genügend von meinem Vater. Die männlichen Familienmitglieder setzten das Geld gleich in Whisky um, sie saßen auch vor dem Fernseher, wurden laut und ungehobelt, immer betrunkener und aufdringlich. Es war nicht zum Aushalten!
Das waren die schrecklichsten Tage meines Lebens, an die ich mich erinnern kann.

Nach zwei Tagen war meine Mutter bereit, mir die Stadt zu zeigen. Khon Kaen hieß die Stadt. Ich war fest entschlossen, nicht wieder in dieses Dorf zurückzukehren und hatte auch schon einen groben Plan, wie ich das bewerkstelligen wollte. Sie lud mich im *National Museum* ab. Da sie selbst nichts mit Kultur am Hut hatte, wollte sie etwas *shoppen* gehen und mich nach zwei Stunden wieder abholen. Kaum war sie außer Sichtweite, fragte ich mich zum *Telegraphenoffice* durch, und es gelang mir, per R-Gespräch mit meinem Vater zu telefonieren. Ich erzählte ihm alles und er stimmte endlich zu, mir Geld zu überweisen, damit ich alleine zurückreisen konnte. Er erklärte mir auch genau, wie und wo ich zu dem Geld käme und in welchem Hotel ich übernachten solle. Er wollte, dass ich sofort wieder zurückflog, und er sagte, dass er den Flug für mich umbuche. Aber ich bestand darauf, alleine in Thailand zu reisen, wenn ich schon mal da war. Da ich erst fünfzehn Jahre alt war, sei das nur mit schriftlicher Erlaubnis der Erziehungsberechtigten möglich, behauptete er. Als Diplomat müsse er das wissen. Also drängte ich so lange, bis er bereit war, mir diese Erlaubnis zu geben. Ich wäre auch ohne Erlaubnis abgehauen. Ich übernachtete im Kosa Hotel in der Sri Chan Road, wie mein Vater es angewiesen hatte. Tatsächlich erhielt ich drei Tage später die Benachrichtigung, dass ich das Geld in der Siam City Bank in derselben Straße abholen könne. Ich war wirklich überrascht, wie gut seine Beziehungen funktionierten. Auch schickte mein Vater die Reiseerlaubnis per Telefax an das Kosa Hotel.

Meine Mutter sah ich nie wieder. Auf mein Gepäck, das ich in ihrem Dorf hatte, verzichtete ich gern, wenn ich nur nicht wieder dorthin musste. Alle Wertsachen hatte ich dabei. Um mir das Allernötigste, wie Zahnbürste und Unterwäsche, zu kaufen, tauschte ich am ersten Tag ein paar D-Mark um, später kam ja das Geld von meinem Vater.

Im Hotel lernte ich einen Schweizer Geschäftsmann kennen, der mir riet, in den Süden zu reisen, am besten an die Golfküste, weil da zurzeit das Wetter am angenehmsten

sei. Es gäbe dort den leicht mit der Eisenbahn zu errei-
chenden Ferienort Hua Hin, wo hauptsächlich betuchte
Bangkoker Urlauber machten. Weiter im Süden wusste
er eine Insel, Ko Samui. Es sei zwar mühsam, dorthin
zu gelangen, aber die Kokosnuss-Insel mit ihren freundlichen Fischern würde mir sicher gefallen. Ich könnte
dort einige Europäer treffen, hauptsächlich Hippies und
Aussteiger, aber auch schon einige Globetrotter hätten die
Insel entdeckt. Man müsse nicht mehr unbedingt bei den
Fischern am Strand wohnen. An den schönsten Stränden,
Lamai und Chaweng, seien ein paar Hütten für Traveller
gebaut worden.

Das hörte sich fantastisch an für mich, dieser Ort schien
weit genug weg von meiner Mutter, dem Nordosten und
diesem schrecklichen Dorf – und doch in Thailand, wo ich
ja hinreisen wollte. Also kaufte ich mir einen Rucksack
und ein paar Klamotten und wurde, im Alter von fünfzehn
Jahren, eine *Backpackerin*.
Damals gab es natürlich noch keinen Flughafen auf Ko
Samui und die Anreise war wirklich beschwerlich. Zuerst musste ich mit dem Bus nach Bangkok und mit dem
Nachtzug nach Phunpin, dem Hauptbahnhof von Surat
Thani fahren. Vier Stunden dauerte die Überfahrt mit dem
Schiff zur Inselhauptstadt Nathon. Von dort brachte mich
ein Pickup zum Chaweng Beach und lud mich im First
Bungalow ab.
85 Baht kostete damals eine Hütte pro Nacht. Heute gibt
es diese Anlage übrigens immer noch, und sie gehört
noch derselben Familie. Sie hat sich allerdings zu einem
4-Sterne-Hotel gemausert und man zahlt jetzt 4800 Baht
pro Bungalow.

Auf Ko Samui habe ich mich mit Thailand versöhnt,
ja, es lieben gelernt. Die „Mama" vom First Bungalow

nahm mich unter ihre Fittiche, und schnell war ich mit den thailändischen Lebensgewohnheiten vertraut. Unter ihrer liebevollen Anweisung hatte ich Spaß am *Aab Naam,* der Kübeldusche, das thailändische Essen schmeckte mir fantastisch, und ich lernte in fünf Wochen so viel Thai, dass ich mich gut verständigen konnte. Ich muss wohl etwas von der Sprachbegabung meines Vaters geerbt haben!

Henry, ein netter Hippie-Typ aus den USA mit langen blonden Haaren und muskulösem Körper, wies mich ins ABC des Globetrottens ein. Schnell wandelte sich mein mageres Schulenglisch in fließenden amerikanischen Slang, und ich erfuhr, wo die besten *Traveller*-Plätze in Südostasien sind, wie man handelt oder auf einem Boot anheuert.

Abends spielten wir, *Traveller* und Einheimische gemeinsam, auf dem breiten weißen Strand Volleyball, später zupfte einer auf der Gitarre und alle sangen mit. Und tagsüber konnte ich nach Herzenslust im Meer baden, die Umgebung erkunden und Neues lernen. Und es gab eine Menge zu lernen.

Die Kokospalmen haben mich total fasziniert. Für mich sahen sie vor allem schön aus, es gefiel mir, wie sie sich graziös im Winde wiegten. Aber für die Einheimischen waren sie der „Baum des Lebens". Nicht nur, dass die Nüsse die größte Einnahmequelle waren – mehr als zwei Millionen Kokosnüsse wurden monatlich aufs Festland verschifft und verkauft – alles von dieser Palme wurde für das tägliche Leben benötigt. Aus dem Holz des Stammes wurden Häuser, Brücken und Möbel gebaut, mit den Palmwedeln wurden die Hütten gedeckt.

Die Kokosmilch, aus dem Fruchtfleisch gewonnen, ist aus der Thai-Küche nicht wegzudenken. Ich habe gelernt, die Kokosnuss auf einem Stein aufzuschlagen und auf einem niedrigen Schemel sitzend, aus einer halben Kokosnuss mit einem einfachen Werkzeug das Kokosfleisch herauszuraspeln. Die frischen Kokosraspeln wurden in heißem Wasser eingeweicht und in einem Tuch ausgepresst. Schon hatte man die Kokosmilch. Heutzutage glaube ich, macht das kein Mensch mehr. Alle kaufen die fertige Kokosmilch in Dosen. Natürlich lernte ich auch, daraus *Currys* zu kochen. Den *Green Curry* mochte ich besonders gern.

Lung Nanat, Mamas Mann, holte mir manchmal eine junge Nuss vom Baum, weil ich das Kokoswasser so gern trank. Es schmeckte so köstlich und war das Beste gegen den Durst. Einmal zeigte mir Lung Nanat eine kleine Manufaktur, in der die Nüsse getrocknet wurden, um *Kopra* zu erhalten. Aus dieser *Kopra* machte Mama Kokosöl, das sie zum Massieren verwendete und in ihre Haare schmierte, damit sie schön glänzten.

Und dann gab es noch die Fasern, die die Nuss umhüllen. Damit wurden die Matratzen gestopft oder Matten hergestellt. Auch Seile konnten sie daraus drehen.

Bei der Ernte der Nüsse sah ich besonders gerne zu. Man kann es zwar nicht glauben, aber es war tatsächlich so: Affen wurden auf die Palmen geschickt, welche die reifen Kokosnüsse vom Stiel drehten. Das kann natürlich nicht jeder Affe. Junge Makaken wurden – und werden übrigens immer noch – aus dem Dschungel geholt und auf die *Monkey Training School* in der Nähe von Surat Thani geschickt. Dort werden sie fünf Monate lang ausgebildet. Lustig sah es aus, wenn diese Affen auf dem Soziussitz eines Motorrads zur Arbeit fuhren.

Es war August und *Rambutan*-Zeit in Ko Samui. Büschelweise wurden mir diese köstlichen, roten Früchte mit den weichen Haaren zugesteckt. Das weiße Fruchtfleisch war saftig und süß. Auch *Durian*, die stachelige Stinkfrucht, musste ich probieren. Das sind große Kaliber, die ich nicht alleine aufmachen konnte. Die erste, die mir Mama servierte, begeisterte mich nicht sonderlich. Doch ich gewöhnte mich an den Geschmack und wurde fast süchtig danach.

Da Mama natürlich Buddhistin war, lernte ich auch einiges über ihren Glauben. Besonders gefallen hat mir, wie sie mir das Leben des Buddhas näher brachte. Sie zeigte mir ein Bilderbuch mit Comics und erzählte dazu. Der Buddha – sie nannte ihn Siddhartha – lebte vor langer, langer Zeit im heutigen Nepal und Indien. Sein Vater war König, seine Mutter Königin. Mit sechzehn Jahren wurde er mit einer Prinzessin verheiratet, die damals fünfzehn war, so alt wie ich. Der junge Siddhartha lebte mit seiner Frau in einem schönen Palast, und es mangelte ihnen an nichts.

Einmal wurde es ihm zu langweilig in seinem schönen Palast und er ging hinaus. Da sah er leidende Menschen, Alte, Kranke und Sterbende, denen es richtig schlecht ging. Es war seine erste Begegnung mit dem Leid. Da entschloss er sich, nach der Befreiung vom Leiden zu suchen. Mit 29 Jahren, am Tag der Geburt seines Sohnes, verließ er seinen Palast und wurde ein Asket. Nach sechs Jahren merkte er, dass ihn dieses Leben nicht weiterbrachte, und er suchte seinen eigenen Weg. Als er mit 35 Jahren unter einem *Bodhi*-Baum meditierte, einem Baum, wie er auch hier im Klostergarten steht, fand Buddha die Erleuchtung. Ab dieser Zeit predigte er. Nicht nur Asketen und Gelehrte wurden seine Anhänger, sondern Männer und Frauen aus allen Schichten.

Über die Lehre Buddhas habe ich damals noch nicht viel erfahren, wichtig für Mama war die praktische Ausübung ihres Glaubens: das Geisterhäuschen täglich zu versorgen, den Mönchen morgens Essen zu geben und zu Vollmond in den Tempel zu gehen.

Ja, das war eine schöne Zeit damals in Ko Samui. Sowohl mit den Einheimischen als auch mit den *Travellern* habe ich mich gut verstanden. Ich bekam richtig Lust, noch viel von der Welt kennen zu lernen, und das habe ich auch getan. Bis jetzt habe ich das Globetrotten nicht aufgegeben.

In Deutschland machte ich die Schule fertig, und obwohl ich nicht viel lernte, hatte ich so gute Abiturnoten, dass ich ein Stipendium für die USA bekam. Ich studierte *Computer Science*, ein damals in Deutschland noch wenig bekanntes Fach. Am Ende des Studiums bin ich quer durch die USA getrampt.

Immer wieder bekam ich gut bezahlte Jobs in Deutschland, Brasilien, Australien und Japan. Zwar war ich durch mein Studium oft überqualifiziert, aber Frauen hatten zu jener Zeit wenige Chancen, in höhere Sparten einzusteigen. Als Programmiererin kam ich überall unter. So verdiente ich genügend Geld, um meine Reisen zu finanzieren. Ich habe auf einem Frachtschiff die Südsee durchquert und bin mit einem Einbaum durch die Dschungel Papua Neuguineas gefahren. In einem *Unimog* bin ich mit meinem damaligen Freund quer durch Afrika von Tunesien bis zum Kap der Guten Hoffnung gefahren. Auf dem Amazonas und seinen Nebenflüssen habe ich die wildesten Abenteuer erlebt. Am liebsten reiste ich in Asien. Durch mein asiatisches Gesicht und meine Sprachkenntnisse – ich spreche mittlerweile acht Sprachen fließend – habe ich es hier besonders leicht.

Mein Gesicht – dieses asiatische Gesicht – erinnert mich immer wieder an meine leibliche Mutter. Tatsächlich ist es dieser Frau im letzten Jahr gelungen, meine Pflegeeltern auszukundschaften und ihnen einen Brief an mich zukommen zu lassen. Fast zwanzig Jahre wollte sie nichts von mir wissen, doch jetzt, wo sie alt und krank ist, erinnert sie sich wieder, dass sie eine Tochter hat. Aber ihr Brief war so nichtssagend und kein Wort der Entschuldigung oder des Bedauerns, so in der Art: „Mir geht es gut, wie geht es dir? Das Wetter ist schön, wie ist es bei euch?" Ich weiß nicht, ob mich dieser Brief mehr berührt oder mehr verärgert hat.

Auch weiß ich nicht, was ich will oder soll. Warum zieht es mich immer wieder nach Thailand? Warum träume ich sogar davon, in diesem Land, irgendwo am Meer, zusammen mit meinem Freund, ein Gästehaus aufzumachen? War vielleicht mein Reisen durch die ganze Welt eine Suche nach Heimat? Kann ich vielleicht nur in meinem Mutterland glücklich werden? Die Thais sprechen von „matu phum", die Erde, das Land von der Mutter, also Mutterland. Es ist viel gebräuchlicher als „pitu phum", Vaterland, da die Mutter eine viel wichtigere Bedeutung für die Kinder hat als der Vater.
Ich kenne die Adresse meiner Mutter, ich habe sogar ihre Handynummer. Aber noch habe ich es nicht geschafft, sie anzurufen. Immer wieder kommt mir in den Sinn, was sie mir angetan und wie sie meinen Vater ausgenommen und ihm das Leben zur Hölle gemacht hat. Ich weiß, ich kann nicht glücklich werden, solange ich ihr nicht verziehen habe, aber ich bin noch nicht so weit. Doch irgendwann werde ich es tun, vielleicht schon bald.

Nathi mit den langen Haaren

Kim arbeitet als Putzfrau in einer kleinen Bungalow-anlage auf Ko Samui. Sie ist sehr um das Wohl ihrer Kinder bemüht. Ihr Jüngstes, Nathi, hat sie immer bei sich, sogar bei der Arbeit.

Kinder sind doch das Wichtigste im Leben, oder nicht? Also muss ich als Mutter dafür sorgen, dass es meinen Kindern gut geht. Und wenn meine Kinder glücklich sind, bin ich auch glücklich.

Mein jüngstes Kind, Nathi, ist gerade drei Jahre alt. Ich arbeite in einer kleinen Bungalowanlage auf Ko Samui. Es ist ein *Part-Time-Job* und die Arbeitszeit ist flexibel. Besonders froh bin ich, dass ich Nathi bei der Arbeit immer dabeihaben kann. Ich könnte das Kind zwar bei meiner Mutter lassen, aber das ist nicht gut. Ein Kind gehört zur eigenen Mutter, nicht zur Oma, finde ich. Auch wenn viele meiner Freundinnen das anders sehen und handhaben. Oft wachsen die Kinder bei Tanten oder Omas auf und kennen die eigene Mutter kaum. Mein Kind soll es besser haben, ich will ganz für es da sein. Mein Mann hat zwar einen ordentlichen Job, aber wenn ich etwas dazuverdiene, kommt es unseren Kindern zugute. Später sollen sie mal auf eine gute Schule gehen, das ist ganz wichtig für uns. Und wenn mein Kleinstes schon früh unter Touristen ist, schnappt es vielleicht ein paar Worte Englisch oder Deutsch auf und hat es dadurch später leichter im Leben.

Mir wäre es natürlich recht, wenn Nathi während meiner Arbeitszeit ruhig in einer Ecke sitzen würde. Aber es ist ein lebhaftes Kind und muss immer etwas tun. Es darf in der ganzen Anlage spielen und herumtoben.

Die meisten Touristen mögen Nathi. Sie sagen, dass das Kind mit seinen großen schwarzen Augen und den langen Haaren ganz süß aussehe. Oft wird Nathi sogar fotografiert. Es freut mich, dass mein Kind den Fremden so gut gefällt. Ich habe ihm die thailändische Begrüßung beigebracht, und wenn Gäste kommen und Nathi die Hände faltet und seinen *Wai* macht, sind die Touristen ganz hingerissen. Zur Verabschiedung kann das Kind winken und „Bye bye" sagen, was fast genauso gut ankommt.

Nur mein Arbeitgeber, der mag Nathi nicht so gerne. Wenn der in die Nähe kommt, fängt Nathi an zu schreien. Dem Chef gefällt es nicht, wenn das Kind, während die Gästezimmer geputzt werden, seine Kekse auf den Boden brösel oder seine Milch verschüttet. Auch dass es mit Steinen werfen oder mit Chemikalien, wie Insektenspray oder Kloreiniger, spielen darf, sieht der Chef nicht gerne. Aber man kann einem Kind ja nicht alles verbieten.

Wenn der Chef „frecher Bengel" sagt, weiß ich schon, wen er meint. Aber die Gäste verstehen das nicht. Einmal hat ihn eine Touristin gefragt, warum er zu diesem süßen Mädchen immer „Bengel" sagt, und nicht „Bengeline". Das hat mir Frau Schmidt, die jedes Jahr ihren Urlaub in unserem Resort verbringt, später erzählt. Bengel sage man zu einem Jungen und Bengeline zu einem Mädchen, hat sie erklärt. Frau Schmidt wollte nicht glauben, dass Nathi ein Junge ist. Und warum er lange Haare hat und wie ein Mädchen hergerichtet ist, konnte ihr der Chef ebenso wenig erklären. Der weiß es auch nicht, er hat noch nie danach gefragt.

Frau Schmidt ist eine nette Frau, sie interessiert sich für unsere Bräuche und hat sogar schon ein paar Wörter in unserer Sprache gelernt. Das hört sich immer sehr lustig an, wenn sie „*Sawatdi ka*" sagt oder „*Kopkun ka*". Deshalb mag ich sie. Auch schenkt sie Nathi immer wieder Süßigkeiten, sogar teure Schokolade aus Deutschland.

Sie ist schon viel gereist und kennt die Sitten von verschiedenen Ländern. Deshalb denkt sie sich auch so komische Sachen aus. In einem Land – ich glaube, es soll Nepal heißen – da gebe es Teufel, hat sie erzählt, die gerne kleine Jungen entführen. Deshalb würden dort die Leute die kleinen Jungen als Mädchen verkleiden und sie schminken, damit der Teufel sie nicht erkennt. Sie hat sich gedacht, dass diese Teufel aus Nepal vielleicht auch nach Thailand kommen. Komisch, nicht wahr? Wir sind Buddhisten und haben nicht so einen Aberglauben!

Also kläre ich Frau Schmidt auf, damit sie nicht weiterhin so seltsame Sachen denken muss, und erzähle ihr, was es mit den langen Haaren von Nathi auf sich hat.

Seit seinem zweiten Lebensjahr war Nathi viel krank. Er hatte Schnupfen, Husten, Fieber, Durchfall und etliche andere Krankheiten. Ich war oft mit ihm beim Doktor und habe viel Geld für Medizin ausgeben müssen. Meiner Mutter war aufgefallen, dass Nathi immer nach dem Haareschneiden krank wurde. Sie ging mit ihm in ein Kloster zu einem berühmten Mönch, der außergewöhnliche Kräfte besitzt und auch Krankheiten heilen kann. Er hat eine Zeremonie durchgeführt, hat dann Nathis Haare zwischen seine Finger genommen und Folgendes zu meiner Mutter gesagt: „Du darfst Nathis Haare nicht mehr schneiden, bis er sieben Jahre alt ist. Dann wird er gesund bleiben."

Frau Schmidt wunderte sich, und ich glaube, sie findet das nicht so gut. Deutsche sind ja oft sehr kritisch. Sie befürchtet, wenn ich meinen Sohn wie ein Mädchen behandele, dass er dann vielleicht schwul oder gar ein *Kathoey* wird. *Kathoeys*, das sind die Männer, die auf Frau machen, sich schminken, Frauenkleider tragen und sich sogar Brüste implantieren lassen.

Aber ich erziehe Nathi nicht wie ein Mädchen, er ist eigentlich ein ganz wilder Junge, und das finde ich gut so. Das Aussehen alleine, wie zum Beispiel lange Haare macht keinen schwul, glaube ich. Das ist Veranlagung oder etwas in der Art. In unserer Familie gibt es bisher keine Schwulen.

Für mich ist wichtig, dass der Junge gesund und glücklich ist. Seine Haare sind jetzt schon mehr als schulterlang und seit wir sie nicht mehr schneiden, war er nicht mehr krank.

Thailand als Therapie

Emil, ein stattlicher Bremer, hadert mit seinem Schicksal. Da dieses eng mit Thailand verknüpft ist, konfrontiert er sich bewusst nochmals mit diesem Land.

Oft frage ich mich, warum ich hier bin. Warum schlafe ich in dieser primitiven Bambushütte, auf dieser unmenschlich harten Matratze, weit weg von aller Zivilisation? Warum ertrage ich die schwere, körperliche Arbeit, die eiternden Wunden, die Stacheln in der Haut, die Moskitostiche? Warum habe ich mir das nur angetan?

Jeden Abend sitze ich einsam auf dem Terrassenboden der Bambushütte und lehne mich an die Wand. Ich beobachte die Geckos, die mit blitzartiger Geschwindigkeit Nachtfalter fangen, und ich grüble – grüble über mein Leben, hadere mit dem Schicksal. Im Januar ist es recht kühl hier im Norden Thailands. Bei uns in Deutschland würde man diese Nächte vielleicht als lau bezeichnen. Aber für ein tropisches Land ist es etwas Besonderes, wenn man lange Hosen und einen Pulli anziehen muss. Manchmal wird mir bewusst, wie angenehm sanft der frische Wind von den Bergen herunter weht, wie die letzten roten Wolken von der Dunkelheit verschluckt werden und es ganz schnell Nacht wird.

Wie sehr habe ich mich immer danach gesehnt, solche Abende in trauter Zweisamkeit zu genießen, an nichts zu denken und in Romantik zu schwelgen. Jetzt „schwelge" ich jeden Abend in düsteren Gedanken, zünde eine Moskitospirale an und hole mir ein *Singha* Bier.

In Deutschland trinke ich eigentlich nie Alkohol, aber hier bin ich es aus früheren Zeiten so gewohnt, es war ein Ritual zum Sonnenuntergang und ich will daran festhalten. Rituale braucht der Mensch und das ist das Einzige, was mir geblieben ist.

Vielleicht ist dieses Ritual aber nicht gut – es erinnert mich an bessere Zeiten, als ich ein schönes Haus in Chiang Mai bewohnte, mein kühles Bier in einem bequemen Armsessel trank und Hoffnung für die Zukunft hatte.

Ich bin jetzt 72 Jahre alt, ein Meter achtundneunzig groß und immer noch stattlich, so denke ich wenigstens. Kräftig bin ich auch noch. Heute habe ich einen 50 Kilogramm schweren Zementsack vom Kleinlaster gehievt. Eigentlich war das zu schwer für meinen Rücken, ich hatte schon einmal einen Bandscheibenvorfall. Aber ich wollte Khun Pat nicht enttäuschen, der mich in seinem Garten arbeiten lässt. Und arbeiten will ich, um Abstand zu bekommen, Abstand zu all dem Gräulichen, das im letzten Jahr passiert ist, zu all dem unaussprechlich Traurigen und Deprimierenden.

Es ist schwierig, so alleine zu sein, niemanden bei mir zu haben, der meine Sprache spricht. Jeden Morgen um acht Uhr bekomme ich ein Frühstück. Die Hauswirtin serviert es mir persönlich. Sie spricht sogar Englisch, aber mein Englisch ist nicht gut genug für eine Unterhaltung. Sie bringt mir immer zwei Scheiben Toast, etwas Butter, ein Rührei und einen Pulverkaffee. Das reicht mir. Ich bin genügsam. Nur, dass das Rührei nach Fisch schmeckt, gefällt mir nicht. Heute Morgen habe ich versucht, Ratana klar zu machen, dass sie die Pfanne spülen oder nicht das Öl verwenden soll, in dem sie schon Fische gebraten hat. Sie hat nur gelacht und wahrscheinlich nichts verstanden.

Drei Menschen gibt es in meinem Leben, die sehr wichtig für mich sind, sozusagen die Säulen meines Lebens. Es sind Trudi, meine erste Frau, Angelika, das Kind aus meiner zweiten Ehe und der kleine Willi, das Kind aus meiner dritten Ehe. Nicht sehr tragfähig, diese Säulen, das gebe ich zu. Aber worauf sonst soll ich mich stützen? Der kleine Willi ist erst vier Jahre alt und lebt in Bremen bei seiner thailändischen Mutter, mit der ich noch immer verheiratet bin.

Angelika ist körperlich und geistig behindert und lebt auch mit ihrer thailändischen Mutter, von der ich geschieden bin, in Deutschland. Sie ist ein so liebes Kind, für sie habe ich alles getan.

Und Trudi, meine erste Frau, sie ist gestorben, einfach gestorben, als sie erst 41 Jahre alt war.

Wieder kommen mir die Tränen, wenn ich daran denke. Ich bin ein sentimentaler Mensch, und ich weine immer wieder. Ungewöhnlich für einen Mann, aber so bin ich eben!

Oft bin ich tief ergriffen. Als ich in Bangkok ankam, ging ich zu dem Palasttempel Wat Phra Keo. Vor dem Tor saß ein Bettler. Er hatte keine Füße mehr. Das hat mich so erschüttert, dass ich ihm 1000 Baht hinlegte. Aber er konnte sie nicht einmal mit der Hand wegnehmen, er musste den Mund benutzen, denn seine Hände waren total verkrüppelt. „Lepra", dachte ich. Heute ist die Krankheit in Thailand so gut wie ausgerottet, es gibt wirksame Medikamente dagegen. Aber der Bedauernswerte wurde 30 Jahre zu früh geboren. Nachts konnte ich nicht schlafen und musste immer wieder an diesen Bettler denken. Am nächsten Morgen ging ich nochmals zum Tor des Wats, doch er saß nicht mehr dort.

An Trudi habe ich nur schöne Erinnerungen. Sie war die Liebe meines Lebens. Wir haben viele schwierige Zeiten gemeinsam durchgestanden, es war nicht immer leicht nach dem Krieg. Ich weiß, dass es in jeder Ehe Höhen und Tiefen gibt. Das gehört dazu. Aber mir sind nur noch die Höhen im Sinn.

Als sie starb, habe ich den teuersten Sarg für sie gekauft und ihr das schönste Abendkleid und allen Schmuck angezogen. Ich war nicht mehr fähig zu arbeiten, habe meinen Betrieb aufgegeben und ein Jahr lang Schwarz getragen. Ein ganzes Jahr rührte ich keine Frau mehr an. Alles ließ ich so, wie Trudi es verlassen hat, nichts änderte ich im Schlafzimmer, im Haus. Manchmal war es mir, als sei sie noch da, als läge sie neben mir.

Nach einem Jahr packte ich auf Drängen meiner Freunde all ihre Kleider zusammen und brachte sie zum Hafen. Dort waren *Boat People* aus Vietnam angekommen, ihnen wollte ich sie geben. Am Hafen traf ich Mali, eine Thailänderin, die beim Verteilen der Hilfsgüter half. Ihr Lächeln berührte mich tief in der Seele. Ihre braunen Augen blickten mich voll Verständnis und Mitgefühl an. Mit ihr, dachte ich, könnte ich dem Leben wieder positive Seiten abgewinnen.

Ein Jahr später heiratete ich sie und zog mit ihr nach Thailand. Hier wollte ich Abstand gewinnen, über meine Trauer und Depression hinwegkommen. Damals stürzte ich mich in die Arbeit, baute ein Haus, legte einen Garten an, schlug mich mit den Behörden herum.

Jetzt ist es wieder Thailand, wo ich Abstand und einen neuen Bezug zum Leben suche. Warum ich immer wieder auf Thailand komme – ich weiß es auch nicht. Habe ich mit den Thais und Thailand nicht viele schlechte Erfahrungen gemacht? Wenn ich darüber nachdenke, kommt es mir absurd vor, dass ich mich ausgerechnet in diesem Land therapieren will.

Doch wer Thailand liebt, kann das vielleicht verstehen. Man wird ein Opfer der Sehnsucht nach dem Exotischen, egal wie viel Schlechtes man erlebte. Wer dieses Land und seine Menschen einmal liebte, will immer wieder zurück, egal wie viel stinkender Müll herumliegt, egal wie schlecht und verlogen die Menschen manchmal sind. Es war eine Thai, die mir so großes Leid angetan hat, und jetzt setze ich mich wieder diesen Thais aus, um zum Leben zurückzufinden. Rational kann das keiner verstehen, und manchmal zweifle ich selbst an meinem Verstand.

Ja, die Thais! Sie sind freundlich, lächeln dich an, in vielen Situationen sind sie sehr höflich. Sie sind verspielt, amüsieren sich gerne und nehmen das Leben leicht.
Wie sehr sie hinter dem Geld her sind, auf ihren eigenen Vorteil bedacht, dass ihnen das Materielle viel mehr wert ist als Liebe, das habe ich am eigenen Leib erfahren.
Doch immer wieder trifft man einen und ist überzeugt, der ist anders, der meint es ehrlich mit dir, dem kann ich vertrauen.

Ich weiß nicht mehr genau, wie ich auf die Idee kam, Khun Pat die Probleme mit meiner thailändischen Frau zu schreiben, vielleicht, weil er Deutsch spricht, vielleicht, weil er sie kennt und ich hoffte, dass er mich deshalb besser verstehen könnte. Ich war so verzweifelt und er ist auf mich eingegangen, hat mir geglaubt, mich ernst genommen. Mir war klar, dass ich etwas Sinnvolles tun musste, körperlich hart arbeiten, Leistung erbringen. Und er machte mir das Angebot, bei ihm im Garten zu arbeiten. Da er mit seiner Wasserversorgung Probleme hat, schlug ich ihm vor, eine Zisterne für ihn zu bauen. Damit habe ich Erfahrung. Und ich konnte es selbst kaum glauben, er ging darauf ein und lud mich ein. Wohnen könne ich in seinem Gartenhaus, das sei groß genug.

Groß war dieses Haus in der Tat, aber wie es aussah, das erzähle ich besser nicht. Ich war schockiert, konnte da beim besten Willen nicht leben, obwohl ich wirklich anspruchslos bin. Da ist mir die primitive Bambushütte bei Ratana schon lieber, auch wenn ich jeden Tag vier Kilometer mit dem Motorrad zu dem Garten fahren muss. Manchmal denke ich, ich sollte mich ins Nachtleben stürzen, das würde mich mehr ablenken als das Schuften im Garten. Früher habe ich das getan, wenn ich Ärger mit Mali hatte. Nackt bis auf die zierlichen Lederstiefel haben die Mädels auf den Tischen getanzt. Eine hat sich Tischtennisbälle aus der Scheide gedrückt, einen nach dem anderen, es schien nicht mehr aufzuhören. Aber das Tollste war, wie ein Mädel Pfeile aus ihrer Muschi schoss und damit Ballons zum Platzen brachte. Und wie gerne so ein Kätzchen auf meinem Schoß saß und Hoppe-Hoppe-Reiter spielte!

Aber jetzt habe ich kein Geld mehr für ein derartiges Vergnügen. Und ehrlich gesagt, der harte Sex ist nicht, was ich suche, das ist nichts mehr für mich. Ja, etwas Zärtlichkeit, das hätte ich gerne, jemand, der für mich sorgt und für den ich sorgen kann.

Sechs Wochen habe ich in Khun Pats Garten geschuftet. Ich habe versucht, seine Arbeiterinnen anzulernen, was nicht so leicht war, da sie kein Deutsch verstanden. Deshalb habe ich alles vorgemacht und immer mitgearbeitet. Dicke Schwielen habe ich an den Händen, eiternde Wunden an den Füßen, mein Kreuz tut mir weh und meine Knie machen Ärger.

Oft habe ich mit dem Kreislauf Probleme, es wird mir schwindelig und schwarz vor den Augen. Doch immer habe ich die Zähne zusammengebissen und weitergearbeitet. Als die Zisterne fertig war, habe ich ein kleines Häuschen gebaut, in dem ich das nächste Mal wohnen könnte.

Auch eine Frau habe ich kennengelernt. Tukta heißt sie. Sie hat Knochenkrebs und kann sich nur mit einer Gehhilfe fortbewegen. Sie spricht gut Englisch, viel besser als ich. Ihre Tochter, eine Bekannte von Khun Pat, hat sie in dessen Garten gefahren, damit sie etwas frische Luft und ein wenig Abwechslung bekommt. Sie hat mitbekommen, wie ich umgekippt bin. Ja, das war ein kleiner Kreislaufkollaps, aber sie hat sich um mich gesorgt, als würde ich im Sterben liegen.

Die Arbeiterinnen haben mich in den Schatten getragen, unter ein Zeltdach am Fischteich. Dort saß Tukta um die Natur zu genießen. Als ich wieder zu mir kam, fühlte ich, dass jemand ganz sanft meine Wange tätschelte, mir die Stirn mit einem kühlen Tuch abrieb und mit lieblicher, hoher Stimme eine Art Singsang von sich gab. Ein Mantra war das, habe ich später erfahren, das mich wieder zum Leben erwecken sollte. Aber ich glaubte, es sei eine Engelsstimme und ich sei schon im Himmel.

Diese liebe Person habe ich dann noch einige Male getroffen. Sie hat für mich gekocht und mir die Hand getätschelt. Wie das guttat! Eigentlich wollte ich für sie sorgen, ich bin nämlich ein Familienmensch, der gern für andere sorgt. Aber tatsächlich hat sie für mich gesorgt. Und wie sie ihr schweres Schicksal trug! So viele Operationen und Chemos, die sie schon hinter sich hatte! Die Ärzte geben ihr noch zwei Jahre. Trotzdem ist sie lebensfroh, positiv und freut sich an allem: an den Vögeln, den Blumen, dem Essen, an jedem lieben Wort. Wenn sie mich anlächelt, fühle ich mich gut. Viele Thai-Frauen lächeln, aber Tukta legt ihr Herz in ihr Lächeln. Sie strahlt Glück aus und kann dieses Glück auf andere überströmen lassen. Jedenfalls bei mir scheint es anzukommen.

Durch Tukta ist mir erst richtig klar geworden, wie gut es mir doch geht. Ja, ich habe ein paar Schicksalsschläge hinter mir, aber ich bin stark und gesund, habe etwas Geld, um zu überleben. Wenn diese Frau es schafft, nicht mit dem Schicksal zu hadern und trotz der schweren Krankheit glücklich zu sein, schaffe ich es vielleicht auch.

So hat sich der Aufenthalt in Thailand wirklich gelohnt. Die harte körperliche Arbeit und die Begegnung mit der Todkranken haben das Leben für mich wieder lebenswert gemacht, so seltsam sich das auch anhört. Ich fliege jetzt bald nach Hause zurück, schaue mit Zuversicht in die Zukunft, und – ich weiß nicht, wie ich es sagen soll – irgendwie fühle ich mich beglückt.

Versprechen muss man halten

Ajahn Ped, der früher als Soldat in der thailändischen Armee diente, unterrichtet jetzt als buddhistischer Mönch in Bangkok Pali und Englisch.

Schon seit acht Jahren bin ich Mönch im Wat Mahathat in Bangkok. Eigentlich wollte ich nicht länger als drei Jahre im Kloster bleiben, aber hier habe ich mein Glück gefunden. Glück bedeutet für uns Mönche, dass wir nicht nach weltlichen Genüssen streben, sondern unsere spirituelle Entwicklung vorantreiben. Wir versuchen, ohne Hass, Gier, Angst, Ignoranz, Unzufriedenheit und Trauer zu leben, mitfühlend, liebevoll und gütig zu sein. Als Mönch ist es für mich weitaus leichter, mein *Karma* zu verbessern und dem Zustand der inneren Ruhe und des Glücks näher zu kommen, als dies einem Laien möglich wäre.

Früher habe ich viel geraucht und getrunken. Das Leben nach den strengen Mönchsregeln gibt mir Halt. Wir müssen uns 227 Regeln unterwerfen, aber das fällt mir nicht schwer. Wir haben kein Eigentum, verletzen weder Menschen noch Tiere, schlafen nicht in bequemen Betten, singen und tanzen nicht und leben streng *zölibatär*. Ich stehe jeden Morgen um 4 Uhr auf, meditiere und mache mich dann barfuß auf zum Almosengang. Nach 12 Uhr nehmen wir keine Mahlzeit mehr zu uns.

Vier Jahre lang habe ich hier auf dem Klostergelände in der buddhistischen Maha Chulalongkorn University studiert, Pali und Englisch. Jetzt bin ich nicht nur Mönch, sondern ich unterrichte auch. Wer glaubt, dass es leicht ist, die Novizen zu unterrichten, irrt sich gewaltig. 80

Schüler, fast alle unter 20 Jahre alt, sitzen in der Klasse, und viele sind unaufmerksam. Sie konzentrieren sich nicht, plaudern mit ihrem Nachbarn und in der Pause rauchen sie. Wie oft habe ich mit meinen Kollegen darüber diskutiert! Aber sie sagen, dass Buddha nichts gegen Zigaretten gesagt habe. Nur alkoholische Getränke, die den Geist verwirren, habe er verboten. Für mich gehört der Tabakgenuss in dieselbe Kategorie.

Der Pali-Unterricht ist vielleicht etwas langweilig für die Jungen, eine Sprache, die nur in den alten Schriften fortbesteht und die kein Mensch mehr spricht, ähnlich wie Latein in Europa. Deshalb passen sie im Unterricht auch nicht so auf. Aber der Englisch-Unterricht, das ist etwas Lebendiges. Ich schicke meine Schüler ins Wat Arun, den berühmten Tempel der Morgenröte und halte sie an, mit den Touristen zu sprechen. Die Anfänger sind immer etwas schüchtern und trauen sich noch nicht so richtig. Wir üben Gesprächssituationen im Klassenzimmer als Rollenspiel. Zuerst imitiere ich den Touristen und ein Schüler spielt sich selbst. Dann wechseln wir die Rollen. Da gibt es immer eine Menge zu lachen. Je mehr die Schüler können, desto mutiger werden sie. Manchmal fühle ich mich wie ein Animateur. Aber ich muss den Jungen ja beibringen, auf die Touristen zuzugehen! Manche Kollegen meinen, das zieme sich nicht für Novizen, und schon gar nicht für Mönche. Doch mein Dekan steht hinter mir. Ich glaube, er freut sich, dass viele seiner Mönche besser Englisch sprechen können als Studenten einer staatlichen Universität. Und was macht einen Lehrer glücklicher, als wenn die Schüler begeistert lernen und der „Chef" zufrieden ist?

Wie sehr mich dieser Erfolg freut, wie er meinem Ego schmeichelt, zeigt mir, dass ich auf dem spirituellen Weg noch nicht weit fortgeschritten bin. Aber ich habe gelernt, Geduld zu haben – auch Geduld mit mir.

Dieses Glück, von dem ich gerade gesprochen habe, ist natürlich nur ein Scheinglück, ein vorübergehendes Glück. Jedes Scheinglück schwindet und wird schnell wieder zu Leid. Wenn die Schüler lange im Unterricht sitzen, freuen sie sich darauf, in der Pause aufstehen und hinausgehen zu dürfen. Der Gong bedeutet einen Augenblick des Glücks für sie und sie stürmen fröhlich lachend hinaus in den Hof. Doch bald wird es ihnen zu heiß, das Herumtoben wird langweilig, wird zu Leid. Und sie begrüßen den Gong, der wieder zum Unterricht ruft, mit dem gleichen Enthusiasmus und drängen genauso begeistert ins Klassenzimmer zurück, wie sie hinausgeströmt sind. Deshalb sagen wir Buddhisten, dass das ganze Leben Leid ist. Buddha durchschaute diesen Zusammenhang und lehrte Mittel, mit denen man das Leiden erkennen und überwinden kann, um echtes Glück zu erlangen.

Der Kern der Lehre Buddhas sind die Vier Edlen Wahrheiten, die er in seiner allerersten Rede vor seinen ehemaligen Gefährten erläuterte. Jeder meiner Schüler kann die Vier Edlen Wahrheiten aufzählen, auf Thai, Pali und Englisch.

– *Wahrheit vom Leiden*
– *Wahrheit von der Ursache des Leidens*
– *Wahrheit von der Aufhebung des Leidens*
– *Wahrheit von dem Weg zur Aufhebung des Leidens*

Meinen fortgeschrittenen Schülern bringe ich bei, über die Vier Edlen Wahrheiten auf Englisch zu sprechen. Nicht, dass sie Touristen bekehren sollen, das liegt uns Buddhisten ganz fern. Wir glauben nicht an eine absolute Wahrheit und lassen jeden auf seine Art selig werden. Aber manche Touristen möchten mit den jungen Mönchen nicht über das Wetter oder touristische Attraktionen reden, sondern etwas über Buddhismus erfahren. Deshalb müssen die Mönche lernen, die Vier Edlen Wahrheiten nicht nur aufzuzählen, sondern sie auch auf Englisch zu erläutern.

Die erste Wahrheit besagt, dass alles Leben im Daseinskreislauf leidvoll ist.

Geburt ist Leiden, Altern ist Leiden, Sterben ist Leiden. Schmerzen, Sorgen und Verzweiflung sind Leiden. Probleme mit der Familie sind Leiden, das Gewünschte nicht zu erhalten ist Leiden. Auch die Begegnung mit dem Unerwünschten ist Leiden.

Die zweite Wahrheit lehrt uns, dass die Ursache des Leidens in unserem eigenen Geist zu finden ist, im Begehren, im Verlangen, in der Unwissenheit, aber auch im Anhaften an Reichtum und Macht oder im Festhalten an Ansichten und Meinungen.

Die dritte Wahrheit lehrt, dass es durch das Erlöschen des Begehrens, durch das Aufgeben und Loslassen des Verlangens logischerweise zum Erlöschen des Leidens kommen muss.

Die vierte Wahrheit weist uns den Weg zur Überwindung des Leidens, das ist der Edle Achtfache Pfad.

Ich weiß, dass es für Nicht-Buddhisten nicht leicht ist, unseren Weg zum Glück zu verstehen, das sage ich auch immer wieder meinen Schülern. Die Touristen, mit denen sie reden, sind nicht in die buddhistische Tradition hineingeboren und wissen meistens nur, was sie sich angelesen haben. Wir haben von Kindheit an gelernt zu meditieren und für uns ist es klar, dass das echte geistige Glück nur in der Meditation zu erreichen ist. Erst wenn wir in der Meditationspraxis eine hohe Stufe erreicht haben, also weit fortgeschritten sind, wird unser Geist gefügig. Mit dieser Gefügigkeit, einer Art geistiger Beweglichkeit,

resultierend aus der Meditation, geht ein inneres Glücks-
empfinden einher, das echtes geistiges Glück ist. Durch
die Meditation und die damit einhergehende Gefügigkeit
entwickelt sich ein innerer Frieden, der von einem beson-
deren Glücksgefühl begleitet wird.

Jetzt möchte ich noch erzählen, auf welchem Umweg ich
dazu kam, Mönch zu werden. Buddhas Wege sind nicht
immer gerade.
Ich bin der siebte Sohn einer Bauernfamilie im Norden
Thailands, mein ältester Bruder übernahm die Farm. Ich
wollte immer studieren und Lehrer werden, aber auf
Wunsch meiner Eltern sollte ich beim Militär Karriere
machen. Als guter Sohn habe ich mich den Wünschen
meiner Eltern zu beugen. Also wurde ich Soldat. Es war
keine schlechte Zeit. Ich rauchte viel, trank häufig *Mek-
hong Whiskey* und hatte einen guten Freund, Pirapan. Er
kam wie ich aus Nordthailand, sein Dorf lag ganz in der
Nähe meines Dorfes und wir sprachen den gleichen Dialekt. Pirapan war groß gewachsen, athletisch gebaut und
durchtrainiert. Aber sein Gesicht war rundlich und weich,
seine Augen strahlten Wärme aus. Ich kannte ihn nur mit
kurz geschnittenen Haaren, wie das beim Militär üblich
ist. Wir waren immer zusammen.
An der Grenze zu Burma, wo wir eingesetzt waren, gab
es häufig Schießereien. Die *Karen*-Armee war damals
recht aktiv. Besonders der Grenzfluss wurde hart um-
kämpft. Mein Freund gab mir Gewehrschutz, wenn ich
badete, und versorgte mich, wenn ich krank war. Wir
halfen uns in jeder Notlage. Wir versprachen uns gegenseitig, wenn einer von uns beiden umkommen sollte,
würde der andere für ihn drei Jahre ins Kloster gehen.
Wenn man für einen anderen ins Kloster geht, kann man
für denjenigen Verdienste ansammeln. Denn wer tot ist,
kann ja selbst keine Verdienste mehr erwerben. Da ist es

gut, man hat einen verlässlichen Freund, der einem über den Tod hinaus hilft und somit das Karma für das nächste Leben verbessert.

An einem nebeligen Morgen wurden wir auf Patrouille in einer Flussschleife geschickt. Mein Freund trat auf eine Landmine und wurde zerfetzt. Ich marschierte nur 20 Meter hinter ihm. Er war nicht mehr zu erkennen.
Ich wollte nur noch weg von dort, weit weg, wo es keine Soldaten und Schießereien gab. Total unter Schock quittierte ich den Militärdienst. Kein Freund war mehr da, der mir in dieser schwierigen Situation hätte beistehen können. Zuerst ging ich in mein Elternhaus. Aber hier bekam ich weder Trost noch Mitgefühl. Mein Vater hätte mich am liebsten verdroschen, wie er es früher immer tat, wenn ich seine Erwartungen nicht erfüllte. Aber nun war ich schon zu alt für diese Art Bestrafung. Meine Eltern waren von mir enttäuscht, dass ich meine Karriere wegen eines Toten aufgegeben hatte. „Gestorben wird immer und überall", sagten sie mir, „das darf dich nicht aus dem Gleichgewicht bringen."

So ging ich nach Bangkok. Dort kannte ich niemanden und mich kannte auch keiner. Ich beschloss, Englisch zu lernen und schrieb mich auf einer Privatschule ein. Beim Militär hatte ich etwas Geld sparen können, das investierte ich nun in den Unterricht. Doch bald wurde ich sehr krank. Ich konsultierte verschiedene Ärzte, aber keiner konnte mich heilen. Ein Studienkamerad aus der Sprachschule empfahl mir einen Wahrsager, der nicht nur in die Vergangenheit und Zukunft schauen könne, sondern auch ein Heiler sei.
In meiner Not ging ich zu ihm. Er wohnte mitten in Chinatown. Nach langem Umherirren in dem engen Gassengewirr und viel Fragerei fand ich endlich das gesuchte

Haus. Es war ein Haus wie alle Häuser in diesem Viertel. Vorne ein Laden, durch Eisengitter verschließbar, hinter dem Ladentisch eine Chinesin, die gerade mit Stäbchen ihr Mittagessen in sich hineinschaufelte, in einer Ecke ein Hausaltar mit verschiedenen Göttern und Ahnen. Der Duft von Räucherstäbchen und Mottenkugeln zog durch den Raum. Ganz hinten im dämmrigen Licht saß er, der Wahrsager, an einem metallenen Schreibtisch, an dem die ehemals grüne Farbe noch an manchen Stellen zu erkennen war. Er trug dunkle Shorts und ein weißes Unterhemd, das er hochgewickelt hatte, so dass sein runder Bauch frische Luft bekam. Ich musste mich vor ihm auf einen metallenen Klappstuhl setzen. Auf dem Schreibtisch stand nichts als ein riesiges Stempelkissen und ein Stapel Papier.

Er stellte mir keinerlei Fragen, sondern forderte mich nur auf, meine Hände in das Stempelkissen und danach die Handflächen auf das Papier zu drücken. Er schaute sich den Abdruck meiner Handflächen lange und intensiv an, dann sagte er: „Du warst als Kind einmal sehr krank, aber deine Großmutter hat dich wieder gesund gepflegt. Deine Großmutter ist gestorben, als du zwischen zehn und zwölf Jahre alt warst. Du hattest oft Ärger mit deinem Vater. Du wolltest immer Lehrer werden." All das stimmte. Aber ich wollte ja nichts über die Vergangenheit wissen. Die kannte ich selbst. Ich wollte wissen, wie ich gesund werden konnte. Aber er gab mir keine Chance, eine Frage zu stellen. Ich wurde schon ganz ungeduldig. Ohne Pause fuhr er fort: „Du kannst dein Ziel, Lehrer zu werden, erreichen, wenn du bestimmte Voraussetzungen erfüllst." Und dann kam die Frage, die mein Leben veränderte: „Hast du nicht einmal einem Freund etwas versprochen?"

Da wusste ich, was ich tun musste.

Späte Liebe

Die 52-jährige Chanida studierte in Deutschland Bio-logie und lehrt heute an einer Universität im Süden Thailands. Noch ist sie nicht verheiratet.

Als Dozentin an der staatlichen Universität von Song-khla habe ich eine gute Stellung, bin sozial anerkannt und finanziell ausreichend versorgt. Das Einzige, was mir bisher immer fehlte, war ein Mann.

In Thailand ist es nicht so leicht, einen Mann zu finden. Allein statistisch gesehen gibt es weit mehr heiratsfähige Frauen als Männer. Viele Männer werden Mönche, die fallen auf dem Heiratsmarkt weg, und andere sind kei-ne richtigen Männer, entweder sind sie schwul oder gar Transvestiten. Als studierte Frau hat man noch zusätzliche Probleme. Die Thai-Männer suchen sich am liebsten recht junge Frauen und mögen lieber ungebildete, als studierte. Wenn sie jung sind, sind die Männer kindisch und unreif, wenn sie älter sind und vielleicht etwas klüger geworden, sind sie vergeben. Viele Thai-Männer sind zudem ver-antwortungslos, trinken und sind untreu. Zu einer echten Partnerschaft sind sie nicht fähig. Deshalb hatte ich nie-mals einen richtigen *Boyfriend*. Zweimal ließ ich mich als Studentin auf eine Affäre mit einem meiner Professoren ein, das hat mir im Augenblick zwar viel gebracht, war aber auf die Dauer unbefriedigend.

Zwei meiner Schwestern sind mit Deutschen verheiratet. Sie haben ernsthaft versucht, mich zu verkuppeln. Immer wieder schlugen sie mir einen Mann vor. Mit fünf dieser Männer tauschte ich Fotos aus und wir schrieben uns ein

paar E-Mails. Einer hat mich sogar einmal in Songkhla besucht. Aber die meisten schauten sich nach etwas
Jüngerem um, und der asiatische Markt hat auf diesem
Gebiet eine große Auswahl zu bieten. Nur ein paar ganz
alte Knacker hatten ernsthaftes Interesse an mir. Aber die
wollte ich natürlich nicht.
Diese alten Knacker sind übrigens jetzt versorgt. Alle mit
blutjungen Mädchen. Diesen Mädchen kommt es nicht
auf Liebe an, auch Spaß beim Sex spielt für sie keine Rolle, sie wollen einfach finanziell gut abschneiden, je älter
der Mann, desto früher die Witwenrente, so denken sie.
Aber mir geht es nicht ums Geld, ich suche etwas anderes:
Liebe, Geborgenheit, Partnerschaft.

Ich war schon vierzig, als ich beschloss, nochmals zu studieren. Da ich in Deutschland studieren wollte, musste
ich zuerst im Goethe-Institut in Bangkok die deutsche
Sprache lernen. Das ist nicht mehr so einfach, wenn man
bereits vierzig ist. Von meiner Uni konnte ich mich beur-
lauben lassen und mich in Deutschland einschreiben, erst
in Stuttgart Hoheneck und später in München. Fast alle
Studentinnen und Studenten waren weitaus jünger als ich.
Und vor allem im ersten Semester hatte ich noch riesige
Probleme mit der Sprache. Aber die jungen Studenten
waren sehr freundlich und es hat sich immer jemand gefunden, der mir geholfen hat. Und Hilfe habe ich wahrlich
gebraucht.
Ich bekam zwar eine kleine Förderung, aber das meiste
Geld musste ich selbst verdienen. Meistens arbeitete ich
abends als Bedienung in einem Thai-Restaurant, zuerst im
Baan-Thai-Restaurant in Stuttgart in der Rotebühlstraße,
später in München im Chang-Noi in der Kapuzinerstraße.
Es kamen zahlreiche Gäste, meist Ehepaare, die schon
mal als Touristen in Thailand waren, das thailändische
Essen liebten und an der Bedienung ihre fünf Floskeln in

Thai üben wollten, damit sie die Wörter bis zum nächsten Urlaub nicht vergessen. *„Sabai di mai* – Geht´s gut?", fragten sie mich, und ich musste sagen: *„Sabai di kha* – Es geht mir gut." – *„Khun ma dschaag nai* – Woher kommen Sie?" Und ich antwortete brav: *„Tschan ma dschaag Songkhla* – Ich bin aus Songkhla." Besonders gern sagten sie: *„Khop khun krap* – Danke." Ich musste ihnen immer bestätigen, wie gut sie Thai sprechen würden, und freundlich lächeln. Das erwarteten sie so, dann waren sie glücklich.

Unter den Gästen waren auch viele gemischte Paare, er Deutscher, sie Thai. So lernte ich andere Thailänderinnen kennen und wurde zu ihren Treffen eingeladen. Die meisten kamen aus dem Isan, also aus dem Nordosten Thailands. Im Isan gibt es noch recht arme Menschen und viele Mädchen hatten früher keine Chance auf eine gute Ausbildung. Aber sie sind sehr hübsch, diese Mädchen, deshalb werden sie gerne von Ausländern geheiratet.

Viele dieser Frauen wurden nie richtig heimisch in Deutschland, sie verstanden die Sprache nicht, hatten ganz andere Interessen als ihre Ehemänner und langweilten sich. Was ihnen Spaß machte, war s*hoppen* zu gehen, Geld auszugeben und mit ihrem Goldschmuck und den neuesten Handys anzugeben. Vielleicht war ich, wie viele Thais aus dem Süden, etwas zu stolz und schaute auf die Frauen aus dem Isan herab. Es stimmt schon: Ich fühlte mich als etwas Besseres. Deshalb war es mir peinlich, mit ihnen gleichgesetzt zu werden.

Dennoch fand ich eine gute Freundin unter diesen Frauen aus dem Nordosten. Obwohl Jai auch keine gute Schulbildung hatte, bildete sie sich in Deutschland weiter und konnte besser Deutsch sprechen als ich. Sie arbeitete und verdiente Geld, das sie ihrer bedürftigen Familie in der Heimat schickte. Jai war eine richtig warmherzige Person, alle mochten sie. Wenn ich Probleme hatte, konnte ich immer zu ihr kommen. Auch hatte sie einen sehr netten Mann, der sie kräftig unterstützte und sogar Thai lernte. Er sagte, es sei ihm wichtig, dass seine Frau mit den Kindern Thai spreche, damit sie zweisprachig aufwachsen können. Und er wollte natürlich selber verstehen, was Mutter und Kinder redeten. Auch mache es einen sehr guten Eindruck, so betonte er immer wieder, wenn er sich mit den Schwiegereltern unterhalten könne.

Bei einer deutsch-thailändischen Party lernte ich Kurt kennen. Er besuchte einen Freund in München, der mit einer Thai verheiratet war. Es war in meinem letzten Studienjahr, kurz vor dem Examen. Bei Kurt und mir hat es gleich gefunkt. Er schätzte es, dass er sich mit mir auf Deutsch unterhalten konnte, und das auch über andere Themen als Essen und Kleider. Wir haben uns mehrmals getroffen und mit ihm habe ich mich immer wohl gefühlt. Doch dann machte ich mein Diplom in Biologie und musste zurück nach Thailand. Kurt hatte sein Geschäft in Nordrhein-Westfalen. Wir tauschten Adressen aus, schrieben uns noch einige Male, er rief auch zweimal an, aber schließlich verloren wir uns aus den Augen.

Viele Jahre später steht er plötzlich vor meiner Tür. Er hatte keine Lust mehr, in Deutschland zu leben, erzählte er mir, weil er immer weniger verdiente, obwohl er mehr arbeitete als früher. Der Hauptgrund seines Entschlusses, so denke ich, war aber sicher die junge Thai Lubna, mit der er verheiratet war.
Sie ging mit einem Marokkaner, und wurde schwanger und von ihm. Deshalb warf Kurt Lubna hinaus und ließ sich scheiden. Sein Geschäft konnte er mit allem Werkzeug und den Maschinen zu einem günstigen Preis verkaufen. Er hat sich ausgerechnet, dass er mit diesem Erlös

und seinem Ersparten bis zur Rente in Thailand leben könne. Allerdings wollte er noch ein bisschen dazuverdienen.

Lubna war auch aus dem Süden Thailands, Kurt mag die vom Nordosten nicht so. Aber noch südlicher als Songkhla, von Narathiwat. Sie war gerade mit der Schule fertig und wollte studieren, als er sie heiratete. Irgendwie scheint Kurt auf Gebildete abzufahren. Aber diese Frau war viel zu jung für ihn, sie hatte ganz andere Interessen als er. Er hat es schon tausend Mal bereut, dass er sich hat beschneiden lassen, um sie zu heiraten. Lubna ist nämlich Muslima. Aber was passiert ist, ist passiert!

Kurt ist also hier in Songkhla und das Feuer unserer alten Liebe ist aufs Neue entfacht. Zum Glück sind gerade Semesterferien und wir machen Urlaub, nicht weit von hier, im Princess Resort, an einer sehr einsamen Lagune. Kurt bringt mir das Schwimmen bei, und an dem langen, breiten Sandstrand gehen wir stundenlang spazieren. Wir besuchen auch den Khu Khut-Vogelpark. Es ist richtig romantisch, in einem Boot auf dem flachen See herumzuschippern und den Vögeln zuzuschauen. Vögel waren für mich immer so etwas Normales, dass ich sie gar nicht beachtet habe. Aber Kurt ist ganz wild auf sie und will von allen die Namen wissen. Mit ihm zusammen macht das *Birdwatching* richtig Spaß.

Ich bin jetzt 52 Jahre alt, und ich hätte es nie für möglich gehalten, dass man sich in diesem Alter zum ersten Mal im Leben richtig verlieben kann. Das ist ein so unglaublich schönes Gefühl, ich kann es gar nicht beschreiben, weder auf Thai noch auf Deutsch. Natürlich gelingt es mir nicht, dieses Verliebtsein zu verbergen, jeder sieht es mir an. Manche freuen sich mit mir, manche verurteilen mich. Drei Nichten habe ich, die schon über 24 Jahre alt und noch nicht verheiratet sind. Sie sahen sich schon als alte Jungfern dahinwelken, jetzt haben sie wieder Hoffnung. Denn die Tante hat es sogar mit 52 Jahren noch geschafft!

Doch die anderen Familienmitglieder machen nur Ärger. Ich wohne in einem großen Haus, das uns unsere Eltern hinterlassen haben. Ich halte das Haus in Schuss, weil ich die nötigen finanziellen Mittel dazu habe und darauf lege, in einem ordentlichen Haus zu wohnen. Außer mir wohnen in dem Haus eine unverheiratete jüngere Schwester, Waan, ein unverheirateter jüngerer Bruder, Lek, und ein älterer verwitweter Bruder, Daeng.
Dieser Daeng fühlt sich für uns alte Mädchen verantwortlich und will uns seine traditionellen Moralvorstellungen aufzwingen. Daeng ist eigentlich ein Taugenichts und kann das Geld nicht zusammenhalten. Wie oft musste ich ihn schon unterstützen! Und jetzt macht er Ärger, weil ich möchte, dass Kurt in unserem großen Haus leben darf. Es ist wirklich Platz genug hier. Ich bin Dozentin – und der Taugenichts hat mir nichts zu sagen! Mit 52 Jahren habe ich das Glück meines Lebens gefunden, und mein Bruder will es mir verderben. Kurt mag den Ärger nicht, deshalb schläft er im Haus von O, einem meiner jüngeren Brüder. Meine Schwester Waan hält zu meinem Bruder, statt mit mir solidarisch zu sein. Auch ihr habe ich schon viel geholfen. Aber jetzt ist sie neidisch und will mir mein Glück nicht gönnen. Ob sie sich nur raushalten oder der giftigen Atmosphäre im Haus entfliehen will, weiß ich nicht genau, jedenfalls ist sie zu ihrer Freundin nach Bangkok gezogen.

Auf einmal verschwindet Kurt. Ohne sich zu verabschieden, ohne etwas zu sagen, plötzlich ist er weg. Mein Bruder und ich haben so laut geschrien und uns Vasen an den Kopf geworfen, dass ich gar nicht bemerkt habe, als er wegging.

Stündlich versuche ich, ihn auf seinem Handy zu erreichen, aber er hat es ausgeschaltet. Keine Ahnung, ob er nach Deutschland zurück oder sonst wohin ist. Ich rufe all die gemeinsamen Bekannten in Deutschland an. Die wissen nicht, wo Kurt ist, aber sie geben mir ein paar Telefonnummern von Kurts Bekannten in Thailand. Bei Peter in Phuket hat er sich tatsächlich gemeldet. Aber da Peter keine Zeit hatte, seine Eltern waren zu Besuch, haben sie sich nicht getroffen. Und Peter weiß auch nicht, ob Kurt noch im Lande ist oder nicht.

Meine ganze Wut lasse ich an meinem Bruder aus, aber der beharrt auf seiner Rolle als Sittenwächter. Schon durch den Ärger mit meinem Bruder habe ich viel abgenommen, und durch Kurts Verschwinden noch mehr. Wenn ich in den Spiegel schaue, erkenne ich mich kaum wieder. Nur noch Haut und Knochen, stumpfes Haar, faltiges Gesicht. Das soll die attraktive Dozentin sein, die gerade erst zur Frau aufgeblüht ist?

Zwei Wochen später, ich bin schon total verzweifelt, taucht Kurt wieder auf. Er war in Pattaya versumpft. Schüchtern fragt er an, ob sich die Wogen geglättet hätten. Ich kann ihm nicht böse sein, dass er abgehauen ist, er hat sich gar zu mies als Auslöser all dieser Probleme gefühlt. Ich frage ihn nicht, was er in Pattaya getrieben habe, aber er gesteht mir, dass seine finanziellen Mittel sehr geschrumpft seien. Wie er mich anschaut, gefällt mir gar nicht. Er sagt zwar nichts, aber mir ist klar, dass er bemerkt hat, wie schlecht, ja, wie alt ich aussehe.

Dieses Mal bin ich fest entschlossen, mein Glück nicht nochmals fortrennen zu lassen. Wozu habe ich in Deutschland studiert? Wozu bin ich eine emanzipierte Frau geworden? Sicher nicht, um mich von meinem Bruder unterdrücken zu lassen. Also schmeiße ich Daeng kurz entschlossen raus. Ich bin ehrlich gesagt selbst überrascht, dass ich das geschafft habe!

So kann Kurt bei mir einziehen, und es wohnen nur noch Kurt, mein jüngerer Bruder und ich im Haus. Und mit Lek versteht sich Kurt zum Glück gut.

Kurt muss allerdings im Gästezimmer schlafen, denn jederzeit könnte jemand von der Verwandtschaft hereinkommen.

Kurt möchte ab und zu mit mir in eines der modernen Stundenhotels. Ich habe einmal zugestimmt, war aber ganz verkrampft. Ich habe zu sehr Angst, einem meiner Kollegen zu begegnen. Was für Männer, für verheiratete Männer, hier ganz normal ist, ist für eine unverheiratete Frau unanständig. Und ich will nicht meinen guten Ruf aufs Spiel setzen! In der Öffentlichkeit mit Kurt gesehen zu werden, beim Essen oder *Sightseeing*, das ist okay, aber in einem Stundenhotel – nein, das geht nicht.

So zeige ich Kurt alles, was unsere Stadt zu bieten hat. Unser wichtigster Tempel, das 400 Jahre alte Wat Matchimawat mit seinen schönen Skulpturen und Wandmalereien, scheint ihn nicht besonders zu interessieren. Auch das Nationalmuseum löst keine Begeisterungsstürme aus. Aber im Fischerhafen, am westlichen Ufer, könnte er Stunden verbringen. Er balanciert gerne auf den schmalen Stegen zu den Fischerbooten und kauft direkt von den Booten frische Shrimps oder Fische. Mein jüngerer Bruder kocht diese abends mit Vergnügen. Lek kann das, aber ich habe nie kochen gelernt. Kurt kann ebenso wenig kochen, aber er grillt gerne. Außerdem besichtigen wir das Southern Folklore Museum auf der Insel Ko Yor. Dort interessiert er sich besonders für die Bootsmodelle.

Ich schlage Kurt vor, für ein langes Wochenende nach Phuket zu fliegen. Air Asia hat recht günstige Flüge angeboten. Doch Kurt ist dagegen. Ich finde heraus warum. Es ist wegen des Geldes. Kurt muss haushalten. Also lade ich ihn für drei Tage ein. Ich kaufe mir einen Badeanzug und enge Shorts, in Phuket kennt mich ja keiner. In Songkhla, als mir Kurt das Schwimmen beibrachte, musste ich, wie es sich für Thai-Frauen geziemt, mit Hosen und T-Shirt ins Wasser. Es ist einfach herrlich in Phuket, weit weg vom Stress, losgelöst und frei. Wie die Turteltauben laufen wir Hand in Hand am Strand entlang, und einmal trinken wir sogar einen Cocktail in einer Bar. Ansonsten sind wir recht sparsam. Ich kaufe Essen für 30 Baht auf dem Markt und eine Dose Bier für Kurt in einem 7-Eleven. Ich fühle mich wie im siebten Himmel! Dreißig Jahre habe ich auf solche Momente gewartet. Kurt ist rücksichtsvoll und einfühlsam, spürt, was ich gerne mag, und tut nichts, was ich nicht mag.

Leider geht das lange Wochenende allzu schnell vorbei, und in Songkhla stehen wir wieder den Alltagsproblemen gegenüber.
Kurt möchte unbedingt etwas arbeiten, das In-den-Tag-hinein-leben wird unbefriedigend für ihn, außerdem braucht er Geld.
Da ich in Deutschland auch ein paar Ökonomieseminare belegt hatte, weiß ich mit Geld umzugehen. Ich mache einen Finanzplan für Kurt, und er ist froh, dass ich das in die Hand nehme. Er vertraut mir vollkommen, gibt mir all sein Geld. Er weiß, dass ich ihn nicht ausnehme, dass ich anders bin als alle Thai-Frauen, die er kennengelernt

oder von denen er gehört hat. Ich verwalte jetzt sein gesamtes Geld sehr sorgsam. Dreimal am Tag gibt es Essen, Thaigerichte in Straßenrestaurants, die kosten nie mehr als 30 Baht. Dazu trinken wir das unentgeltliche Wasser oder *Nam Cha*, ungesüßten, grünen Tee, der in manchen Lokalen kostenlos zur Verfügung steht. Sonntags kocht mein kleiner Bruder Fisch, den Kurt im Hafen kauft, und ich spendiere dazu für jeden von uns drei eine Dose *Archa* Bier.

Das Rauchen kann ich Kurt nicht verbieten, da ich selbst Raucherin bin. Er schlägt vor, sich seine Zigaretten selbst zu rollen. Da er auf Filter nicht verzichten will, schneide ich bei jeder Zigarette, die ich rauche, einen halben Filter ab und den rollt Kurt in seine. Eine grandiose Idee, finde ich!
Beide sind wir glücklich mit diesem Sparplan. Und zwei Wochen läuft alles hervorragend.

Doch wirklich zufrieden ist Kurt nicht. Er sucht verzweifelt nach Arbeit. Aber was soll er hier arbeiten? Er hat Heizungsinstallateur gelernt, und das braucht man in Thailand am wenigsten. In Phuket arbeiten viele *Farangs* im Tourismus, betreiben eine Bar oder ein Restaurant. Aber das liegt Kurt nicht. Mir ist nicht so ganz klar, was er eigentlich will. Für körperliche Arbeit bekommt man in Thailand nur einen Hungerlohn, und qualifizierte Arbeit ist nicht gefragt. Die Leute raten ihm, er solle ein Geschäft aufmachen oder Land kaufen und Ölpalmen anbauen. Aber erstens hat er kein Geld zum Investieren, und zweitens können Ausländer nicht so leicht hier arbeiten oder Geschäfte machen.

In meinem Haus ist allerhand zu reparieren, da kann ich ihn wirklich gut gebrauchen. Allerdings macht er auch

Sachen, die ich nicht für nötig halte, auf die alte Art ist es auch immer gegangen. So hat er zum Beispiel Löcher in die Decke geklopft und Abzüge installiert, unten an den Türen haben wir jetzt Schlitze, er sagt, ein Kamineffekt sei wichtig. Von Kaminen versteht er was, er war ja Heizungsinstallateur. Aber warum wir Kamine in Thailand brauchen? Nun ja, ich hab es ihn machen lassen, damit er beschäftigt ist.

Zurzeit arbeitet er wie ein Wilder in meinem Garten. Er hat ein riesiges Loch gegraben und Schubkarren für Schubkarren die Erde weggefahren. Am anderen Ende des Gartens haben wir jetzt einen Berg. Das Loch hat er mit Backsteinen ausgelegt und zementiert. Es soll eine Zisterne sein, damit wir auch in der Trockenzeit Wasser zum Bewässern haben. Außerdem will er in dem Teich Fische züchten und sie verkaufen. Er schafft in der größten Hitze, manchmal wird ihm ganz schlecht. Einmal ist er sogar umgekippt. Er meint, eine Zisterne zur Bewässerung sei eine große Verbesserung für meinen Garten in der Trockenzeit. Er arbeitet, ohne etwas zu verdienen. Und ich gebe Geld aus für Werkzeug und Material, für „Verbesserungen", die ich gar nicht brauche – nur damit er arbeiten kann. Ich bin mir nicht sicher, ob das wirklich richtig ist, aber – wie soll ich Arbeit für ihn finden?

Mein Onkel ist das Familienoberhaupt. Mein älterer Bruder hat ihn hergerufen, und er kommt mit seiner Frau aus Bangkok angereist. Da muss Kurt wieder ins Haus meines jüngeren Bruders O ziehen. Der Onkel hat mir vorgeschlagen, Kurt zu heiraten, um die Familienehre nicht aufs Spiel zu setzen. Ich habe ihm versprochen, dass wir heiraten, sobald Kurt Arbeit gefunden hat. Damit war er einverstanden. Wie Kurt dazu steht, weiß ich allerdings nicht.

Was aus unserer Liebe werden wird, steht in den Sternen. Manchmal habe ich Zweifel, ob sie stark genug ist, um dem Alltag zu trotzen. Als Buddhistin weiß ich um die Vergänglichkeit aller Dinge. Und ich weiß auch, dass das Anhaften Leid schafft. Doch trotz Leiden bin ich dankbar und glücklich, dass ich die Liebe erleben durfte. Manchmal denke ich, dass allein die paar Monate mit Kurt reichten, um dem ganzen Leben einen Sinn zu geben.

Wir werden es schaffen

Der 50-jährige Kurt arbeitete als Heizungsinstallateur in Nordrhein-Westfalen. Jetzt lebt er mit der Universitätsdozentin Chanida zusammen, die wir aus der Geschichte „Späte Liebe" schon kennen.

Ich sitze im kleinen Vorgarten des Hauses meiner thailändischen Freundin. Trotz 35 Grad im Schatten trage ich lange Hosen und T-Shirt, wie es die Familie dieses gutbürgerlichen Hauses erwartet. Die harte, körperliche Arbeit tut mir gut, und es macht mir nichts aus, wenn der Schweiß in Bächen aus allen Poren rinnt. Während ich arbeite, muss ich nichts denken. Doch immer wieder benötige ich eine Pause, und dann kommen sie, die Gedanken.

Warum führen mich meine Träume immer wieder nach Thailand? Warum suche ich mein Glück ausgerechnet in diesem Land? Wie seltsam ist doch mein Leben verlaufen! Wie war ich stolz darauf, dass ich mich nicht den Erwartungen meiner Eltern und der kleinstädtischen Umgebung unterworfen habe, dass ich meine Träume verwirklichen wollte, auch wenn sie nicht der Norm entsprachen. Aber habe ich meine Träume verwirklicht? Kann man, kann ich mit einer Thai glücklich werden? Kann ich sie glücklich machen? Habe ich diese Frau überhaupt verdient? Bin ich ein Romantiker oder ein Zyniker? Oder beides?

Meine Eltern waren bodenständige Leute und lebten in Borgholzhausen, einer Kleinstadt in Nordrhein-Westfalen. Mein Vater arbeitete sein Leben lang als Schreiner, immer in derselben Firma, meine Mutter kümmerte sich um Haushalt und Kinder. Von meinen drei Brüdern heiratete

jeder mit 25, bekam zwei Kinder und führte ein gutbür-
gerliches Leben. Nur ich bin aus der Art geschlagen. Ich
war das letzte Kind, ein Nachzügler sozusagen, bin nicht
so groß geworden wie meine Brüder und auch nicht so
zielstrebig. Schon als Kind hatte ich immer Flausen im
Kopf, aber weil ich so klein war und so süß lächeln konnte,
wurde mir vieles nachgesehen. Zwar lernte auch ich einen
anständigen Beruf – ich wurde Heizungsinstallateur. Aber
ich träumte nicht von Heirat, Heim und Familie, wie meine Brüder, ich träumte von der weiten Welt.
Bis ich 33 Jahre alt war, kam ich nicht weiter als Holland.
Ich arbeitete fleißig, lebte bei den Eltern und sparte eifrig.
Endlich reichte das Geld für die große Reise. Ich legte zwei
Jahresurlaube zusammen, und ab ging's – nach Asien.

In Bali begann meine Reise. Die ersten Tage in Indonesien
waren zwar ein kleiner Schock – so plötzlich aus dem
nordrhein-westfälischen Kleinstadtmilieu in die exotische
Welt katapultiert – aber in Ubud habe ich mich schnell
eingewöhnt und nette Leute kennengelernt. Gemeinsam
besuchten wir die Heiligen Quellen Tirtha Empul und die
Königsgräber Gunung Kawi. Besonders gefallen haben
mir die Feste und Beerdigungen. Von den Stränden in
Kuta, Sanur oder Candisdasa war ich eher enttäuscht. Als
ich in Java ankam, fühlte ich mich schon als waschechter
Globetrotter, habe alleine bei Nacht den Vulkan Bromo
bestiegen, um den atemberaubenden Sonnenaufgang am
Kraterrand zu erleben. Natürlich ließ ich mir in Yogya-
karta den *Borobudur* nicht entgehen, der war wirklich
beeindruckend, und auf Sumatra habe ich am Toba See
bei angenehmem Klima richtig Urlaub gemacht. Mit der
Fähre fuhr ich von Medan nach Penang in Malaysia. Diese
Stadt hat mir ausgezeichnet gefallen, nicht nur die Kultur-
güter und das gute Essen, auch das bunte Nebeneinander
von Indern, Chinesen und Malaien.

Im Anschluss bin ich noch etwas in Malaysia herumgereist und überquerte bei Kota Bharu die Grenze nach Thailand.

Narathiwat war meine erste thailändische Stadt, und gleich dort verliebte ich mich. Da ich Märkte mag, ging ich auch in Narathiwat schon früh morgens auf den Fischmarkt. Muslim-Frauen boten den frischen Fang oft noch lebend feil. Sie blickten nicht verstohlen weg, diese Verkäuferinnen mit ihren Kopftüchern, sondern schauten mich recht-neugierig an. Ich fühlte mich wie eine Attraktion auf diesem Fischmarkt – wahrscheinlich verirrt sich nur sehr-selten ein Fremder hierher. *Ein* Augenpaar lugte nicht nur neugierig unter dem Kopftuch hervor, sondern freundlich, aufgeweckt und intelligent. Diese Augen haben es mir angetan. Dreimal ging ich diese Reihe auf und ab, vor ihrem Stand immer besonders langsam. Dann blieb ich stehen und fragte nach den Preisen der Fische. Aber das war schnell gesagt, und ich überlegte krampfhaft, wie ich mit dieser Fischverkäuferin anbandeln könnte. Es blieb mir nichts anderes übrig, als einen Fisch zu kaufen. Also suchte ich einen besonders schönen aus, ließ ihn schlachten, schuppen und ausnehmen. Und immer wieder strahlten mich diese Augen an. Wie verführerisch das Kopftuch gebunden war!

Ich blieb viel länger als geplant in Narathiwat, das Rex Hotel direkt am Bang Nara Fluss wurde mein zweites Zuhause. Meine Angebetete lebte im Fischerdorf Ban Thorn, ihr Vater war Fischer, und vor der Schule musste sie Fische auf dem Markt verkaufen. Lubna war 18 Jahre alt und tatsächlich ein recht intelligentes Mädchen, in der Schule lernte sie sogar etwas Englisch.

Da wir sehr häufig zusammen waren, viel häufiger, als es sich für ein anständiges Muslim-Mädchen gehört, bestanden ihre Eltern darauf, dass wir heiraten sollten – oder ich verschwinden. So stimmte ich, in meiner Verliebtheit, der Heirat zu. Lubna bedeutet „weiß wie Milch", und so war sie auch: so jung, so unschuldig, so liebenswürdig naiv. Vor der Hochzeit musste ich zum muslimischen Glauben übertreten und mich beschneiden lassen. Das war eine extrem schmerzhafte Prozedur, aber was tut man nicht alles für die Liebe! Lubna wurde gerade mit der Schule fertig und wollte eigentlich studieren. Dennoch ging sie gern mit mir nach Deutschland.

Bei mir zuhause nahm meine Mutter meine thailändische Frau großherzig auf und brachte ihr Kochen bei. Ich schickte sie auf einen Deutschkurs. Nach einem Jahr konnte sie nicht nur bestens kochen, sondern auch fast perfekt Deutsch. Sie wollte unbedingt Bibliothekarin werden, und so finanzierte ich ihr die Ausbildung.
Lubna hatte ganz andere Interessen als ich. Sie las gerne Bücher und Lernen war ein Vergnügen für sie, was ich von mir nicht behaupten kann. Aber sie ging auch gern in Diskos, lernte schnell Leute kennen und fühlte sich unter jungen Menschen viel wohler als mit mir. Fünfzehn Jahre Altersunterschied ist schon gewaltig! Jedenfalls lebten wir uns immer mehr auseinander. Als Lubna einen marokkanischen Physiker kennenlernte und von ihm schwanger wurde, zog sie aus meinem Elternhaus aus und bei ihm ein. Das war das Ende meiner Ehe.

Bei einer deutsch-thailändischen Party traf ich Chanida aus Songkhla. Sie studierte in München und war kurz vor dem Examen. Bei Chanida und mir, da hat es gleich gefunkt. Ich schätzte diese Frau: Sie war gebildet, in meinem Alter, hatte Humor und ich konnte mich mit ihr auf Deutsch unterhalten, auch über andere Themen als Essen und Kleider. Wir haben uns einige Male getroffen, und diese Treffen waren immer sehr schön. Das Einzige was ich bedauerte war, dass ich diese nette Frau nicht schon früher kennengelernt habe.

Chanida machte ihr Diplom und musste zurück nach Thailand. Mein Geschäft in Nordrhein-Westfalen verlangte, dass ich zuhause blieb. Natürlich hatte ich ihre E-Mail, ihre Heimatadresse und ihre Telefonnummer. Ich schrieb ihr einige Mails, und da ich kein guter Schreiber bin, rief ich sogar zweimal in Thailand an. Sie schrieb mir richtige Briefe in einer wunderschönen Handschrift und auf duftendes Briefpapier. Doch es war schwer, auf diese Distanz die Freundschaft zu pflegen, der Kontakt wurde weniger, bis wir uns ganz aus den Augen verloren.

Die Jahre vergingen und immer mehr wurde mir bewusst, dass ich nicht das Leben führte, das ich mir eigentlich wünschte. Hatte ich nicht von Thailand geträumt? Doch mit Lubna ließ sich dieser Traum nicht mehr verwirklichen. Wir waren zwar noch nicht geschieden, doch wohnte sie weiterhin bei ihrem Marokkaner. Auch hatte ich die Schnauze voll von Deutschland. Die Arbeitsbedingungen wurden immer schlechter, das Einkommen weniger, die Arbeit härter. Ich erinnerte mich an Chanida, die ich damals in München kennengelernt hatte. Ich schrieb ihr wieder ein paar E-Mails. Sie war immer noch ledig – und alte Liebe rostet nicht. Plötzlich sah ich wieder eine Chance, meinen alten Traum vom Leben in Thailand zu verwirklichen. Leicht fiel es mir wahrlich nicht. Aber ich zog es durch, ich gab mein Geschäft auf, verkaufte mein Werkzeug und die Maschinen und ließ mich scheiden. Ich habe mir ausgerechnet, dass mein Erspartes bis zur Rente reichen würde, wenn ich in Thailand lebte und noch ein bisschen dazuverdienen könnte.

So flog ich also über Kuala Lumpur nach Hat Yai. Von dort war es nicht mehr weit nach Songkhla. Chanida war überglücklich und die alte Liebe entbrannte aufs Neue. Zum Glück waren gerade Semesterferien und wir machten, nicht weit von hier, im Princess Resort, an einer sehr einsamen Lagune, Urlaub.

Obwohl Chanida mittlerweile 52 Jahre alt war, kam sie mir in Vielem wie ein junges Mädchen vor. Sie lernte mit Vergnügen das Schwimmen, hüpfte allerdings mit Hosen und T-Shirt ins Wasser, wie es sich für Thai-Frauen geziemt. An dem langen, breiten Sandstrand gingen wir stundenlang spazieren

Im nahegelegenen Khu Khut-Vogelpark mieteten wir uns ein Boot, und ich ließ es mir nicht nehmen, eigenhändig zu paddeln. Chanida konnte erst nicht verstehen, dass wir keinen Bootsmann für uns arbeiten ließen, wie das in Thailand üblich ist. Sie wusste bis dahin gar nicht, wie romantisch es sein kann, zu zweit in einem Boot zu schaukeln. Und so viele Vögel gab es da, Vögel, ich zum Teil noch gar nie gesehen hatte! Chanida wusste von jedem Vogel den Namen auf Lateinisch, Deutsch und Thai, sie ist ja Biologie-Dozentin. Ich war total fasziniert.

Es machte mich richtig glücklich, Chanida so aufblühen zu sehen. Manchmal schien sie zu vergessen, dass sie Dozentin an einer staatlichen Universität war, sie gab sich ganz ihrer Verliebtheit hin, ihre Augen strahlten von innen heraus.

Leider gab es Ärger mit ihrer Familie. Chanida wohnte in einem großen Haus, das ihre Eltern hinterlassen hatten. Sie hielt das Haus in Ordnung und steckte Geld in den Unterhalt, weil sie die nötigen finanziellen Mittel dazu hatte. Für sie war es auch wichtig, in einem schönen Haus zu wohnen. Außer ihr wohnten in dem Haus drei ihrer Geschwister, Waan, Lek und Daeng, alle drei Singles.

Dieser Daeng war der ältere Bruder und verwitwet. Er konnte mich überhaupt nicht leiden. Bisher war er der Herr im Haus, und jetzt brachte Chanida einen anderen Mann an, der ihm die Vormachtstellung streitig machen könnte. Das hatte ich zwar keineswegs vor, aber Daeng befürchtete das. Er führte sich wie ein Moralapostel auf und versuchte, uns da Leben zur Hölle zu machen. Er hatte keine sichere Arbeitsstelle und hing oft zuhause herum. Meistens lebte er auf die Kosten Chanidas. Früher hatte meine Freundin zu dem Lebenswandel ihres Bruders wohl nicht viel gesagt, wie das in Thai Familien üblich ist. Doch jetzt wurde sie massiv von ihm angegriffen, und das wollte sie nicht hinnehmen. So gab es dauernd Streit. Ich kann Streitereien nicht ausstehen und deshalb schlug ich vor, woanders zu wohnen. Ich konnte im Haus des jüngeren Bruders O schlafen.

Waan, die Schwester Chanidas, machte gar keinen schlechten Eindruck auf mich. Aber ich bin sicher, sie war eifersüchtig auf das Glück ihrer Schwester und hielt deshalb zu ihrem Bruder Daeng. Als es ihr zu bunt wurde, ist sie abgehauen. Ich habe gehört, dass sie bei einer Freundin in Bangkok wohnt.

Auch ich habe das ständige Gezeter nicht mehr ausgehalten. Ich war ja der Auslöser und fühlte mich schuldig. Es ging so hoch her, dass Chanida und ihr Bruder nicht nur laut geschrien haben, sondern sich tatsächlich mit Vasen bewarfen. Deshalb bin auch ich abgehauen, ohne mich zu verabschieden oder zu sagen, wo ich hingehe. Ich wusste es ja selber nicht. In Phuket hatte ich einen Bekannten, Peter. Aber Peter hatte keine Zeit, da seine Eltern zu Besuch waren. Da fiel mir nichts Besseres ein, als mich nach Pattaya abzusetzen.

Was ich dort so alles getrieben habe, um meinen Kummer zu vergessen, möchte ich gar nicht erzählen. Jedenfalls ist mir das Geld durch die Finger geronnen. Es wurde mir bald klar, dass es so nicht weiter gehen konnte, und ich bin reumütig nach Songkhla zurückgekehrt.

Chanida fragte nicht, wo ich war und was ich gemacht hatte, sondern nahm mich wie selbstverständlich wieder auf. Das rechnete ich ihr hoch an.

Sie war selbstbewusster geworden, ließ sich von ihrem Bruder nichts mehr sagen und hat ihn einfach rausgeschmissen. Aber sie war auch sichtlich älter geworden in den letzten zwei Wochen. Sie sah richtig erschöpft aus.

Ich konnte endlich bei ihr einziehen. Jetzt wohnten nur noch ich, Chanida und ihr jüngerer Bruder Lek im Haus. Und mit dem verstand ich mich gut. Allerdings bestand Chanida darauf, dass ich im Gästezimmer schlafe. Für sie war das wichtig, um vor der Verwandtschaft das Gesicht zu wahren. Aber so nah mit Chanida zusammenzuleben, ohne mit ihr zusammen sein zu dürfen, war eine Folter für mich.

In Thailand gibt es viele Hotels, in denen man Zimmer stundenweise mieten kann. Meist liegen sie etwas außerhalb der Ortschaften und die Zimmer sind recht sauber. Sie sind an dem Schild „24 Hours" erkennbar. Ehebruch scheint hier etwas Normales zu sein. Ein einziges Mal konnte ich Chanida dazu überreden, aber sie war verkrampft, sie hatte Angst, einem Kollegen zu begegnen. Seltsamerweise hatte sie kein Problem damit, mit mir in der Öffentlichkeit gesehen zu werden. Da stellte sie mich sogar stolz vor als einen Bekannten aus ihrer Studienzeit in Deutschland. Aber in einem Stundenhotel – das war zu viel für sie.

Gerne spielte sie die Fremdenführerin und zeigte mir Songkhla. Die Tempel und Museen interessierten mich zwar nicht sonderlich, aber das ließ ich mir nicht anmerken. Es war ja schön, mit ihr zusammen zu sein. Doch in einem Museum auf einer Insel haben mir die alten Bootsmodelle gefallen. Warum mich Dinge interessieren, die mit Meer zu tun haben, weiß ich auch nicht. Den Fischerhafen wollte mir Chanida erst gar nicht zeigen, sie meinte, der sei zu schmutzig und zu übelriechend für mich. Aber gerade der hat es mir angetan. Ich ging später oft alleine dorthin, balancierte auf den schmalen Stegen zu den Fischerbooten und kaufte direkt von den Booten frische Shrimps oder Fische. Chanidas kleiner Bruder kochte sie abends, oder ich legte sie auf den Grill.

Chanida schlug vor, für ein langes Wochenende nach Phuket zu fliegen. Sie zeigte mir im Internet, wie billig die Flüge bei Air Asia waren. Es tat mir richtig leid, dass ich ihre Begeisterung nicht teilen konnte. Ich musste mit meinem Geld haushalten und wollte mir keinen Urlaub leisten.

Chanida fand natürlich den Grund meiner Ablehnung schnell heraus und lud mich für drei Tage ein. In Phuket, wo sie keiner kannte, war sie wie verwandelt. Sie kaufte sich einen Badeanzug und enge Shorts. Ich hätte es nie für möglich gehalten, wie frei und gelöst sie sein konnte. Sie genoss es, händchenhaltend am Strand entlang zu laufen. Es störte uns beide nicht, dass wir nur in einer billigen Unterkunft wohnten und einfache Speisen aßen. Chanida war so ganz anders als die Frauen in Pattaya. Es kam ihr nicht in den Sinn, Geld zu verschwenden – ganz im Gegenteil. Sie kaufte Essen für 30 Baht auf dem Markt und eine Dose Bier für mich in einem *7-Eleven*, einem rund um die Uhr geöffneten Minimarkt, wie es ihn überall in Thailand gibt.

Ich hätte gewünscht, dass dieses lange Wochenende nie aufhören würde. Aber Chanida musste zurück nach Songkhla in ihre Uni, da führte kein Weg vorbei. Und in Songkhla standen wir wieder vor den gleichen Problemen wie zuvor.

Mir war klar, dass ich Arbeit brauchte. Das Faulenzen auf die Dauer lag mir nicht. Außerdem musste ich unbedingt etwas verdienen. Um Chanida nicht auf der Tasche zu liegen, aber auch, um nicht mehr auszugeben, als ich besaß, vertraute ich ihr alles Geld an, das ich noch hatte. Ich staunte, mit welcher Sicherheit sie einen Finanzplan für mich entwarf und wie sparsam sie mit dem Geld umging. Genau das Gegenteil, das man sonst von Thai-Frauen hört!

Wirklich sorgsam verwaltete sie mein Geld. Wir aßen dreimal am Tag leckeres Thai-Essen in Straßenrestaurants. Das kostete durchschnittlich 30 Baht pro Gericht. Am meisten sparen konnte man bei den Getränken, denn in den typischen einheimischen Lokalen stand immer kostenloses Trinkwasser auf. In den Gasthäusern mit Besitzern chinesischen Ursprungs gab es *Nam Cha*, dünnen aber wohlschmeckenden grünen Tee auf Kosten des Hauses. Sonntags, an Chanida freiem Tag, ging ich schon frühmorgens zum Hafen und kaufte frischen Fisch, den ihr kleiner Bruder zubereitete. Zur Feier des Tages gönnten wir uns dreien ein kleines *Archa* Bier.

Eigentlich wollte ich mir auch das Rauchen abgewöhnen, aber da Chanida selbst rauchte, hätte ich das nicht durchgehalten. So beschloss ich, mir meine Zigaretten selbst zu drehen. Der Tabak und das Papier waren billig. Auf die Filter wollte ich allerdings nicht verzichten. Chanida hatte die Idee, dass sie mir von jeder Zigarette, die sie rauchte, einen halben Filter abschneiden könnte. Und so machten wir das.

Dass Sparen solchen Spaß machen könnte, hätte ich keinem geglaubt. Aber wir waren tatsächlich beide glücklich damit. Und dieser Zustand hielt ein paar Wochen an.

Doch ich sehnte mich nach Arbeit. Immer wieder bat ich Chanida, sich nach einer Beschäftigung für mich umzuhören. Aber was sollte ich hier arbeiten? Ich habe Heizungsinstallateur gelernt, und in Thailand wissen sie noch nicht einmal, was eine Heizung ist. Dafür gibt es gar keinen Begriff in der Thai Sprache, nur eine Umschreibung. In Phuket arbeiten viele Ausländer in der Tourismusbranche, betreiben eine Bar oder ein Restaurant. Aber das war nichts für mich. Mir war selbst nicht klar, was ich eigentlich wollte. Ich wäre bereit gewesen, hart körperlich zu arbeiten. Doch für solche Arbeiten stellten Thais Asiaten aus einem ärmeren Land an, aus Burma oder Kambodscha. Für einen Hungerlohn wollte ich mich nicht schinden und meine Qualifikation war nicht gefragt – ein wirkliches Dilemma! Thais machen gerne Geschäfte, kaufen Land und verkaufen es wieder, spekulieren, erzielen mal Gewinne, mal Verlauste. So rieten sie auch mir, ein Geschäft aufzumachen oder in Land mit Ölpalmen oder Gummibäumen zu investieren. Aber ich hatte weder Geld zum Investieren, noch ist diese Art von Geschäften für Ausländer so leicht wie für Thais.

So beschäftigte ich mich im Haus, um wenigstens etwas Nützliches zu tun. Es gab eine Menge zu reparieren, der Taugenichts Daeng war zu faul dazu, und Lek hatte kein Händchen dafür. Auch macht es Thais nicht so viel aus, wenn etwas verlottert. Aber Chanida schätzte meine handwerklichen Fähigkeiten. In dem Haus gibt es keine Klimaanlage, aber durch die richtige Belüftung kann man einen guten Kühleffekt erzielen. Die kühle Luft muss unten in einen Raum hinein können, und die erwärmte

Luft muss oben wieder raus. So einfach funktioniert der Kamineffekt. Chanida hat das gleich verstanden und war froh, dass ich in die Decken Löcher geklopft und Abzüge installiert habe. Für die Luftzufuhr brachte ich unten in den Türen Schlitze an. Jetzt haben wir ein ganz passables Raumklima. Außerdem habe ich die Moskitogitter in den Fenstern geflickt oder erneuert, die Türen gestrichen und das Dach ausgebessert.

Mit Fischzucht müsste man etwas Geld verdienen können, dachte ich mir. Der Garten war groß genug für einen Teich. Und so grub ich Schaufel um Schaufel an einem Loch, und Schubkarren um Schubkarren schaffte ich die Erde weg. Am anderen Ende des Gartens haben wir jetzt einen Hügel. Das Loch habe ich mit Backsteinen ausgelegt und zementiert. So werden wir auch in der Trockenzeit genügend Wasser zum Bewässern haben. Welche Fische am ertragreichsten sein werden, darüber muss ich mich erst noch informieren.

Immer wieder entfachte sich der Ärger mit der Familie aufs Neue. Der ältere Bruder gab natürlich keine Ruhe und hat sogar den Onkel aus Bangkok, das Familienoberhaupt, nach Songkhla beordert. In dieser Zeit musste ich wieder ins Haus des jüngeren Bruders O ziehen. Der Onkel hat mir nahegelegt, Chanida zu heiraten, um die Familienehre nicht aufs Spiel zu setzen. Ich habe ihm unter vier Augen versprochen, seinen Rat zu befolgen. Dass ich erst Geld verdienen musste, bevor ich heiraten konnte, hat der Onkel verstanden.

Einfach ist es für mich nicht, hier in Songkhla. Ich stelle mir viele Fragen über mich und mein Leben. Die Pausen bei der Gartenarbeit werden mit steigender Hitze immer länger, und so habe ich viel Zeit zum Grübeln. Je länger ich nachdenke, desto sicherer bin ich mir, dass ich keine bessere Frau als Chanida bekommen kann. Wir lieben uns, und wir werden es schaffen, davon bin ich fest überzeugt. Wenn ich hier kein Geld verdienen kann, werde ich ein halbes Jahr in Deutschland arbeiten und ein halbes Jahr bei Chanida in Songkla leben. Mein Glück ist in Thailand bei Chanida, die widrigen Umstände sind eine Herausforderung, doch ich bin sicher, dass wir sie gemeinsam meistern werden.

Glossar

Aab Naam	Kübeldusche
Aircon	Klimaanlage
Akha	nordthailändisches Bergvolk, deren gleichnamige Sprache nur mündlich überliefert ist
Akhazang	Religion der Akha
Airport Link des Sky Trains	Bahnverbindung zum Flughafen
American Way of Life	amerikanischer Lebensstil
Anapanasati	Achtsamkeit während der Ein- und Ausatmung
Archa	thailändische Biermarke
Asanas	ruhende Körperstellung im Yoga
aufgestellt	schweizerdeutsch für gute Laune machen
Backpacker	Rucksackreisender
Baht	thailändische Währungseinheit
Basler Läckerli	Schweizer Gebäck, lebkuchenartig
Beiz	schweizerdeutsch für Restaurant
Betelnuss	Frucht der Betelnusspalme mit hohem Alkaloidgehalt, berauschend, anregend
Big Buddha	große Buddhastatue

255

Boat People	Flüchtlinge, die auf kleinen Booten den Wirren des Vietnamkriegs entflohen sind
Bodhi-Baum	Pappelfeige, Baum, unter dem Buddha erleuchtet wurde
Borobudur	große buddhistische Tempelanlage in der Nähe von Yogyakarta / Indonesien
Bot	wichtigstes Gebäude einer thailändischen Tempelanlage
Boyfriend	fester (männlicher) Partner / Freund
buamnarrisch	österreichisch für verrückt nach jungen Männern
Business	Geschäft
Business Management	Geschäftsführung
Frangipani-Blüte	Blüte des Plumeria Baumes, auch Tempelblüte genannt
Channel 11	beliebter thailändischer Fernsehkanal
Chanting	Sprechgesang in thailändischen Klöstern
Coca	getrocknete Blätter des Cocastrauchs, aufputschend und berauschend
Coiffeur	schweizerdeutsch für Friseur
Computer Science	Informatik
Condo	Condominium, Apartmentanlage

Dhamma Talks	Gespräche über Ethik und Moral in der buddhistischen Lehre
Durian	schmackhafte, eigenartig riechende Frucht mit stacheliger Schale, auch Stinkfrucht genannt
Expat auch *Expatriate*	Ausländer, der länger in einem anderen Land lebt
Farang	thailändisch umgangssprachlich für Ausländer mit weißer Hautfarbe
Fireshow	artistische Show mit Feuerelementen
Foodcourt	Gastronomischer Bereich in einem Einkaufszentrum oder einem Markt
Fundraising	Suche nach Sponsoren für ein Projekt
Gap Year	Auszeit Jugendlicher zwischen zwei Lebensabschnitten
Gaton-Blätter	bitteres Grünzeug mit ähnlicher Wirkung wie Coca (s.o.)
Gipfeli	schweizerdeutsch für Croissant / Hörnchen
Glacé	schweizerdeutsch für Speiseeis
glatt	schweizerdeutsch für lustig
Ground-Hostess	Begleiterin für Kinder und Hilfsbedürftige am Flughafen
Guesthouse	Gästehaus

Guide	Fremdenführer
Haddschi	Ehrentitel einer Person, die den Haddsch, die Pilgerreise nach Mekka, unternommen hat
halal	nach islamischen Regeln zubereitete Lebensmittel
Hilltribe	Bergvolk
Homestay	Unterkunft im Haus einer Familie
Hüsli	schweizerdeutsch für Haus
I-gor	thailändisches Schimpfwort für Akahs
Imam	geistlicher Führer im Islam
Immigration	Einwanderungsbehörde
Jänner	Januar (österreichisch)
Kanton	Gliedstaat der Schweiz
Kantonsschule	weiterführende Schule in der Schweiz, vom Kanton getragen
Khao Niau	Klebereis (thailändisch)
Karen-Armee	politische Gruppierung in Myanmar, die einen unabhängigen Karen-Staat anstrebt
Karma	Vorstellung, dass jede Handlung im jetzigen eine Auswirkung auf ein zukünftiges Leben hat
Kathoey	Transvestit

258

Khanom Chin	feine Nudeln, hergestellt aus fermentiertem Reis
khop khun krap	danke, von Männern gesagt
khop khun kha	danke, von Frauen gesagt
Khun ma dschaag nai?	Woher kommen Sie?
Klong	Kanal
Kopra	getrocknetes Kernfleisch von Kokosnüssen, Grundlage für die Gewinnung von Kokosöl
Lada	beliebter Kleinwagen in der ehemaligen DDR, in Russland hergestellt
Ladyboy	Transvestit, siehe auch *Kathoey*
Landlord	Haus- oder Grundstückseigentümer
Lavabo	Waschbecken (schweizerdeutsch)
leasen	langfristig pachten oder mieten zu besonderen Konditionen
Lehrtöchter	schweizerdeutsch für weibliche Auszubildende
Lingam	Symbol der männlichen Kraft, Phallus als Sinnbild der hinduistischen Gottheit Shiva.
Longtail-Boot	kleines, offenes Fischerboot
Loving Kindness Meditation	Meditation der Liebe und Güte
Luk Khrueng	Mischlingskind

Mahout	Führer eines Arbeitselefanten
Mai pen rai.	Macht nichts.
Mansions	neue Häuser, in denen monatsweise möblierte Zimmer vermietet werden
matu phum	die Erde / das Land von der Mutter, Mutterland (in Thailand gebräuchlicher als *pitu phum* = Vaterland)
Matura	Abitur (österreichisch)
Mekhong Whiskey	beliebte Whiskeymarke in Thailand
Metta	Liebende Güte oder Mitgefühl
Muslim	Moslem, Angehöriger des Islam
Musth	Aggressivitätsphase bei Elefantenbullen
Nak Suek Sa Wicha Thahan	Studenten der militärischen Bildung
Nam Cha	ungesüßter, sehr schwacher grüner Tee
Parent Teacher	Betreuer von Heimkindern
Part-Time-Job	Teilzeitbeschäftigung
Petong-Spiel	auch *Boule* genannt, Boccia-ähnliches Spiel mit Stahlkugeln
Phat Thai	thailändisches Nudelgericht
Phuyaiban	Bürgermeister

260

Pickup	Geländewagen mit offener Ladefläche
Rafflesia	Schmarotzerpflanze mit Fäulnisgeruch, Blüten können bis zu 1 m Durchmesser erreichen
Rai	in Thailand gebräuchliches Flächenmaß (1 Rai = 1.600 m²)
Rambutan	tropische Frucht, ähnlich einer großen Litschi
Ro.Do.	militärische Grundausbildung an thailändischen High Schools
Rod-I-Tan	einzylindriges, traktorähnliches Fahrzeug mit großer Ladefläche
Sabai di kha.	Es geht mir gut, von Frauen gesprochen.
Sabai di mai?	Wie geht es dir/Ihnen?
Sala	überdachter Ruheplatz
Sangha	buddhistische Gemeinschaft
Sarong	Wickelrock oder über der Brust geknotetes Wickeltuch
Sawatdi kha	Guten Tag, von Frauen gesprochen
Second Class Sleeper	Schlafwagen zweiter Klasse
7-Eleven	rund um die Uhr geöffneter Minimarkt
shoppen	Einkaufen gehen
Sightseeing	Sehenswürdigkeiten ansehen

Singha	thailändische Biermarke
sino-portugiesischer Stil	chinesisch-portugiesischer Stil
Soap Opera	Seifenoper (längere TV-Serie mit offenem Ende bei jeder Folge)
Softcrab	Krebs nach dem Abstoßen seiner Schale
Soi	Straße (thailändisch)
Som Tam	scharfer Papaya-Salat
Songthaew	Pritschenwagen mit überdachten Sitzbänken zur Personenbeförderung im Nahverkehr
Sugar Daddy	älterer Mann, der sich mit großzügigen Zuwendungen eine junge Geliebte hält
Töffli	Mofa (schweizerdeutsch)
Tour Company	Tourveranstalter
Traveller	Reisender
Tschan ma dschaag pratheed thai.	Ich bin aus Thailand.
Tschibba	eine Art Whiskey, selbst gebrannt
Tuk Tuk	motorbetriebene Rischka
24 hours hotel	Stundenhotel
Unimog	„Universal-Motor-Gerät", allradgetriebener Kleinlaster
Vipassana	Meditationstechnik, die darauf abzielt, die Dinge real zu sehen

262

Volunteer	Volontär, freiwillige, kostenlose Arbeitskraft in einer NGO, (*non-governmental organization,* Nichtregierungsorganisation)
Wai	thailändischer Gruß mit gefalteten Händen und leichter Verbeugung
Wat	buddhistische Tempelanlage
Yao	nordthailändisches Bergvolk
zölibatär	ehelos, keusch

Danksagung

Allen, die mich bestärkt haben, meine Ideen zu verwirklichen, danke ich von ganzem Herzen. Besonderer Dank gilt:

Klaus Heller, meinem Verleger, für die engagierte, seriöse und auf Harmonie bedachte Zusammenarbeit.

Birgit Schmidt aus Karlsruhe, die mir ihre Zeit schenkte und die erste Buchversion Korrektur las, sowie den Lektorinnen *Anke Witzel* und *Susanne Heller* vom Heller Verlag, die dem Werk den letzten Schliff gaben.

Ajahn Poh, dem ehemaligen Abt von Suan Mokkh, der mir meine Ängste nahm und meinen Blick öffnete für die Werte der thailändischen und der europäischen Kultur.

Tosporn Kasikam aus Chiang Mai, der buddhistische und thaitypische Inhalte auf ihre Richtigkeit überprüfte.

Michael Veuskens von MeTeVe Phuket Co., der mir mit Rat und Tat zur Seite stand.

Monika Koppold aus Lamkaen, die mich immer wieder ermutigte, die Geschichten voll Begeisterung lobte oder Passagen achtsam kritisierte.

Ich danke all den wunderbaren Menschen, die mir ihre Lebensgeschichte erzählten und mich an ihrer Suche nach dem Glück teilnehmen ließen!

Ursula Spraul-Doring wurde in Deutschland geboren. Sie studierte Deutsch, Kunst und Sonderpädagogik in Karlsruhe und Heidelberg und arbeitete viele Jahre als Lehrerin und Reisebuchautorin.

Ursula Spraul-Doring malt und reist gerne. Häufig ist sie in Thailand oder in anderen Ländern Asiens anzutreffen. Dabei bereitet es ihr große Freude, verschiedenste Menschen kennen zu lernen, in ihr Leben einzutauchen und für einige Tage daran teilzuhaben. Das Verfassen dieses Werkes hat der Autorin viele Glücksmomente beschert, die sie gerne mit ihren Lesern teilt.

Geschichten aus Thailand

von Günther Ruffert, ISBN 978-3-929403-37-4

Der Autor Günther Ruffert kam vor 30 Jahren erstmals als Bauingenieur nach Thailand und machte das Land schon bald zu seiner zweiten Heimat. Er beschreibt mit viel Humor und Einfühlungsvermögen in mehreren Kurzgeschichten die Mentalität der Thais sowie die zahlreichen Differenzen zwischen westlicher und östlicher Denkensweise. Dabei geht es u.a. um grundlegende Verhaltensregeln, Moral, Tabus, Prostitution, Umwelt, Geisterhäuschen, Religion, Ahnenverehrung, Verkehr, Thai-Boxen, Hahnenkämpfe, Stinkfrüchte und Sprachprobleme.

Eine skurrile Geschichte erzählt z.B. von Manfred, einem deutschen Kneipenwirt in Pattaya, der sich bei der Arbeit zu Tode soff und dessen Geist noch lange nach seinem Ableben nach Ansicht seiner thailändischen Bediensteten nur mit bester deutscher Hausmacher-Leberwurst gnädig gestimmt werden konnte. Weiter wird von Hansi, einem deutschen Motorrad-Verleiher berichtet, der nach Wiederauffinden eines gestohlenen Motorrads Skrupel hatte, ein sog. „Tee-Geld" an die Polizei zu zahlen und deshalb letztlich eine ganz andere Zeche begleichen mußte. In den Kapiteln *Sanuk in Thailand* und *Sanuk - Sanahm* erfährt der Leser, was Thailänder unter „Freude am Leben" verstehen und im Kapitel *Sprachprobleme* beschreibt der Autor, wie durch eine falsche Betonung aus „Pferdereiten" der weniger appetitliche Begriff „Hundescheiße" werden kann, was dann zwangsläufig zu Mißverständnissen führt. **Eine lockere Strandlektüre, die neben dem Reiseführer einen festen Platz im Gepäck jedes Thailand-Besuchers verdient und so ganz nebenbei eine Menge Hintergründiges und Wissenswertes über Land und Leute, Sitten, Kultur und Gebräuche vermittelt.**

Jetzt auch als Hörbuch im Buchhandel und im Internet unter

www.mythaibooks.de

Am Leben

Notarzt im Rettungshubschrauber

von Dr. Tino Lorenz, ISBN 978-3-929403-24-4

Mehrfach täglich donnert ein Rettungshubschrauber über unsere Köpfe hinweg. Wir haben uns schon fast daran gewöhnt. Doch fragen wir uns nicht manchmal, zu welchem schweren Verkehrsunfall oder welchem tragischen Schicksal dieses hoch spezialisierte Team gerade unterwegs ist? Oder welchen Patienten sie wohl geladen haben? Ob sie gerade um sein Leben kämpfen?

Erstmals schildert nun ein Notarzt den Alltag im Luftrettungsdienst. Dr. Tino Lorenz beschreibt nicht nur medizinisch korrekt und mit chirurgischer Präzision den Ablauf verschiedenartigster Notarzteinsätze mit dem Rettungshubschrauber, er durchleuchtet vielmehr mit hoher Sensibilität die Gedanken und Gefühle der Patienten, der Unfallopfer, der Angehörigen, der Hubschrauberbesatzung und des Klinikpersonals. Dabei wird auch der scharfe Kontrast zwischen schwersten physischen und psychischen Belastungen im Einsatz, Leerlaufzeiten, Familienleben, sozialen Kontakten und eigenen Bedürfnissen deutlich. Last not least stellen wir fest, dass das wirkliche Leben noch viel spannender ist, als es sich die Drehbuchautoren von „Medicopter 117", „Die Rettungsflieger", „Emergency Room" oder „Dr. House" ausdenken können. Ein Buch, das tief unter die Haut geht!

Jetzt auch als Hörbuch im Buchhandel und im Internet unter

www.amleben.de

Unsere Bestseller:

- **Geschichten aus Thailand**
- **Farang in Thailand**
- **Ein Farang schlägt zurück**
- **Geheimwissen Männlicher Multi-Orgasmus**
- **Am Leben - Notarzt im Rettungshubschrauber**
- **Verflixte 30 - Die biologische Uhr tickt, Anna-Lena ...**
- **Skydiving Adventures (DVD)**
- **Helicopter Basics - (Hubschrauber-Lehrfilm, DVD)**

Link-Empfehlungen:

www.mythaibooks.de
www.hoerheller.de
www.amleben.de
www.verflixte30.de
www.costarica-highlights.de
www.panama-highlights.de
www.islamargarita-reiselust.de
www.heller-verlag.de

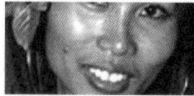